職員主導からともに創り合う やどかりの里への転換

生活支援活動と福祉工場の胎動

やどかりの里30周年記念出版編集委員会 編

◇プロローグ

　本書は1994（平成6）年から1999（平成11）年にかけて，やどかりの里が取り組んできた活動の実践記録である．この5年間は生活支援体制づくりと就労の場づくりを中心に取り組んだ時期であったと言えよう．
　1994（平成6）年8月，「21世紀へ向けてのやどかりの里の課題」が全職員によって話し合われた．その結果，生活支援センターを初めとして，作業所，グループホームを急ピッチで作り出してきたが，活動の質を高める時期であることが確認された．そして，より創造的で高賃金を保障できる「働く場」づくりの必要性，研修，研究，出版といった精神保健運動を推進する活動の体制づくり，メンバーの高齢化対策などがこの話し合いで挙げられ，メンバーや家族とも話し合いを重ねていく必要を確認した．
　この課題を受けて，福祉工場の準備室が生まれ，通所授産施設の仕事の内容まで検討された．そして，やどかり情報館が誕生し，通所授産施設も印刷事業から食事サービスへ変わり，食事サービスセンターエンジュが誕生した．そして，3年間の活動実績がここに語られた．
　生活支援体制については2000（平成12）年4月から4つのブロックに生活支援センターを配置し，それぞれの生活支援センターが独立した体制になった．これは大宮市・浦和市・与野市が合併して政令指定都市「さいたま市」になるが，その中の4つの区に生活支援センターを配置して，責任圏域を明確にしていこうとしたものである．
　「責任圏域」はやどかりの里の活動のあり方に大きな変化をもたらせた．もともとは生活支援登録者が100名を越えたころから，1つの生活支援センターではきめ細かい活動はできないという判断から4つの地区への生活支援センターの配置を検討してきた．そこに政令指定都市への移行，大宮市障害者プランの策定などから，1つの区の中心に生活支援センターを配置し，作業所やグループホームなどを開発し，ネットワーク化をはかっていくことになった．そして，それぞれの生活支援センターが必要な資源を開発し，人的配置をしていくことになった．
　各生活支援センターごとに予算を作り，活動を築いていく形をとった．「エンジュ」と「やどかり情報館」は，活動の当初から予算や事業計画，人事についてそれぞれの活動の裁量権が認められており，独立した形で運営を行っていた．生活支援センターでも同様の形態で活動を展開するようにしていった．
　生活支援体制の中では従来生活支援センター本部が相談の窓口になってい

たが，各地区の生活支援センターごとに受け入れ，登録することになった．従来，1人1人のメンバーに対して個別担当制をとって相談をしていたものが，各チームで相談にあたる形へと変わっていった．各生活支援センターでは，当事者参加で生活支援のあり方を検討することになり，当事者と活動をともにすることがより強く求められようになった．

一方で，各生活支援センターでいわゆるケースマネージメントを導入した援助プランをたてて，きめ細かい支援が行われるようになっていったのである．

今後は，責任地区におけるさまざまな問題や困りごとの相談にどこまで応じることができるのかが問われるし，また各地区の街づくりの役割の一端をどこまで担えるのかが大きな課題ともなってくる．まさに21世紀に向けての街づくりに貢献できる生活支援センターを目指すことになっていくのであろう．

この記録は，やどかりの里が活動を1970（昭和45）年に開始して30年が経過した時点で，さらなる目標を設定して，新しい挑戦を続けていくための移行期であることを綴ったものである．30年間の実践はこれからの地域活動展開のための基盤づくりでもあった．

土壌づくりを終え，どんな花を咲かすのかはこれからの楽しみでもある．読者の皆様にはこれらの時の流れの中でこの記録を読み取っていただければ幸いである．

2000年5月

やどかりの里

理事長　谷中　輝雄

目次

プロローグ ……………………………………………………………… 3

第1章　支援から共生へ支え合いから協働へ ……………………… 15

 Ⅰ　新しい組織としての成長を求められた ……………坂本智代枝　16
  6年間のあゆみ
  はじめに ……………………………………………………………… 16
  Ⅰ．やどかりの里の活動の変遷 …………………………………… 17
   ＜1994（平成6）年度～1999（平成11）年度＞
  1．生活支援態勢の充実と就労支援の必要性（平成6年度）… 17
   1）生活支援の実践モデルの形成 ……………………………… 17
   2）新たな産みの苦しみとなった福祉工場づくり ………… 18
  2．福祉工場づくりの基礎工事と ………………………………… 19
   地域に根ざした生活支援活動
   ＜1995（平成7）年度，1996（平成8）年度＞
   1）福祉工場のあり方をめぐって …………………………… 19
   2）新しい作業所のあり方をめぐって ……………………… 19
   3）主体化が求められて ……………………………………… 20
  3．就労支援態勢づくりの模索と人づくりの必要性 ………… 21
   ＜1997（平成9）年度＞
   1）就労支援態勢づくりの模索―新たな課題― …………… 21
   2）相互研修会の必要性―未熟な組織としての危機― …… 22
   ＜1998（平成10）年度＞
  4．人づくり，街づくりを意識した活動づくり ………………… 24
   1）人づくりから組織づくりへ ……………………………… 24
   2）新たな理念形成に向けて―共生の街づくりをめざして… 25
  5．協働の活動づくりを意識して ………………………………… 26
   ＜1999（平成11）年度＞
   1）すべてがつながりだした ………………………………… 26
    実践・研修・研究の連動を意識して
   2）循環した関係は生き生きした活動を創り出す ………… 26
    要は情報の共有化
   3）この3年間の実践のプロセスを活かす ………………… 27

メンバーとの協働の組織づくり

Ⅱ．やどかりの里の活動の変遷から見えてきたもの ………… 28

　1．生き生きとした活動を継続させるために ………… 28
　2．活動の質・量一体化に向けて ………… 29
　3．スーパーリーダーの組織から ………… 29
　　主体的なエネルギーを持った組織づくり
　4．働くことを通してパートナーシップの構築 ………… 30
　5．障害を持った体験を強みにする ………… 31
　おわりに ………… 31

第2章　生活支援活動の胎動 ………… 33

Ⅰ　座談会　生活支援態勢の確立と理念の共有化を果たした5年間 ………… 34
　　　大澤　美紀　佐々木千夏　白石　直己　三石麻友美
　　　司会　編集委員会

　地域に住むメンバー1人1人の顔が見える ………… 34
　トータルに生活支援活動をしていなかったことに気づく …… 35
　1人の人をトータルで見る態勢の確立 ………… 36
　住む所と活動の両方で選択できる ………… 37
　従来の個別担当制は変化の過渡期にある ………… 37
　1人の職員が1人の人を抱え込まなくてよくなった ………… 38
　メンバーが相談場所を主体的に決める ………… 38
　職員がそれぞれの個性を発揮できる態勢になった ………… 39
　チームの中の役割分担が生まれる ………… 40
　民主的な運営機能を取り戻した生活支援センター本部会議 … 42
　関係機関の人たちとの共通基盤を模索して ………… 43
　住民として暮らしていく時に ………… 45
　茨の道でも自分たちの住む街は作っていきたい ………… 48

Ⅱ　支え合う街づくりを目指して ……………………大澤　美紀　50
　　自助・公助・共助の歯車を回して

　はじめに ………… 50
　1．我が故郷をモデルにした地域づくり ………… 51
　2．なぜ共生の街づくりを目指すのか ………… 52
　3．街づくりの視点の共有化 ………… 55
　　1）福祉専門職と当事者との価値の共有 ………… 55

2）当事者と地域住民との価値の共有 …………………… 56
　　　3）福祉専門職と地域住民との価値の共有 ………………… 57
　　4．住民と二人三脚で作る街づくり ……………………………… 57
　　　1）宅配サービスの経過と概要 ……………………………… 58
　　　2）活動の質的評価 …………………………………………… 59
　　　3）活動の量的評価 …………………………………………… 60
　　　4）活動の見直しから見通しへ ……………………………… 62
　　5．街づくりは価値の共有化から ……………………………… 64
　　6．大宮中部生活支援センターにおける街づくりビジョン … 65
　　　1）自分の地区に責任を持って活動する …………………… 65
　　　2）保健医療，福祉の連携を目指して ……………………… 65
　　　3）疾病対策から予防の視点へ ……………………………… 67
　おわりに ………………………………………………………………… 68

Ⅲ　ともに歩み，育ち合う街づくりを目指して ……… 三石麻友美　71
　　　大澤さんが描いた活動ビジョンを
　　　　私の活動の見直しをしながら検証する

　1．大澤さんの活動と三石の活動はTwo−in−One ………… 71
　2．この町に生まれてよかったと思える街 ……………………… 72
　3．堀の内・天沼地区の生活支援活動と私の活動の体験から … 74
　　　共通の価値を見出し検証する
　　　1）地域づくりを意識した活動展開 ………………………… 74
　　　2）地域を足で歩く活動への転換 …………………………… 79
　　　3）今までの活動を基盤に据えながら新しい活動へ挑戦する … 81
　　　4）メンバーと二人三脚の活動づくり ……………………… 84
　　　5）その人らしさを大切にする活動づくり ………………… 86
　4．総合問題解決の視点で大澤さんの描くビジョンを検証する … 87
　　　1）時空一体 …………………………………………………… 88
　　　2）主客一体 …………………………………………………… 88
　　　3）質量一体 …………………………………………………… 88
　5．新しい生活支援活動の幕開け ……………………………… 89

Ⅳ　食事サービスセンター「エンジュ」の開設過程と　坂本智代枝　91
　　3年間の活動の中で大切にしてきたこと

　はじめに ………………………………………………………………… 91

　Ⅰ．食事サービスセンター「エンジュ」開設の過程 ………………… 92
　　1．「エンジュ」開設の要因 …………………………………… 92

　　　　　1）食事サービスは安心の保障 …………………………… 92
　　　　　2）「地域で支え合う」活動からの学び ………………… 93
　　　　　3）地域に目を向ける ……………………………………… 93
　　　　　4）祖母の死から思うこと ………………………………… 93
　　　　　5）ともに働く事業所を作りたい ………………………… 94
　　　2．「エンジュ」開設の過程の中で出会った人々 ……………… 95
　　　　　1）住民参加型の配食サービスを目指して ……………… 95
　　　　　2）行政と「エンジュ」の掛け橋になってくれた人々 … 96
　　　　　3）地域活動の先達からの学び …………………………… 97
　　　　　4）地域活動の担い手である杉山さんとの出会いから … 98
　　　　　5）身近な住民の活動モデルとの出会い ………………… 99

　Ⅱ．食事サービスセンター「エンジュ」の活動の実際 …………… 100
　　　1．開設当初は時間に追われる毎日だった …………………… 100
　　　2．事業化することの大変さ …………………………………… 100
　　　　　1）苦労した値段設定 ……………………………………… 100
　　　　　2）何を主軸に事業化していくのか ……………………… 101
　　　　　3）メンバーの働き方の保障と事業化のバランス ……… 102
　　　3．自己申告に基づく働き方を主軸にした工賃体系 ………… 103
　　　4．活動から支え合いが生まれる ……………………………… 106
　　　5．「エンジュ」の事業を担う人々 …………………………… 107
　　　　　1）専門性を持った人材を強みにした活動 ……………… 107
　　　　　2）ソーシャルワーカーではない職種の強み …………… 108

　Ⅲ．「エンジュ」の活動を通して大切にしてきたこと …………… 109
　　　1．毎日顔が見える身近な地域の支え合い …………………… 109
　　　2．対話を大切にしたお弁当づくり …………………………… 110
　　　3．メンバーと職員を分けないで会議を持つ ………………… 112
　　　4．メンバー，職員の協働を意識した活動づくり …………… 113
　　　　　1）職員主導の活動展開の見直し ………………………… 113
　　　　　2）活動を動かしている実感をもつ ……………………… 113
　　　　　3）学びを活動に活かす …………………………………… 114
　　　5．夢をもって働くこと ………………………………………… 117
　　　6．働く価値への新たな提言 …………………………………… 118
　　おわりに ……………………………………………………………… 119

第3章　福祉工場の胎動 ……………………………………………… 120

　Ⅰ　やどかり情報館設立の過程と ………………………… 増田　一世　121
　　　3年間の実践から見えてきたこと

　　　　はじめに ……………………………………………… 121

　Ⅰ．福祉工場設立までの過程 ………………………………… 121
　　１．福祉工場設立に至るいくつかの要因 ………………… 121
　　　１）病気を隠さず働ける場がほしい ………………… 121
　　　２）調査研究の取り組みから ………………………… 122
　　　３）出版・印刷・研修事業の将来展望 ……………… 123
　　２．福祉工場の産みの苦しみ ……………………………… 124
　　　１）建設用地の確保とお金の問題 …………………… 124
　　　２）内部のコンセンサスが得られず ………………… 127
　　３．準備段階で見えてきたこと …………………………… 128
　　　１）福祉工場の構想づくり …………………………… 128
　　　２）働く態勢づくり …………………………………… 128
　　　３）三菱財団社会福祉助成金「精神障害者の『福祉工場』への … 129
　　　　　基盤づくり，企画・編集・出版・印刷・研修の総合的活用
　　　　　を目指しての準備研究」から見えてきたこと
　　　４）働くための条件整備 ……………………………… 131

　Ⅱ．やどかり情報館の活動の実際 …………………………… 132
　　１．福祉工場を開設して …………………………………… 132
　　　１）やどかり情報館の雇用受け入れの流れ ………… 132
　　　２）どういう人がここで働くのか …………………… 132
　　　３）事業収益を上げる ………………………………… 134
　　　４）運営の主体的参加を目指して …………………… 134
　　　５）職業人としての自覚と責任ある仕事づくり …… 134
　　２．２年目を迎える際の大きな変動 ……………………… 135
　　３．障害体験を生かした仕事づくり ……………………… 136
　　　１）やどかりブックレット・障害者からのメッセージの創刊 … 136
　　　２）体験発表会の充実に向けて ……………………… 137
　　　３）第１回障害者体験発表会の開催 ………………… 137
　　４．援助（日常生活支援）を行わない職員の関わりとは … 140
　　５．印刷技術の向上に向けて ……………………………… 141
　　６．情報の共有化に向けて ………………………………… 141
　　７．短期借入の返済を終えて ……………………………… 142
　　８．小さな学習の輪を広げる中で ………………………… 142

　Ⅲ．やどかり情報館の活動から見えてきたこと …………… 144
　　１．私が手にしたこと ……………………………………… 144
　　２．やどかり情報館の実践からの学び …………………… 145

1）働くことは主体化のプロセス ……………………… 145
　　　2）情報の共有は運営の主体的参加の入口 …………… 146
　　　3）共同学習の大切さ ……………………………………… 146
　　　4）障害や病の体験に大きな価値がある ……………… 147
　　　5）夢を持つことの大切さ ……………………………… 147
　　おわりに ……………………………………………………… 148

Ⅱ　やどかりの里における印刷事業の意味と役割　……宗野　政美　150
　　先輩からの学び，新たな気づき，そしてこれから

　　はじめに ……………………………………………………… 150
　　1．印刷事業の歩み …………………………………………… 151
　　　1）働くことを求めて ……………………………………… 151
　　　　　＜1977（昭和52）年2月～1978（昭和53）年2月＞
　　　2）運動と事業の二人三脚，活動と事業の両輪として …… 152
　　　　　＜1978（昭和53）年3月～1987（昭和62）年3月＞
　　　3）事業化と社会復帰施設づくり ……………………… 153
　　　　　＜1987（昭和62）年4月～1993（平成5）年3月＞
　　　4）存続の危機 ……………………………………………… 153
　　　　　＜1993（平成5）年4月～1994（平成6）年10月＞
　　　5）価値の転換，そして豊かさを求めて ……………… 154
　　　　　＜1994（平成6）年10月～　　＞
　　2．印刷事業が持つ意味と価値 …………………………… 158
　　　1）企業マインドと福祉マインドの二人三脚 ………… 158
　　　2）文化の一翼を担う印刷 ……………………………… 159
　　　3）社会に貢献するという意識 ………………………… 160
　　　4）ネットワークづくり ………………………………… 160
　　3．印刷事業の推移を数量的に見る（量の分析） ……… 161
　　　1）生産活動がもたらすもの …………………………… 161
　　　2）働く環境の整備 ……………………………………… 162
　　　3）職員とメンバーの関係性 …………………………… 164
　　　4）働くことの価値 ……………………………………… 165
　　　5）印刷事業の展開から見た二人三脚 ………………… 166
　　4．活動の見直しから見通しへ …………………………… 167
　　　1）私自身に注目して …………………………………… 167
　　　2）印刷事業の組織に注目して ………………………… 168
　　　3）印刷事業の活動に注目して ………………………… 170
　　おわりに ……………………………………………………… 170

第4章　やどかりの里の理念の形成過程 …………………………… 171

Ⅰ 理念的な問題を追求した研修，研究，出版活動 …増田 一世 173

はじめに ………………………………………………………… 173

Ⅰ．出版活動の中での気づきと学び ……………………………… 174
　　1．やどかりの里の実践活動を出版する意味 ………………… 174
　　　1）記録することの意味 …………………………………… 174
　　　2）本づくりのプロセスを活動に生かす ………………… 175
　　2．障害者の体験を世に問うことの意味 ……………………… 176
　　　1）雑誌「爽風」からやどかりブックレットへ ………… 176
　　　2）やどかりの里のメンバーの講演活動 ………………… 176
　　　3）講師の学習会が作り出していること ………………… 177
　　3．やどかりの里の活動を部分にする ………………………… 178
　　　1）保健婦活動や他分野からの学び ……………………… 178
　　　2）ネットワークづくりから，新たな仕事づくりへ …… 179
　　　3）各地の活動から学ぶこと ……………………………… 179
　　　4）出会いから広がり，膨らみにつながった …………… 180
　　4．企画が命，命の源を求めて ………………………………… 181
　　　1）研究所会議，やどかりサロンの充実 ………………… 181
　　　2）地域精神保健福祉研究会のスタート，再スタート … 182
　　5．活動の危機から生まれたこと ……………………………… 183
　　　1）民主的な運営を目指して ……………………………… 183
　　　2）チーフ会議 ……………………………………………… 184
　　　3）研修会の企画を共同で行う …………………………… 185

Ⅱ．私に見えてきたこと ………………………………………… 186

Ⅲ．私たちが大切にしてきたこと ……………………………… 187
　　1．主体的な学習の場を作り出すこと ………………………… 187
　　2．学習の場を支えたのは話し合い …………………………… 188
　　3．情報の開示の重要性 ………………………………………… 188
　　4．基本は民主的な運営 ………………………………………… 188
　　5．横につながる仲間づくり …………………………………… 188
　　おわりに ………………………………………………………… 188

Ⅱ みんなで創り合うセミナーで， ………………佐々木千夏 190
生き生きとした活動を広げよう

やどかりの里・人づくりセミナーと私

- Ⅰ．1999(平成11)年の人づくりセミナーに向けて …………… 190

- Ⅱ．第1回人づくりセミナーをめぐって ……………………… 191
  - 1．やどかりの里人づくりセミナーの概要 ……………… 191
  - 2．第1回人づくりセミナーに至るまで ………………… 192
    - 1）組織の拡大に伴うやどかりの里の危機 …………… 192
    - 2）混沌とした思いから研修会に取り組んだ私 ……… 193
  - 3．第1回人づくりセミナーを実施して ………………… 194
    - 1）3日間のセミナーのあらまし（図2）…………… 194
    - 2）私が感じた3日間のセミナー ……………………… 195
  - 4．第1回人づくりセミナーの見直しから見通しへ ……… 196
    - 1）KDD研修センターで行ったチーフ研修会, ……… 196
      そこで話し合われたこと
    - 2）私が描いた活動の見直し ………………………… 197
  - 5．第1回人づくりセミナーの評価 ……………………… 197

- Ⅲ．第2回人づくりセミナーをめぐって ……………………… 198
  - 1．第2回人づくりセミナーに至るまで ………………… 198
    - 1）その時のやどかりの里の動き …………………… 198
    - 2）活動ビジョンを仲間と共有できずにもやもやしていた私 …… 199
  - 2．第2回人づくりセミナーを実施して ………………… 200
    - 1）第2回人づくりセミナーのあらまし ……………… 200
    - 2）私が感じた第2回人づくりセミナー ……………… 201
  - 3．第2回人づくりセミナーの見直しから見通しへ ……… 202
    - 1）活動の見通しを共有して ………………………… 202
    - 2）健康文化が私のからだと心に染み込んできた ……… 203
  - 4．第2回人づくりセミナーの評価 ……………………… 204
  - 5．第2回人づくりセミナー後に参加した ……………… 204
    日本健康福祉政策学会での気づき

- Ⅳ．2つのセミナーから私たちが手にしたものは ……………… 205

- Ⅴ．今後の展望を描く ………………………………………… 207

資料篇 ……………………………………………………… 210
  1．機関紙「やどかり」から見た ……………… 三石麻友美 211
     やどかりの里の6年
     ＜1994(平成6年)＞

生活支援活動の取り組みと福祉的就労の場の確保を目指して … 211
　＜1995(平成7年)＞
　　　福祉工場建設に向けた新たな取り組み ……………………… 212
　　　やどかりの里25年の実績が生活支援活動の制度化へ …… 212
　＜1996(平成8年)＞
　　　生活支援活動と精神保健運動の2つの両輪 ………………… 123
　　　インタビュー「仲間」の連載 ………………………………… 213
　　　ヴィレッジセミナーツアー・メンバー交歓会 ……………… 213
　＜1997(平成9年)＞
　　　街の一員として，ともに支え合う地域づくりを目指して 214
　　　障害をもって生きることをプラスに ………………………… 215
　　　実践・研修・研究の三位一体 ………………………………… 215
　　　作業所の引っ越しラッシュ …………………………………… 216
　＜1998(平成10)年＞
　　　仲間同士の絆を深めるグループ活動 ………………………… 216
　　　実践活動を政策化するという視点で研究的に捉え直す … 217
　　　障害を持った人に住みやすい街づくり ……………………… 217
　＜1999(平成11)年＞
　　　21世紀に向けて歩み始めた1999(平成11)年のやどかりの里 … 217
　　　生活支援態勢の再編成 ………………………………………… 217
　　　障害種別を越えた体験発表会の取り組み …………………… 218
　　　当事者の視点で，やどかりの里の実践を捉え直す …… 219
　　　みんなで作り合う活動づくり ………………………………… 219
　　　イラストで表すやどかりの里の30年 ………………………… 220

2．年表 ……………………………………………………………… 229

　エピローグ ………………………………………………………… 236

　　　　　　　　　　　　　　　　　表紙デザイン　宗野政美

第1章

支援から共生へ支え合いから協働へ

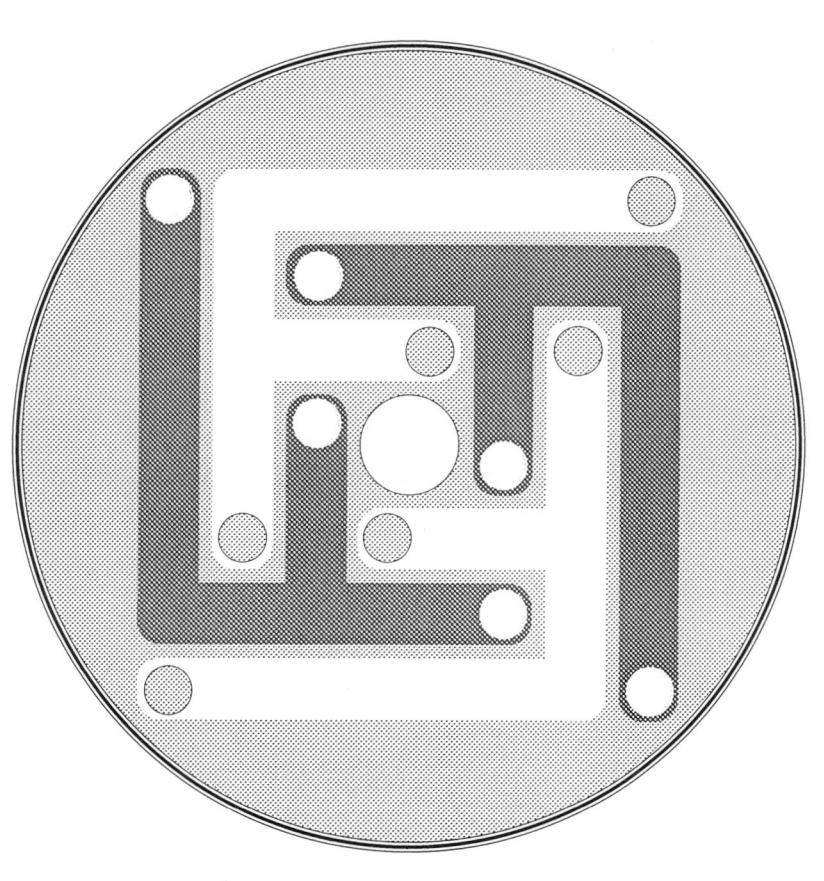

I 新しい組織としての成長を求められた6年間のあゆみ

Commentary

はじめに

支援・共生・協働

やどかりの里の実践は専門職が生活上の困難を抱えた精神障害者を支えることから始まった．実践を重ねる中で，精神障害者と専門職がお互いの生きざまを認め合いながら生きることを目指すようになり，さらにお互いの持ち味を生かしつつ，社会の変革に向けて歩み始めている．

ソーシャルワーカー

社会福祉を学び，社会で生きづらさを抱える人々に専門的な援助を行う人．

財政難

精神障害者は，1988年に精神衛生法から精神保健法に変わるまで，社会福祉の対象とは認められず，精神障害者への福祉的活動を展開するやどかりの里は，常／

　1970（昭和45）年に産声を上げたやどかりの里も30年を迎えた．1人のソーシャルワーカー^{Com}（現やどかりの里谷中輝雄理事長）が精神医療の閉鎖性，劣悪な処遇，精神病患者を人間としてみなしてこなかった日本という社会に対する火の玉のような怒りを持ったことがやどかりの里の始まりであり，原点でもある．その実践展開を通して，障害や病気を持っていても暮らしやすい社会の実現，精神障害者の暮らしやすい社会こそ，多くの人々にとって暮らしやすい地域社会であるというやどかりの里の理念が形成されてきた．その実践展開は，精神障害者福祉施策を大きく動かしてきたし，日本の地域精神保健福祉活動のリーダーとしての役割を担ってきたのである．

　谷中はよく「危機はチャンスである」と言っているように，やどかりの里は，財政難^{Com}や施設化等の危機^{Com}に直面しそれを直視し，新しい活動へと展開してきた．活動の成長過程では危機に直面することは必然的であり，それを乗り越えていくことによって，活動は成長するのだと言えよう．

　本書ではやどかりの里で生活支援態勢が整ってきた1994（平成6）年から30周年を迎えた平成11年までの6年間を1つの区切りとして捉え，この間の活動を記録化し，見直し，さらにこれからのやどかりの里の活動の見通しを持つことを目的としている．この間，福祉工場という新たな活動が始まるなど新たな展開もあった．新しい活動へとエネルギーが注がれれば注がれるほど，人間としての成長，組織としての成長が試され，求められる．「やどかりの里」という名称がつけられた由来（やどかりという生物は，自分の体の成長に応じてかぶる貝殻を大きいものに取り替えていくこと）そのものである．

　ここでは，この時期の活動展開の変遷を概観しながら，そこで求められてきた「組織の成長」にフォーカスを当てて検証してみたい．そして，そこから見えてきたものを整理し，30年の歩みの中で，この6年間の活動がどのような意味を持つのかを考え，その上でやどかりの里の未来を考える機会としたい．

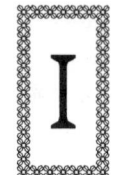 やどかりの里の活動の変遷
＜1994（平成6）年度～1999（平成11）年度＞

1．生活支援態勢の充実と就労支援の必要性（平成6年度）

1）生活支援の実践モデルの形成

　1990（平成2）年に「施設化の危惧」や「メンバーを利用者として対象化すること」等を恐れながらも，やどかりの里の活動の存続と新しい活動への実践モデル創造への挑戦を賭けて社会復帰施設（援護寮・授産施設）を開設した．その道程は，けっして平坦なものではなかった．それは，1992（平成4）年度，1993（平成5）年度続けて半年で組織図が変わっていったことにも象徴されている．[1]

　1994（平成6）年度は，生活支援態勢の組織図に大きな変化がなかった年度であった．ようやく生活支援態勢が整い，活動が充実してきたからであった．やどかりの里の活動を表す組織図の中で「社会復帰活動」という言葉が消えて，「生活支援活動」となった大きな転換期であった．同時に1992（平成4）年度に生活支援センターの活動が始まり，「生活支援」という言葉がどのような意味を持ち，どのようなことなのか，やどかりの里全体のコンセンサスを得るのに産みの苦しみを味わった時期である．先の見えない不安や焦り，ついて回ったお金の苦労，なかなかうまくいかなかった職員間のチームワークの悪さがが露呈した時期であった．[2]

　やどかりの里が理念とする「ごくあたりまえの生活^{Com}を求めて」という言葉が，具体的な実践モデルとして目に見えるようになってきたのである．それはメンバー個々の持つこだわり（価値観）を尊重し，ありのままを認めて，その上で必要とされる支援を提供していくこと，メンバー同士が支え合って生活していけるような環境づくりをすることである．その人の問題性に焦点を当てて援助するのではなく，希望や夢を実現するための支援を行い，必要ならば資源やサービスを提供し，環境を整備していくことが生活支援の重要な方法として明確になってきた．[3]

　「何に向かっているのか」をやどかりの里の理念だけで共有するのではなく，具体的な実践として「目指すこと」が，やどかりの里の職員やメンバーに共通のものとしてようやく芽生え始めたのである．

　一方，この時期の大きな動きとしては，小規模作業所^{Com}の補助金についての請願運動がある．埼玉県における地域作業所は，補助金が年間90万円という時期が長く，財政的に苦戦をしていた．県内の関係者の請願運動が実

Commentary

〃に独自に運営のための資金づくりを行わざるを得なかった．そのため，1990年に社会復帰施設を開設するまでは，常に運営資金が逼迫しており，存続できるかどうか危ぶまれていた．

施設化等の危機
やどかりの里は精神病院のような収容化を避けるために共同住居の活動を廃止した経緯がある．1990年社会復帰施設開設にあたり，障害者を施設に収容し，沈殿化させるような危険性を感じていた．

ごくあたりまえの生活
病や障害によって，生活上の不都合があったとしても，その人らしく，その人の望む生活や人生を送ること．

小規模作業所（地域作業所）
無認可施設で障害者の働く場の1つ．自治体により運営費補助には格差があり，広がり方もまちまちである．事業形態，作業種目はさまざまで，高収入を目指す作業所，憩いの場に近い作業所とバラ〃

18　第1章　支援から共生へ支え合いから協働へ

Commentary

バエティに富んでいる．やどかりの里は6か所の作業所があり，それぞれの特徴を生かした活動を展開している．

福祉工場
身体障害者の福祉工場が最も先発で，その後知的障害者の福祉工場ができ，1994年に精神障害者の福祉工場が精神保健福祉法に盛り込まれた．従業員を労働者として雇用し，最低賃金を保障することを目標としている．
やどかりの里の福祉工場は，障害者の手による情報発信基地を目指して，やどかり情報館と命名され，1997年4月開設した．

一般就労
一般事業所で働くこと

り，Aランク：年間450万円，Bランク：年間380万円の補助金が県と市より交付されるようになった．

　これは，埼玉県の地域精神保健福祉活動に大きな希望を与えた．これまで，小規模作業所の家賃も払えるかどうかという補助金で専従職員を雇えない時代が長かった．そのために，埼玉県内には，数える程しか作業所がなかったのが，現在では46か所（1999年4月現在）になって新たな作業所開設の勢いは衰えない．やどかりの里においても，地域の精神障害者の働く場としての活動から，喫茶店やリサイクルショップ，お弁当屋さん等地域のニーズに沿った，地域に貢献できる拠点としての活動へと展開できる契機となった．

2）新たな産みの苦しみとなった福祉工場^{Com}づくり

　やどかりの里の活動は，さらなる新たな産みの苦しみに向かって走り始めた．これまでやどかりの里は，精神障害者の生活支援を中心とした活動であり，「働く」ことについてはこれまで十分な活動展開ができなかった．さらに，やどかりの里の職員による就労をめぐる研究の結果[4]から，一般就労^{Com}を希望するメンバーは多くいるものの，一般就労への道程は遠く，一般就労してもなかなか長続きがしないという現状が明らかになった．これまでやどかりの里の働く場は主に小規模作業所であり，メンバーが生き生きと働く場として小規模作業所はそれぞれ特徴ある事業を展開してきた．しかし，作業所で働くメンバーは，働くことだけでなく，作業所に「仲間づくり」や「いこいの場」としての役割を求めていた．（本書：増田一世：やどかり情報館設立の過程と3年間の実践から見えてきたこと；p121）

　そこで，「もっと働きたい」というメンバーのニーズに答えるために，就労支援の必要性が明確になり，その具体的な方法として「福祉工場づくり」の構想が進んでいった．そして，1994（平成6）年度の下半期の組織図に「福祉工場建設準備委員会」が加わった．

　その当時の機関紙「やどかり」の一面は，常に「福祉工場づくり」へ向けて精神障害者福祉工場建設準備委員会の委員長であった増田一世（現やどかり情報館館長）の記事で占められていた．それは，「福祉工場づくり」に対して「生活支援態勢が整ったのだから，もうそこまでしなくても」「福祉工場を作る意図がわからない」等他の職員や家族のコンセンサスが得られないことに対するメッセージだったのである．（本書：三石麻友美：；機関紙「やどかり」から見たやどかりの里の6年；p210）

　またもややどかりの里は内部的な危機を迎えていた．「どこに向かっていくのか」という共通基盤を見出すという課題に直面していた．

Commentary

2．福祉工場づくりの基礎工事と地域に根ざした生活支援活動
＜1995（平成7）年度，1996（平成8）年度＞

1）福祉工場のあり方をめぐって

　1995（平成7）年度，1996（平成8）年度は福祉工場建設，そして開設に向けて，土地の確保や資金調達等まさに基礎工事の時期であった．そして，何よりもたいへんな労力を費やしたのが，福祉工場のあり方を検討することと，やどかりの里の職員間でそれを共有化することであった．メンバー，家族，職員等を交えて「福祉工場のあり方を考える会」が発足し，2年間じっくり検討された．それを受けて各部署の代表で構成されているチーフ会議で何度も話し合いを行った．

　福祉工場づくりは生活支援センターが充実する中で，作業所等で働くメンバーが得られる収入の限界も見えてきて，生活保護を返上して障害年金と働いた収入とで生活を成り立たせ，なおかつ安心して働けるような場がほしいという希望を実現しようというものであった．

　そこで，福祉工場づくりを担う職員は，福祉工場は生活支援の機能を持たずに，事業所としての機能を中心にした働く場としていくという考え方を強く打ち出していた．それは，事業として成り立たせるためには，個別的なケアまでできないということと，何よりも精神障害者が労働者として働く場を確保したいという考えからであった．

　それに対して生活支援活動を担う職員は，
「働く上で支援が必要なメンバーは希望しても利用できない」
「一部のメンバーしか利用できないのではないか，それだったら一般企業とどう違うのか」
「福祉工場に正式採用になるまでの就労支援[Com]は，どこがするのか」
というような疑問を持っていた．その考え方の違いは，福祉工場で現実に生き生きと働くメンバーの姿を目の当たりにするまで続いた．

　福祉工場のあり方をめぐって，長い間「やどかりの里の活動，すなわち生活支援活動」であった現実が浮き彫りにされ，やどかりの里の中で生活支援活動を部分にして全体を見る視点が必要になった時期にきていた．しかし，当時はそれぞれの職員が目の前の自分たちの活動で精一杯で全体を捉える余裕がなく，積極的な対話ができないままであった．

2）新しい作業所のあり方をめぐって

　働く場としての小規模作業所も大きな転換期を迎えていた．当時活動していた5か所の小規模作業所はすべて補助金対象になり，さらに1996（平成8）年の喫茶「ルポーズ」の開設は，作業所は運営基盤が弱いので，古い小

就労支援
精神障害者は，病気や障害のために働く経験が少ない場合が多く，働くことに慣れていくまでには経験を積む時間が大切である．その期間に事業所側と障害者から求められる支援．

Commentary

さなアパートで活動するしかないという従来の小規模作業所のイメージを覆した．喫茶「ルポーズ」は福祉の店としてではなく，町の中の「喫茶店」として改装，オープンしたことは，作業所が精神障害者の働く場だけでなく，事業としての活動を意識する転機となった．そしてこの動きは，その後の食事サービスセンター「まごころ」の店舗改装やドリームカンパニーの移転等に大きく拍車をかけた．[2]

3）主体化が求められて

生活支援活動は苦戦しながらも実践モデルを政策提言してきた甲斐があり，平成8年度から生活支援センター本部が，補助金対象事業となった．今までは，社会復帰施設や小規模作業所等の職員として生活支援活動を兼務しながら生活支援活動の枠組みを作っていくことに精一杯だったが，財政的な裏付けができたことでこれまでできなかった「家族と同居しているメンバーへの在宅支援」や「家族支援」等の生活支援活動の内容を充実させていくことが可能となった．

そこで生活支援活動も1つの転換点を迎えていた．1990（平成2）年から援護寮[Com]と通所授産施設[Com]からなる社会復帰施設をケアセンターと呼び，ケアセンターは精神障害者への地域ケアの中枢的な機能を果たしてきた．しかし，生活支援活動の態勢を見直す中で，ケアセンターの名称を変更して，「会館」と呼び，一部残っていた訓練的なデイプログラムをサークル活動とした．

そしてやどかりの里のメンバーの暮らす身近な地域に，それぞれの地域の特徴をもった活動を展開させようと，3か所の生活支援センターとそれらをコーディネートする生活支援センター本部を設けた．（図1）

活動内容はそれぞれの地域の生活支援センターでメンバーを交えて定期的に検討され，生活支援活動全体の機能や役割，見直しと見通しについては生活支援センター本部会議を月1回開くようになった．

1990（平成2）年に社会復帰施設を開設以来，地域に生活支援態勢を作り上げるために，谷中理事長のビジョンに基づき活動が展開されてきた．それはかなり強力なリーダーシップであり，だからこそ短期間である形を作り上げたのだとも言える．しかし，活動の大枠が出来上がったことにより，生活支援センターの独自性が問われるようになってきた．そして，それぞれの部署の責任者たちが，やどかりの里の生活支援活動の共通基盤や展望を持つ必要性に迫られるようになってきたのだ．まさに活動の部分と全体を捉え，それぞれの活動を検討することが必要になってきた時期であった．

さらに，社会復帰施設においてケアを中心に担ってきた30代の中堅職員が退職し，生活支援活動を中心に活動していた私が産休，育児休業に入り現場から抜けた．そして，20代の若い職員がチーフとなり，各生活支援センターの代表となり責任を担うことになった．

援護寮

1988年精神保健法に盛り込まれた社会復帰施設．精神病院を退院した人が，2〜3年入寮し，生活訓練を行い，地域での暮らしに移行することが目的．
やどかりの里では，精神病院からの試験外泊や退院後自分の暮らしを作るための移行期に短期的に利用．または休息利用が中心である．生活支援活動の後方の基地でもあり，24時間の電話相談態勢がある．月曜日休館．

通所授産施設

援護寮と同時に精神保健法に盛り込まれた社会復帰施設．働くための訓練や指導を目的としている．やどかりの里では，開設当時は印刷訓練や就労のための訓練と仲間づくりやサークル活動が行われていたが，現在では，地域の高齢者や障害者への配食サービスを行う食事サービスセンター「エンジュ」とサークル活動等が行われている．

このことで，それぞれのチーフとなった若い職員の主体性が求められた．それぞれが主体性を持つことを意識して，1996（平成8）年の5月に1泊2日で「生活支援センター本部合宿」が持たれ，生活支援活動の今後の方向性を検討した．強いリーダーシップに基づく活動づくりから，「自分の足で歩くこと」「チームで動く」ということを初めて意識した動きであった．

3．就労支援態勢づくりの模索と人づくりの必要性
＜1997（平成9）年度＞

1）就労支援態勢づくりの模索—新たな課題—

やどかりの里の所報「やどかり」（やどかりの里の活動の年度毎の事業総括をした報告書）の「はじめに」のテーマはここ数年「生活支援」であった．1997（平成9）年度になって，「働くことへの支援」となっている．生活支援態勢を基盤に，働く場が拡充していった時期である．福祉工場「やどかり情報館」の開設に始まり，通所授産施設「食事サービスセンター・エンジュ」の開始，小規模作業所「あゆみ舎」や「アトリエなす花」等の移転拡充であった．

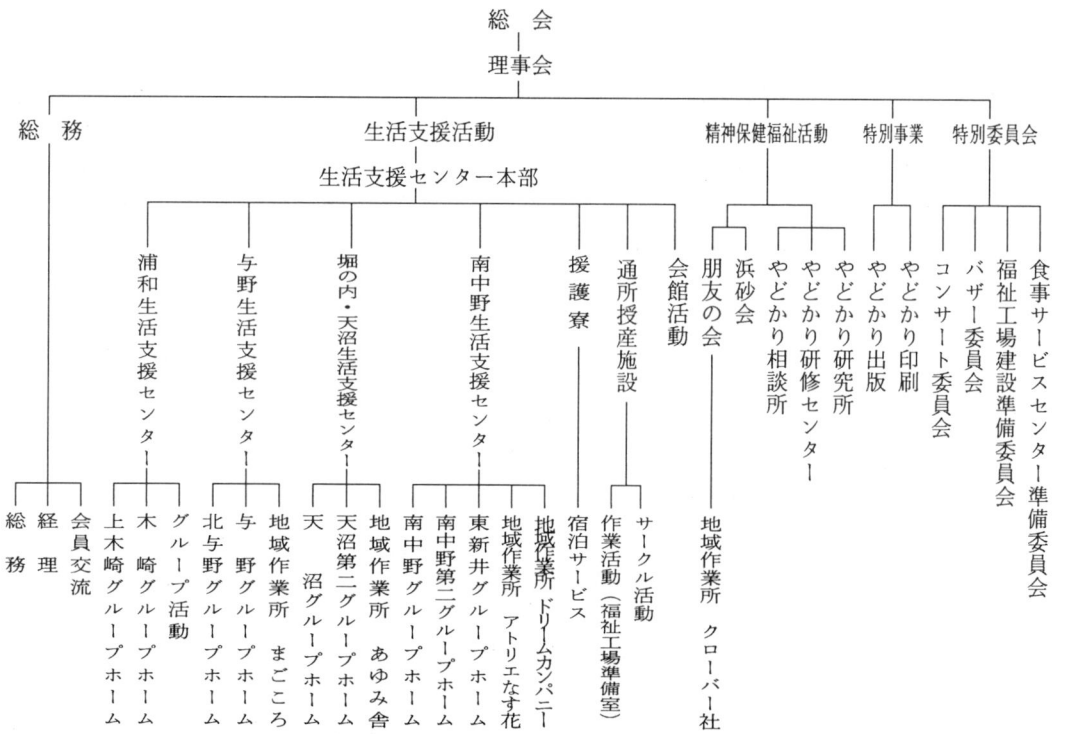

図1　平成8年度　社団法人やどかりの里組織図

Commentary

埼玉県精神保健福祉総合センター
埼玉県伊奈町にあり，精神保健福祉センターとしての精神保健福祉に関する中核的機関であり，援護寮やデイケア，埼玉県内唯一の公的な精神科病床を有している．やどかりの里では援護寮退寮者やデイケア修了者が多数利用している．

障害者職業センター
障害者の雇用の促進等に関する法律に基づき，各都道府県に1か所配置されている．公共職業安定所との連携のもとに，就職困難な障害者に対し，基本的な職業リハビリテーションを実施する施設．

 これまでやどかりの里の働く場は，主に小規模作業所が中心的な機能を担ってきた．そして，一般就労を目指すメンバーに対しては，訓練の場として埼玉県精神保健福祉総合センター[Com]や障害者職業センター[Com]等他のリハビリテーション機関の資源を利用できるように個別に支援していくという生活支援活動の部分としての就労支援であった．

 福祉工場の開設に伴って，雇用契約を結び，労働関係法規の適用がなされ，最低賃金の保障をする働く場が確保された．これによって生活支援センターは，生活支援サービスの利用の窓口だけでなく「生活支援は必要ないが，福祉工場で働きたい」等の就労支援の窓口の必要性も出てきたのである．そして，実際に福祉工場で働く人たちが出てくる中で，就労を継続させていくためには生活支援が必要なことがわかってきた．そこで1997（平成9）年度は半年後には，就労支援の相談窓口がやどかり相談所から生活支援センター本部に変更になっている．当時は，就労支援活動のあり方をめぐって模索していた時期で，就労支援活動を充実させていくための職員の力量が問われることになった．

 一方，メンバーの就労に対する意識も変化していった．雇用保険や社会保険，厚生年金に加入し，障害年金と給料で生活しているメンバーが具体的に現れてきた．そして生活支援態勢でのサービスの受け手という利用契約に対して，福祉工場は「労働者」として職員と肩を並べて働くことになった．（本書：増田一世；やどかり情報館設立の過程と3年間の実践から見えてきたこと；p121）

 通所授産施設の食事サービスセンター「エンジュ」では，高齢者や障害者への食事サービス事業を開設した．今までサービスの受け手であった精神障害者が地域の人々の食を支えるという「お互いの支え合い」の活動を展開し始めた．（本書：坂本智代枝；食事サービスセンター「エンジュ」の開設過程と3年間の活動の中で大切にしてきたこと；p91）

 「エンジュ」においても事業として活動を展開しており，より一般の事業所に近い労働内容であることから，
 「まずは情報館のように雇用契約ができるようになって月給をもらえるようになりたい」
 「エンジュで務まったら，一般就労する自信がつく」
等と，漠然とした「一般就労したい」という思いから，具体的な目標として精神障害者自らが上手に選択するようになってきた．彼らが希望していることは，自らが立てた目標が達成できる就労の機会や場の選択肢がたくさんあることであり，その人なりの就労ができる環境整備が重要な要素なのである．

2）相互研修会の必要性―未熟な組織としての危機―

 それぞれの職員が部分を担当して活動をしていても，そう努力しなくとも全体が見える，他の職員の動きも見えるという小さな規模での活動展開の時

代は終わり，全体と部分との活動を連動させていくことを組織的に協議し，決定していかないと活動の全体が見えないくらい大きな組織にここ2～3年でなっていた．大きな組織になったものの，それに対応できるだけの組織としての成長やそれぞれの活動を中心に担うチーフ職員の成長が追いついていなかった．

それぞれの部署で活動を充実させていくためには，新しい人材が必要となり新人職員が多く配属された．それぞれの部署の責任者たちも経験が浅い場合が多かった．今までは先輩職員のもとで先輩のリーダーシップで活動が展開されていく安心感を持っていた人たちが，活動の規模は小さくとも，自分自身が活動の見通しを持たなくてはならない上に，自分の活動の課題や方向性を新人職員に伝えていかなければならなかった．しかし，それぞれのチーフ職員は手探りで活動を進めてきており，その活動に対する思いや意味を一緒に働いている職員に「伝える」ことの難しさを痛感した時期であった．
(本書：佐々木千夏：みんなで創り合うセミナーで，生き生きした活動を広げよう；p190)

そして1997（平成9）年度には，常勤職員数が前年度に比べて一挙に11名も増えている．さらに，今まではソーシャルワーカーとして雇い入れていたことが多かったが，栄養士，印刷の技術者，調理師等，事業を担う他の専門職を多く雇い入れた時期でもあった．ある事業の部分を専門的に担うことを期待されて雇われた専門職の人にとっては，やどかりの里全体は見えにくかった．そこでも，各チーフ職員がやどかりの里の全体を捉え，活動の意味や方向性を伝えていくことが迫られた．

各チーフが自律的に活動を組み立てていく必要性を感じた事柄が2つあった．1つはこれまで活動の全体を見据えてやどかりの里の活動のリーダーシップをとっていた理事長が大学の教授として招かれ，やどかりの里の非常勤職員となったこと，2つには1997（平成9）年5月に「理事長が倒れた」ということである．そのことで，
「理事長がいなければやどかりの里は成り立たない」
とか，
「あとは，何とか活動を維持していけばよい」
というような守りの姿勢を持つ人々もおり，またそういう雰囲気にチーフ職員たちが危機感を感じることになった．

また，「理事長が倒れた」ことでやどかりの里のこれからに対する危機感は，やどかりの里を外から見守っている人たちも持っていた．当時の大宮市の福祉部長からは，
「いままでは，谷中さんががんばって引っ張ってきたけれど，もうこれからはあんたたちのような若い人たちでがんばる時代だよ」
と励まされた．

そして，もっとも重要なキーパーソンになったのが，やどかり研究所顧問で信州大学医学部公衆衛生学教室の丸地信弘教授であった．地域ケアの従事

者の研修について研究を深めている丸地教授は常々やどかりの里の研修のあり方について，受身的な研修ではなく，参加者が主体的に参加し，討論し合い，自ら考えていくような研修が大切だと提案されていた．丸地教授の力を借りて，やどかりの里の職員の研修をやってみたらどうかという提案が，やどかり出版顧問の西村恭彦氏と職員の増田一世からあった．その提案を受けてチーフ職員が研修会の実行委員となり，丸地教授との学習会を重ねながら研修会の準備にあたった．

ここでも活動の危機は新たな活動展開へのチャンスを創ってくれた．また研修会を通して新たなやどかりの里へと向かう道程が示されることになったのだった．こうして第1回相互研修会へとたどり着いた．（本書：佐々木千夏：みんなで創り合うセミナーで，生き生きした活動を広げよう；p190）

4．人づくり，街づくりを意識した活動づくり
 ＜1998（平成10）年度＞

1）人づくりから組織づくりへ

これまでの活動展開の中で各チーフ職員が，主体化を迫られていることは認識されていたが，まず何からどのようにして始めればよいのかということで困っていた．前述の相互研修会は第2回よりやどかりの里人づくりセミナーと呼ばれるようになった．（以下人づくりセミナーと略）この人づくりセミナーはこの課題を1人で考えていくのではなく，参加者との対話と共感を通して問題改善していくセミナーであった．丸地先生の提示したモデルやイラストを使って，自分の思いや気づき，活動を伝えていく方法（パターン認識）等，共通に持っている道具を使って「対話しよう」という意識や姿勢がチーフ職員間だけでなく，職員全体の共通基盤となった．

そして，ここで学んだプロセスや方法論は，日常の実践活動に生かされるようになった．

（1）日常的に活動の「見直しと見通し」をすることが習慣化した
「何を大切に活動展開してきたのか」「どんな目標に向かって活動しているのか」「何ができていて，何が足りないのか」という活動の「見直し」をそれぞれの活動の現場で個々の事業や活動について行い，それを受けてチーフ職員の間でも丁寧に行い，お互いの思いを共有化することが当たり前のようになってきた．それによって理念や価値を共有化でき，どんなことでも建設的な話し合いができるようになってきた．やどかりの里の活動で今まで意識してこなかった「仮説を立てて，検証しながら活動を進める」ことが日常的に，実践の中で意識して使われるようになった．

（2）対話と共感に基づいた人間関係の構築

　人づくりセミナーをきっかけに，他の部署の職員同士が話し合い，思いや気づきを共有化する機会や時間を作ることに価値を置くようになった．他の活動の意味や本質が見えてくると，自分の活動に重ね合わせることができるようになった．セミナーで強調されることは，一人よがりにならないように第三者にも活動が伝わるように表現することであった．この努力は，日常の実践活動でも大切なことであった．そして結果的に，やどかりの里の活動の中に対話と共感を大切にした人間関係を構築をしていくきっかけとなっていった．具体的には，どんな小さなことでも相談し合える人間関係であり，一部の職員だけで活動が進むのでなく，1人1人がわかり合えるまで時間をかけて話し合うということが重視されるようになった．

（3）民主的な話し合いを基盤とした組織づくり

　1人1人が成長すると，組織も成長するものである．「何を大切にするのか」という価値が共有できるようになると，どんな小さな問題でも一人よがりにならないで話し合い，検討し，問題改善に向けての対話ができるようになった．特にやどかりの里の活動の個々の活動の調整をしたり，全体を把握していくため「チーフ会議」の中で，チーフ1人1人が主体的になり，全体に関わることは事の大小にかかわらず，そこで話し合って決定するようになり，民主的な組織運営が行われるようになった．

2）新たな理念形成に向けて—共生の街づくりをめざして

　やどかりの里の活動理念は20年かけて形成され，ここ5，6年は理念を実践モデルとして具現化してきた歩みだったと言える．やどかりの里の理念に共感して集まった職員が，強いリーダーシップの下で，理念を具現化するための実践であった．

　人づくりセミナーをきっかけに，それぞれのチーフ職員が今の活動の位置や意味を再確認し，「これからどこに向かっていけばよいのか」という活動の地図が描けるようになってきた．そして，これまでの理念や実践を基盤に，日常の実践の中から「共生の街づくり」という新たな理念が形成され，共有化されてきたのである．精神障害者が地域で暮らしていくための支援を長年展開してきたやどかりの里であるが，精神障害者も街で暮らす1人の人なのだという捉えが明確になってきた．そして，精神障害者に向けた特別なサービスを縦横に張りめぐらせるだけでなく，やどかりの里のそれぞれの活動がその地域でその街の人たちと連携を取って展開されたり，共同で活動が行えるようになればいいと考えるようになっていった．街の人たちとともに生きられる社会の実現に向けた新たな道程を意識するようになったのだ．まさに共生の街づくりに向けたささやかな第一歩を意識し始めたところである．こうした新たな活動の目標が共有ができれば，活動展開がそれぞれ違っていて

も，めざすゴールが明確なので協力し合えるのである．さらに他の部署の活動のよいエッセンスを個々の活動に生かせるし，個々の活動の点検ができるのである．

5．協働の活動づくりを意識して
＜1999（平成11）年度＞

1999（平成11）年度の活動は，「人づくり」が具体的な日常の活動に成果として表れたことが特徴的であった．それは，「いかに職員とメンバーとがパートナーシップをもって協働できるのか」ということに対して，情報の共有化や活動の検討のために話し合いを持つことに重きを置いた．こんなに1つ1つのことに対して，じっくり話し合いを持った年はなかったのではないだろうか．そのプロセスから多くを学び，それを共有化し，またそれを実践に活かすという循環的な活動展開となりつつある．

1）すべてがつながりだしー実践・研修・研究の連動を意識してー

人づくりセミナーは活動の問題改善のために始まった．しかし，3回を経て振り返ると，その学びが日常の実践活動の点検の場となり，実践の指針となってすべてにつながってきている．実践と研修が一体化するようになってきたのである．

一方，足りないものとして研究活動が明確になってきたのである．日々実践活動に追われることにより，研究活動は「研究者がすること，研究者におまかせ」という風潮があったが，実践活動をする中で人づくり，自分づくりとしての研修が求められ，活動をいかに人にわかりやすく伝えるのか，さらに活動の評価をすることが求められるという研究活動の重要性を意識し始めた時期であった．

2）循環した関係は生き生きした活動を創り出すー要は情報の共有化ー

人づくりセミナーに参加するのは，主に常勤職員が多いが，回を重ねるごとに危惧されるようになったことは，参加していない職員やメンバーとの間に活動に対する意識や意欲に差異が生まれることであった．しかし，対話と共感に基づく姿勢が身に着き，生き生きと活動しているチーフ職員をはじめ現場の職員とともに活動していると，響き合った循環的な関係[Com]が創り出されてきた．さらに，できるだけその差異を埋めるために情報の共有化をはかり，セミナーの振り返りの時間を職員全体で持つなどの工夫を行った．職員とメンバーの情報の格差があることも意識させられた．その情報の差が，メンバーとの協働を妨げている要因でもあった．やどかり情報館の職員とメンバーとの会議を合同にした実践の学びから，できるだけ情報をメンバーと

響き合った循環的な関係
人と人がお互いの思いを伝え合い，共感し，お互いの学びと気づきを繰り返しつつ高め合えるようなかかわり．

Commentary

コンシューマーのイニシアティブ

精神保健サービスの利用者をコンシューマーと呼び、サービスの利用者自身が主体的にサービスを作り出したり、運営したりすること。カナダのオンタリオ州では、コンシューマーのイニシアティブで行われる事業に補助金が交付されている。また、精神保健サービスの立案や決定にもコンシューマーが参画している。

職員主導型の実践の見直し

やどかりの里の実践は、メンバーや家族の思いを聴きつつ創ってきた活動ではあったが、職員がリーダーシップをとって作ってきた活動であったことを再認識した。かかわる人たちが発想の転換を行いつつ、ともに活動を担っていこうと、話し合いや学習を通して、活動を創り合うことを目指している。

メンバーと職員が協働した実践

職員主導の活動づくりから、活動の方向性を定め、運営のあり方についてメンバーと職員が話し合い、決定していくという活動の進め方。

共有化する工夫が検討された。そこで、従来までは月1回やどかりの里職員全体会議を持っていたが、それを職員とメンバーとの全体会議(当時は仮称現在は第3木曜会と名称を改めた)と称して持つようになった。全体会議(仮称)を持ってみると、今までは当たり前に開いていたさまざまな会議にも見直しが迫られた。やどかりの里30周年記念国際セミナー「新しい支援の枠組みとコンシューマーのイニシアティブ[Com]」の開催に向けたメンバーと職員の合同の学習会で、あるメンバーが

「我々患者は、病院では管理、管理であった。やどかりの里でも職員がメンバーの様子を見ていて、一方的に診断されるということがあるのでしょうか。木曜日に開かれている職員の人たちだけの会議(生活支援会議)では、どのようなことが話し合われているのですか」

と問いかけられた。この時の話し合いで、多くのメンバーが異口同音に職員だけで何が話されているのか、自分のことも話されているのではないかと気になっていたと声があがった。職員だけで会議と称して行ってきたことを改めて「メンバーからはどう見えているのか」と視点を変えて見直すことの大切さに気づかされたのだった。生活支援会議ということで、個別の情報は秘密保持を原則としつつ、どのようにメンバーと情報を共有化し、協働するのかが今後の課題となろう。

3) この3年間の実践のプロセスを活かす──メンバーとの協働の組織づくり

人づくりを中心に活動展開してきたこの3年間の歩みは、これまでの生活支援センターや福祉工場等の活動のような形のある目に見えたものでなく、目に見えないものである。しかし、この歩みの成果は着実に次なる「メンバーとの協働の組織づくり」という理念形成に向かって歩み出している。この30周年は、やどかりの里にとって21世紀に向けて大きな節目となった。

1999(平成11年)度は、これまでのやどかりの里の職員主導型の実践[Com]を見直し、メンバーと職員が協働した実践[Com]を展開していこうという展望を持つことになった。そうした視点で、1つ1つの活動が繰り広げられた。

メンバーと職員の共同作業で行った「第6回地域精神保健福祉研究会」[5]や「30周年記念事業やどかりの里メンバーへの生活状態調査」[6]、そしてカナダからゲストを招いて行われた「30周年記念国際セミナー」[7]ではメンバーと職員との協働で企画し、事前学習や事後の振り返りを丁寧に行い、ともに学ぶ場を作ってきたのである。

これまでの人づくりセミナーは専門家が中心であった。これからのやどかりの里に求められることは、メンバーと協働した活動づくりのためにも、今までの専門家主導の活動を見直し、当事者とともに学習し、協働が産まれるような組織づくりを創り合うことである。

 やどかりの里の活動の変遷から見えてきたもの

1．生き生きとした活動を継続させるために

　やどかりの里の6年間を振り返ると，生活支援から就労支援へ，組織の危機から組織の成長へ，専門家主導の活動づくりから当事者と専門家との協働の活動づくりへと大きく転換してきた．その転換のターニングポイントは，1997（平成9）年度から回を重ねている人づくりセミナーであった．そのプロセスは，人づくり，組織づくり，地域づくりへと意識化するプロセスであった．それぞれの3つの要素がバランスよく実践の中に位置づくと，生き生きとした活動が継続していくのである．

　これからの歩みは，その1つ1つを充実させ，偏りなくバランスを保っていくことが大切になるであろう．活動の中で何かうまくいかない時は，何かが足りないのであって，何が足りないのか点検してみることが大切なのである．

　やどかりの里開設から20年は，公的な援助もなく存続の危機と闘いながら活動してきた茨の道であった．精神衛生法[Com]から精神保健法[Com]に改正され，社会復帰施設が法的に認められた．当時このままではやどかりの里を存続させることが難しいということで，施設建設に踏み切るかどうか，全体集会を開いて何度も検討された．しかし，当時のメンバーや家族は，存続の危機よりもこれまでのやどかりの里が変わっていってしまうことへの恐れが強かったように思う．そして，目の前の人や自分たちのことで精一杯で，精神病院に長く入院せざるを得ない人々のことまでは考えをめぐらすことは難し

Commentary

精神衛生法
1950年に施行された法律．精神障害者の人権を保護する法律ではなく，精神障害者を社会から隔離，排除する社会防衛的な法律であった．さらに48条では「精神障害者は精神病院またはほかの法律により精神障害者を収容することができる施設以外の場所に収容してはならない」と規定されており，精神障害者への福祉的処遇は認められていなかった．

精神保健法
1988年，精神衛生法から精神保健法に改正．この改正は国際法律家委員会の勧告が大きな力となった．精神障害者の社会復帰促進を柱として社会復帰施設が医療とは別枠の第2種社会福祉事業として認められた．
精神障害者が精神病者としてではなく，生活者として捉えられ，福祉施策の対象となった．

かった．そうした1人1人の状況があり，施設建設へなかなか気持ちが向かなかったのであろう．その時ある職員が

「今，社団法人の活動は谷中先生と志村さんによって支えられている．この2人がずっこけたらつぶれてしまう」

とメンバーや家族に呼びかけている．[8]

この職員の言葉からもわかるように，開設からの20年は，強い信念を持った谷中理事長が大黒柱となって活動をリードしなければ成り立たなかったのである．

さらに，彼は施設建設後5年という短期間に新たな生活支援を中心とする活動モデルをやどかりの里の中に作り上げ，その実践をもって国に政策提言してきたのである．そしてそこには，ゆっくりではあるが目の前の精神障害者から学んで活動を創り上げてきた若い職員たちの成長があった．その後の6年間は，若い職員たちが協働で連帯していくことと，民主的な運営で成り立つ組織づくりを培ってきた時期と言えよう．30年を振り返ると，抜きん出た人材がリードするのではなく，職員が連帯していくことによって，生き生きした活動が継続できる時代が来たと言える．

2．活動の質・量一体化に向けて

『生活支援Ⅱ』[2]で記録化されたやどかりの里の変遷は，生活支援活動の急激な発展が目に見えて表れている．

それは，やどかりの里の活動の資源や職員，財政規模等が量的に増えてきたことからもわかる．量的な世界は目に見えやすい．しかし，そこで常に問われるのが量に質が伴っているかどうかということである．やどかりの里では，量的な拡大を図りつつも，生活支援活動，就労支援活動のあり方をめぐってさまざまな検討を重ね，組織の成長を1つ1つ確かめつつここまで歩んできたような気がする．

やどかりの里の誕生からの20年は，地域精神保健活動の貧しい時代であったため量の拡大は難しかった．しかし，「ごく当たり前の生活」等やどかりの里の理念が血の滲むような実践の中から形成されてきた．活動の質的深まりを見据えることで精一杯の時代である．そして，それからの10年は施策の面からも追い風となり，量的に活動が広がった時代である．そして30年を迎えた今日，「メンバーとの協働の活動づくり」という新たな質の形成期に入りつつある．これからの活動には量と質のどちらか一方に重きを置くのではなく，バランスよく質と量が一体化した活動の展開が必要となってくる．

3．スーパーリーダーの組織から主体的なエネルギーを持った組織づくり

私がやどかりの里の活動に加わったのは，1989（平成元）年社会復帰施

設づくりに産みの苦しみを抱えた頃であった．そして社会復帰施設づくりから生活支援態勢づくり，そして就労支援態勢づくりという施設から地域へ，そして働く場へと活動展開してきたのがこの10年である．そして，利用するメンバーの数も1989（平成元）年には40名程度だったのが，1999（平成11）年度には180名という登録数になっている．ほぼ4～5倍の伸びである．それも当然のことで，それに比例するように生活支援センターや憩いの家といった地域の拠点が広がっているのである．

強引な言い方をすれば，私がやどかりの里に加わったころの憩いの家と仲間づくりを主にした活動づくりが，今5～6つに増えたとも言える．

そうした広がった活動の1つ1つの原型は，やどかりの里の活動が始まって20年間に財政的に苦しみながらも種をまき育ててきたものの中にあったのである．どんなに苦しい状況の中でも種をまき続けてきたのが，谷中であった．彼のひたむきな姿勢に多くの支援者が惹かれ，その協力者たちに助けられながら活動をここまで引っ張ってきたと言える．

我々若い職員も谷中のひたむきな姿勢や思いに響き合い，ここまで活動をともにしてきたと言える．しかし，その反面谷中にしてみれば主体性がなかなか持てない若い職員に対して，じれったい思いもあっただろう．

ここで概観してきたやどかりの里の6年の変遷過程は，若い職員が主体化を迫られ，1人1人の主体化から組織としての主体化への成長過程であった．それがあってこそ共通の理念である「共生の街づくり」が形成されたのだと考える．これは，30年を迎えた新しいやどかりの里の活動モデルの礎を創ったと言えよう．そして職員主導で行ってきた活動からメンバーといかに協働した組織づくりにするのか，地域の住民といかに協働した地域づくりにするのかという，これからのやどかりの里の課題に種をまいて育ててきた6年間であった．

4．働くことを通してパートナーシップの構築

今ややどかりの里の職員はまさに1人1人の力量や生き方を問われる時を迎えようとしている．福祉工場である「やどかり情報館」ではメンバーが「労働者」として働き，力をつけてきている．通所授産施設のエンジュでも地域づくりを担う職員の同僚として力をつけてきている．また小規模作業所も事業化され，メンバーと協働して収益をあげている．そういう中で職員は従来の「ソーシャルワーカー」という援助専門職の役割を求められるだけではなくなってきている．

そのメンバーとの新たなパートナーシップを構築するエッセンスが，やどかり情報館の活動に多く潜んでいる．そのエッセンスを軸にやどかりの里全体の活動へと広がったのが，前述の「30周年記念国際セミナー」の活動であり，講師派遣学習会（やどかりの里のメンバーで講師としてやどかり出版文化事業部に登録している人たちの自主的な学習の場）や30周年記念祝賀

Commentary

会実行委員会（2000年4月29日30周年記念祝賀会に向けて，やどかり情報館とエンジュのメンバーと職員が共同で企画・運営した）等である．

　新たな活動理念である「共生の街づくり」を職員主導ではなく，メンバーとのパートナーシップで展開しようという動きが芽生え始めている．まさに協働していくことが重要である．そのために，これまでの活動を見直し，職員の作った枠組みの中で活動を展開するということを極力避ける努力が必要である．枠組みを持たずに企画の段階からメンバーと創り合うことが重要である．

5．障害を持った体験を強みにする

　やどかりの里の理念の中に「精神障害を持っても安心して生きられる地域社会を目指して」という言葉があった．この「精神障害を持っても」という言葉の背景には，障害を否定的に捉えざるを得なかった貧しい精神保健福祉施策の実態があった．やどかりの里の開設から25年は，それに対して環境整備をしながら実践モデルを提示し，政策提言してきた時期であった．そして，30年を迎えた今日，やどかりの里の理念は大きく転換されようとしている．やどかり情報館の館長の増田さんは，

　「病気や障害の体験から見えてきたことを大切な価値と考え，社会にその価値を発信し，競争社会や利潤追及に邁進するあり方を問う，21世紀の時代は障害者の文化の時代である」

と最近よく語っている．これは，精神障害者の病いとの過酷な闘いから生還し，心豊かに夢を持ってたくましく生きている姿から多くの学びを得たことから生まれた言葉であろう．「精神障害を持っても」ではなく「精神障害をもったからこそ」という意識転換がなされ，彼らの持っている力強さや文化こそが今の混沌とした社会を変革する本質を持っているのである．

　メンバーの塩原妙子さんは，

　「病気や障害を持ったことで，よい人間関係に恵まれた．これは私にとっては『当たり前のこと』，しかし，多くの人にとってよい人間関係に恵まれていない現実がある．私の『当たり前』を社会全体の『当たり前』にしたい」

と語る．彼女もけっしてよい体験ばかりを積んできたわけではない．精神病院での悔しい経験もある．しかし，精神障害を持ったことから見えてくる気づきや体験こそが，社会を変えていくパワーを持っているのである．

　そして，今まさに「精神障害者から専門家が学び，協働して，地域社会を作っていく」という理念へと大きく転換されつつある．

おわりに

　ここまで概観してきたやどかりの里の6年間の歩みは，やどかりの里の30周年を機に，大きなターニングポイントを迎えている．一方で遅れている国

社会福祉基礎構造改革
社会の変動に伴うシステムの転換の一環として，1980年代後半から社会福祉の本格的な制度改革が始まった．具体的には社会福祉事業法の一部改正が行われた．

Commentary

「措置」から「契約」

身体障害者，知的障害者，障害児等は，福祉サービスを利用する際に町村等が措置していたが，福祉サービスを選ぶ際に1人1人の主体性や人権を重視した契約に移行する方向性にある．精神障害者の場合，社会復帰施設の利用は契約の制度であった．

生活状態調査

話し合い形式による調査で，調査票や設問を持たずに，調査対象者が聞いてほしいと思っている心の底にある思いを話し合いを通して洞察する．
やどかりの里の30周年に当たり，メンバーへの生活状態調査を行い，やどかりの里の活動の総括を行い，今後の方向性を導き出すことを目的とした．

の社会福祉施策や精神保健福祉施策にとっても，社会福祉基礎構造改革[Com]という大きな福祉のあり方の転換を迫られた時期であった．そこでは，社会福祉サービスが「措置」から「契約」[Com]という考え方へと転換し，障害関係の論点では「利用者本位の考え方に立つ新しいサービス利用制度のあり方」が示され，基本的な考え方として「ノーマライゼーション及び自己決定の理念の実現のために，利用者の選択権を保障し，また，利用者とサービス提供者との間の直接で対等な関係を確立するなど個人としての尊厳を重視した，21世紀にふさわしい利用者本位の考え方に立つ新しいサービス利用制度とする必要がある」[9]と示されている．具体的には2002（平成14）年度から身体障害，知的障害，精神障害の3障害が統合された生活支援態勢が市町村で繰り広げられようとしている．

やどかりの里の「ごく当たり前の生活を求めて」という理念が，30年という長い闘いを経て，実ってきたと言える．しかし精神保健福祉施策の中では，やどかりの里の『30周年記念事業生活状態調査[Com]』からも明らかになったように，やどかりの里のメンバーにとって，精神病院の体験がその後の人生に大きな影を落としていることであった．精神医療のあり方についても無関心でいてはいけないのだと気づかせてくれた．

やどかりの里の課題は，常に新たな活動モデルを作り上げ，そのことを基盤に政策提言していくことであろう．それは長いスパンで時代を捉え，目の前の小さな活動も次なる世代への大切な種まきだと考えると，生き生きした活動が日常的に産まれてくるのではないだろうか．　　　　（坂本智代枝）

参考文献

1) やどかりの里編：共に担った危険な賭け〜泣いて笑った5年間；やどかり出版，1995．
2) 谷中輝雄・三石麻友美他著：生活支援Ⅱ；やどかり出版，1999．
3) 谷中輝雄：生活支援；やどかり出版，1996．
4) 大澤美紀・白石直己・増田一世：精神障害者の就労をめぐって（1）〜（2）；響き合う街でNo.2〜No.3．
5) 特集　地域で生活を支える・第6回地域精神保健・福祉研究会　援助関係の価値転換を求めて；響き合う街でNo.12
6) 響き合う街で　No.15掲載予定
7) 響き合う街で　No.14掲載予定
8) やどかりの里編：危険な賭け　新しい創造へ；やどかり出版，1991．
9) 公衆衛生審議会：今後の精神保健施策について；1999．

第2章

生活支援活動の胎動

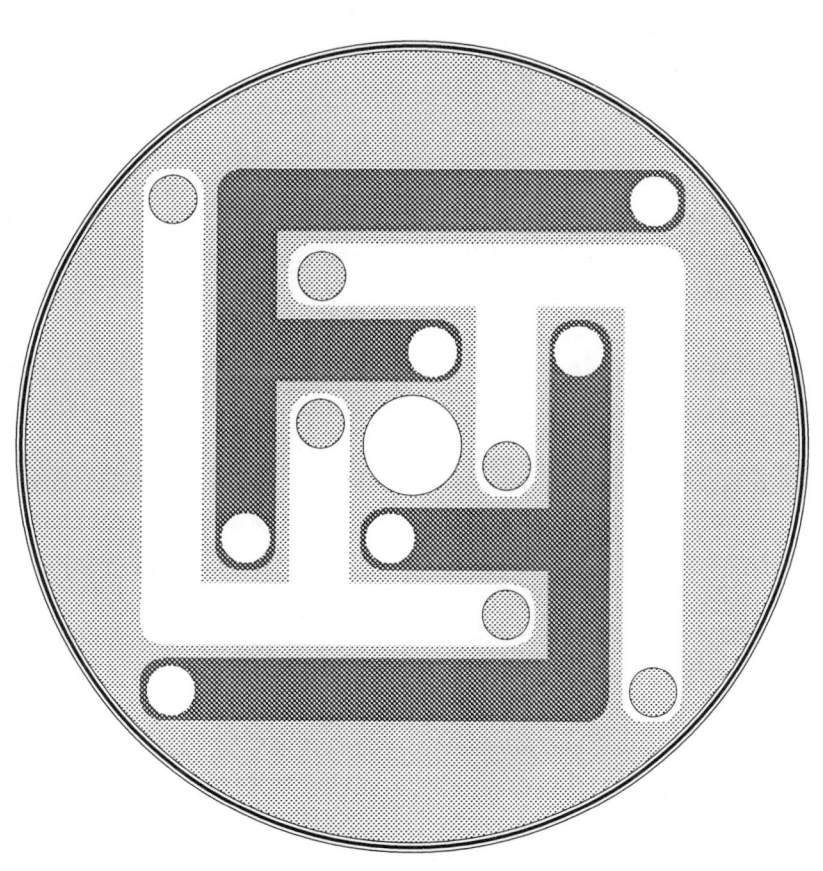

I 座談会 生活支援態勢の確立と理念の共有化を果たした5年間

地域に住むメンバー1人1人の顔が見える

編集 1999（平成11）年度は4つの地域に生活支援活動を地区割りして，それぞれの地域に生活支援センターを設置して活動を展開するということになったわけですが，そこから見えてきたことは何だったか．三石さんは，今まで生活支援センター本部勤務ということで，特別な地域を持たないで生活支援活動全体を見てやっていたので，一番大きな変化があったのは三石さんだったでしょうか．

三石 そうですね．大宮市東部地域という限定された地域で活動することになったから……自分の意識では本部の時にやっていたこととあまり変わりはないんですよね，今も．ただ，1999（平成11）年夏の人づくりセミナーのところで，大澤さんの活動と自分の活動とを照らし合わせましたよね．（本書：三石麻友美：ともに歩み，育ち合う街づくりを目指して；p71）そこから自分は限定された地域を見る視点があまりなかった……それがいい，悪いではなくて，大澤さんのように地域全体を見て活動を作っていくという経験はしていなかったな，ということはすごく思ったんです．

で，東部地域に目を向けた時に，自分の中に地域を見る視点，大澤さんが地図を作って活動を広げていったような地域を見る視点を作っていくことが大事だなと思ったんです．

その地域の中には，地域の人もいるし，精神障害者と言われる人たちもいるし……というふうな感覚で仕事をするようになったのは，自分の中ではやっぱり本部の時とは意識の違いが出てきましたね．

もう1つ，ドリームカンパニー（作業所・リサイクルショップ）がずっと南中野でやってきて，立退で商店街に出ましたよね．この商店街の中に出ていったことが，思いの外地域に溶け込むことになったということをすごく感じています．ドリームカンパニーがあったことで，やどかりの里の職員とかメンバーが南中野の地域の人に覚えられているんです．私からするとすごいなと思ったのですが，みんなはすごいとは思っていない．そういうことを東部に移ってから思ったんです．

また，本部にいる時は，180人のメンバーの全部に気を配っていなければいけないみたいな，漠然とした考えがあったけれども，地域を限定したことで，地域にきちんと根づいていく活動であればいいのだと思った時に，東部地域に住んでいるメンバー1人1人の顔が思い浮かぶようになったんです．顔が見えるよさはこういうところにもあるのだな，そのうち地域の人とも顔が見えるおつき合いができていければいいな……そのへんはすごく意識の中では違いますね．今は「やどかりさん」と声をかけてもらう嬉しさがあります．

編集 ドリームカンパニーは1991（平成

座談会　大澤　美紀（やどかりの里大宮中部生活支援センター）　佐々木千夏（やどかりの里与野生活支援センター）
　　　　白石　直己（やどかりの里浦和生活支援センター）　三石麻友美（やどかりの里大宮東部生活支援センター）
司会　　30周年記念出版編集委員会

3）年にできているから10年近くなるわけで，ドリームカンパニーの作ってきた功績，地慣らしをしてきたことを，改めて大きいと思ったんですね．

大澤　移転する前のドリームカンパニーって地図にも載っていた．

トータルに生活支援活動を
していなかったことに気づく

編集　大澤さんの所は，変化としたら堀の内・天沼生活支援センターとして補助金がつかない形でやっていたのが，大宮中部生活支援センターとして補助金がついて，支援センターとしての居場所をきちんと確保できたというぐらいですかね．活動自体はどうなのでしょうか．

大澤　1998（平成10）年までは，夕方のグループホームの入居者への宅配もまごころがしていたし，お店（地域作業所・画廊喫茶ルポーズ）に来るメンバーとはよく話をしたけれども，近くに住んでいるメンバーと会うこともなかった．だから，そういう意味では，堀の内・天沼生活支援センターと掲げてやってきたけれど，やっぱりルポーズとかあゆみ舎（地域作業所）の人たちとの活動を主軸にやってきていたのだなと思うんです．

相談は生活支援センター本部で受けていたから，そこには私は携わっていなかった．だから今度インテークの面接を取るようになったというのは大きく違いますよね．だいたい私は働く希望がある人と一緒にやることが多かったから，そういう意味では，本部で三石さん，白石さん，佐々木さんがインテークしたところで，あゆみ舎とかルポーズで就労支援が必要だという人と一緒にやってきたので，最初の相談をしたことがなかったんです．だから，私にとっては長く生活支援センターのスタッフをやっていたといっても，トータルに見て支援していくというのは初めてなんです．そういう意味では，分担性の中の自分の得意なところを長くやらしてもらっていたんだと思います．

次に，支援センターとしては初めて独立した拠点ができた……ルポーズの奥じゃなくてね．ルポーズをやっていた時にいろいろなお年寄りだとか，近所の人たちとのおつき合いは始まっていたんだけれども，今度は逆に，支援センターが憩いの場を持ったことで，今までみんなどこに行ってたんだろうというくらい顔を出す人が多くなってきたんです．そうなると，44人の登録者の援助計画を立てたり，契約をする時でも，三石さんが言っていたように，全員の顔と名前と暮らしがちゃんとわかるんで，そこが以前とは違うと思います．そうじゃなかったら，菅原進さん，和子さんたち（メンバー同士で結婚し，中部生活支援センターまで徒歩数分のグループホームに居住し，進さんはグループホームリーダーを務めている）も来るし，Tさん（中部生活

支援センターによく訪れて,そこにいる人たちにお茶を振舞ってくれる女性メンバー),Sさん(やどかりの里のメンバーで中部生活支援センターで執筆活動に励んでいる男性メンバー)もだいたい毎日来る……そうすると今まで知っていたようだけど知らなかった,ということがわかったんです.支援センター管轄のグループホームの人だと言われながらも,用がなければ関わることがなかった.

1人の人をトータルで見る態勢の確立

三石 メンバーは,拠点ができたということで,上手に居場所として活用するという力が柔軟にあるというのは,改めてすごいなと思った.だから,場所とか環境を用意するということがほんとうに大事だと思う.中部で知らない顔を見ても,
「あ,ここが居場所になってるんだな」
と思える,そういう安心感みたいなものは今までとは全然違ってきている.そういう意味では,社会復帰施設ができる前からのメンバーは,やどかりの里の生活支援のサービスを利用していなかった人もいて,何かあった時にコミュニケーションが取れないこともあったけれども,メンバーがセンターを使ってくれたことによって,こちら側も顔が見えてくる.その人の暮らしが見えてきたことは大きなことだと思うんです.

暮らしぶりがわかるから,面接室を使ったりして改めて顔を合わせなくても,日々顔を合わせることで安心できるというところがある.

本部にいた時はやっぱり私も分業だったんです.そういう意味では,4つの生活支援センターとして独立したことによって,それぞれの職員がトータルで見ていこうというふうに思うようになったことで,生活支援センターごとに連携がしやすくなったと思っています.

佐々木 前は一括して本部で受けて,この人はあゆみ舎に行きそうだから,担当はあゆみ舎担当職員の高村さんかな,という感じが多かったんです.

三石 その人のことをマネージメントする人と,その生活とか働くとかという側面から見る人との連携がうまくいったという感じ.

佐々木 これまでだったら,住まいについては私,働く場だったら大澤さん,とかという分担があって,それぞれのところで,それぞれの援助計画が立っていた.だからいつの間にか計画がずれてしまっていたりしたことがあったけれども,今はマネージメントする責任主体が各支援センターにあるようになったのが大きかったように思うの.

三石麻友美さん　　　　佐々木千夏さん

住む所と活動の両方で選択できる

三石　地域を分けたことで，責任性みたいなところがはっきりしてすごくやりやすくなった．それぞれがその地域に足場を持っているということで……

白石　どこかで何か気にはかけるよね．

佐々木　私は担当が与野だからかな，全体的に生活支援の態勢がすごくやりやすくなったというところは同感するけれども，私自身のあり方，仕事の組み立てかたは，もともと与野市が小さいので，態勢が変わって私は地域が限定されたというような意識は全然なかった．

三石　私が特にあるんだと思う．私が本部にいたころは，地域と言えば大宮・与野・浦和，みんなが住んでいる所がみんな地域だという意識があった．ところが地域で暮らす人というふうに見た時に，大まかなエリアがあるのは足場となる地域として捉えやすくなった．

佐々木　一方で，メンバー同士の連帯がとても強くなった．
「私も与野なのよ，あなたはどこ」
という全体的な輪みたいなものがだんだんできてきたと思うんだけど，一方で，そこにぜんぜん乗っかっていけない人が出てきて，その辺はやっぱり課題としてあるなと思う．私の知らないところでうまく利用しているのかもしれないけれど……

白石　過渡期だろうと思うよ．居住地で言うと大宮中部に所属するのだろうけれど，浦和生活支援センターの活動に参加することが多いから，浦和で登録するようにしようかという人もいるよね．

編集　住んでいる地域に限らず，どんな資源をメインに使っているかというところで選択しているということですか．

大澤　特に市外の人がそうだね．

佐々木　住んでいるからというのでそこに所属するのではなくて，この活動に参加すると決まっている人については，そこが受けていくという……

三石　原則は住んでいる所だけれど，選んでもらっている．

従来の個別担当制は変化の過渡期にある

編集　白石さんが言った過渡期というのはどういうことですか．

三石　新しく利用する人にとっては地区という考え方はわかりやすいけれども，やどかりの里とかすかな窓口の所でかろうじてつな

白石　直己さん　　　　　　大澤　美紀さん

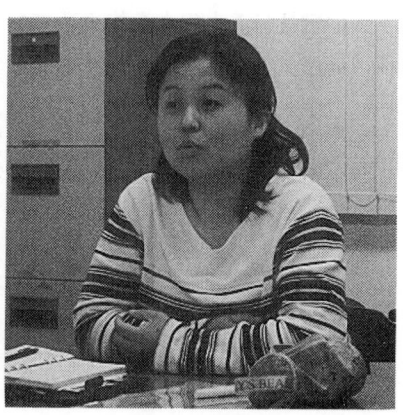

がっている人なんかは，すぱすぱっとは地区で割り切れない人と言える．

佐々木 例えばグループホームをそこの街の中の1つの資源だと思ってやっていこうとしている．そういう意味では，明確になったと言えば明確になった．だからその運営も，その街を考えたグループホームが継続して維持していくことも必要だろうし，そこに住むメンバーの安定も考えないといけないだろうというところで，見方が少し膨らんだと感じています．

三石 独立したからこそ連携が必要になってきたということがすごく見えてきた．

白石 過渡期というのは，多分職員の側の考え方のことだと思うんです．個別担当を引きずっている面があるわけです．

佐々木 引きずってるかな……私は同じ内容だと思うんだけど……日中のその人が関われる時間はある程度限定されていたり，生活の中の部分でしょ．例えば与野に住んでるからって，全部が与野に所属をしているわけじゃなくて，日中中部のあゆみ舎を使っている場合，私がほんとうにマネージメントできるだろうかと考えると，責任圏域の責任性みたいなところを思えば，やっぱり一番関わっている所でマネージメントしてもらうことが私は必要だと思うの．

1人の職員が1人の人を抱え込まなくてよくなった

編集 個別担当制は必要はないのですか．

佐々木 その人のマネージメントをする人は必要だと思うんですけれども．

白石 今までだと継続面接もし，マネージメントもし，人によってはかなり必要な時間を……例えば一緒に活動する時間があるような人がなっていたと思うけれども，それが切り離される形になっていくだろうと……

三石 なっているような気もする．私のイメージは，個別担当はいい，悪いは別として，抱えるイメージがすごくある．それに対して個別担当と捉えないのは，抱えないイメージ．いろいろな人の支えの中で生活をしていくのが個別担当を外すというイメージなのね．だからマネージメントする人が必要になる．そのマネージメントをする人は，地域の登録先の支援センターの職員なんだろうというイメージが私にはある．そうすると，その人の必要性に応じて継続相談を担当する人もいれば，マネージメントする人も必要になる．

編集 メンバーと職員の関係性が根本的なところで結構変化があるのかもしれないですね．

三石 多分抱えない態勢が整ったということもあるでしょうね．資源が増えて，職員が増えて，メンバーも増えて，メンバー同士も支え合っている土壌が，この5年くらいの態勢づくりの中でできたから，逆に抱えることが不自然に思うんです．

メンバーが相談場所を主体的に決める

編集 今までは個別担当は面接室で相談するのが基本だったものね．それが今すごく変わってきた．今は職員がその人の生活の場所に動いて行っている．それは生活支援を始めた時に有効だということがわかってはきていたんだけど，それが今では当たり前になってきているという印象……だから面接室で相談するというよりか生活の場でやっているというふうに変わってきたのですか．

三石 面接室でやる相談はインテークが多い．そこの地域の人がそこの地区の生活支援センターの相談室を使うのは，集中して話をするから相談室に入る．でもその後は作業所でお茶飲みながら話しをしたり，近くの生活支援センターに行ってやったり，時には相談室も使う．来れない人は自宅に行って話を聞いてみたりする人もいたり……東部では相談

室を結構使っていたんですが，最近ほとんど使わなくなっている．

編集 面接室を好む人もいるんじゃないですか．

佐々木 日常的な部分から話し始めたほうがよかったり，まあ，個人差があるからね．

三石 お茶飲みながら何気なく相談するメンバーが増えたなあという印象がある．もともとそうなのかもしれないけれど，逆に私が面接室に呼ばれて話をするということもある．

白石 治療的な面接というよりも，みんながいる所ではちょっと話しづらい……だからちょっと場所変えるために面接室を使うという……浦和はそういうことがひじょうに多いですね．

職員がそれぞれの個性を発揮できる態勢になった

編集 メンバーの人たちとの関わりにずいぶん変化が見えてきたことが話されたんですが，もう1つは自分の支援センターのチームづくりという辺りが，最近になっての課題だという気がするんですけれども……

大澤 中部には，昔爽風会（やどかりの里における仲間づくりのグループ活動）とかケアセンター（通所授産施設と援護寮の入っている社会復帰施設を開所当時ケアセンターと呼んでいた）を利用していたころには抱える人だったという人がいて，今も大変さは変わらないんだけれども，そういう人が中部に来るようになったら，今はその人を気にかけるメンバーも増えてきたんですよ．その人のこ

生活支援におけるいこいの場

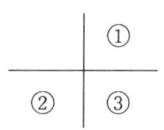

① 大宮東部生活支援センターの茶の間の空間
② グループホームで手づくり料理をふるまう
③ 昼食後のひととき
　（南中野いこいの家）

だわりについていけないと言って避ける人もいれば，つき合う人もいて，その人が今回入院したら，
「○○さんはどうしたの」
と心配する人が増えた．ある人なんかは，
「そろそろ病院に電話して状況を聞いてあげたほうがいいんじゃないか」
というふうに彼を心配するメンバーも増えたことが変化の1つかな．

それと，私がいなくても，職員が増えたので例えば山口君（中部生活支援センター職員）が，日常的に訪問したり，こだわりを持つ人には私や慣れた職員が関わっていたのが，今は身近な高村さん（中部生活支援センター職員）や山口君がきちんと対応してくれるようになった．チームで関われるようになったので，1人で抱え込むことがなくなったんです．

編集 みんなで支える態勢がとれるようになった……

大澤 そうですね．

三石 そして，例えばみんなが大澤さんにならなくていい．高村さんは高村さんの，山口君は山口君の個性で関わっていけばいいということが許される環境は，1つのチームに職員が増えたことで支える態勢を作っていく時には，逆にそういう個性を出してもらったほうがいいと思うんです．

編集 でも，そこはコーディネートしている大澤さんがいるわけで，どういう意識でコーディネーションしてるんですか．

大澤 意識……

編集 2年のキャリアの山口さんと，3年のキャリアの高村さんと10年選手の大澤さん，それに小林さん（画廊喫茶ルポーズ職員）とか他の仕事に従事しているワーカーでない職員と，それぞれ違うわけでしょう．仕事の内容も違うだろうし，感じ取り方も違うわけだから，そこを1つのチームとしてまとめていく時に何を考えてやってるのか……

大澤 でも三石さんが言ったように，その人の得意，不得意もあるし，キャラクターもあるし……高村さんだったらグループホームでゆっくり，ゆっくりつき合うのが得意なんだけど，山口君はあまり得意でないと思うんですよ．私もあんまり得意じゃない，やれと言われればやれるけれど……そういう意味では，高村さんが得意とする部分で仕事をやっていってもらっているんですよ．だから，私が高村さんを採った時は職員がいなくて採っているから，すべてのことができるようになってほしい，私と同じようになってほしいと思っていたけれども，現在は私は私の役割，高村さん，山口君，小林さんにはそれぞれの……だから私は小林さんにはあまりケア的なことを期待しないというふうに決めているし，そういう意味ではそれぞれのところを見ながら，必要とされる仕事を多分無意識だけれどもやっていると思うんです．

チームの中の役割分担が生まれる

編集 チームの中でのディスカッションでは，ずれることもあると思うんですが……

大澤 でもよく話すようになりましたよ．

佐々木 知らない間におのずと分担ができていて，知らない間にメンバーも使い分けているね．（何人かが一緒に「ああ」と首肯く）愚痴は福田さん（与野生活支援センター職員）とかに言って，ちょっと難しいところは，
「ちなっちゃんいい」
とか……グループホームのメンバーなんかもそうですよね，修理は檜山さん（与野生活支援センター職員）ばっかりにお願いをしてたり．

三石 メンバーはよくその人を見ている．メンバーが人の力を借りるのがすごくじょうずだと思うのは，職員だけではなくメンバー同士もよく見ているし，ボランティアの人とか非常勤の人とかをうまく使うのね．だからチームになった時にメンバーの人が選択しや

すいバリエーションが増えてきているのはいいことなんだと思っているんです．

佐々木 メンバーのほうにも，相談を受けてくれるのはワーカーというのがあって，話題によって使い分けている．ついつい私なんかは分析的にものを見てしまう癖があるんですけど，調理員さんには，全然違う発想が出てきて……

三石 あんまり意識しないでやっていることを，一緒にやっている職員が，
「何でそういうことをしているのかわからない」
というふうに聞いてくれる．

佐々木 聞かれるとこっちも，
「ああ，自分流に話してた」
というふうに反省したりする．私たちも歳が上がってきたから，檜山さんとは同世代という感じでいたのが，福田さんくらい離れちゃうと，もう純粋に後輩だと思えるのね．

編集 いくつくらい離れてるのですか．

佐々木 8つ．

大澤 ある程度，組織というのは年齢のバランスが大事ですよね．

三石 その人なりのキャラクターで判断したり，こうやりたいと思うことをやっていけるような職員になっていけば，10年後が全然違う形になっていてもいいのではないかという気がしている．ただ，思いとか共通基盤とか価値さえ共有されていれば，あとは自由な形でやっていってもらえればそれが一番いいのではないか，という気はしているんだけど……でも，逆に，メンバーのほうから，
「5年ではこれくらいでもいいが，10年経ったらこのくらいになってくれなくちゃ……」
ということはよく言われてるけど．

佐々木 仕事がどれだけバリエーションを持ってやれるかみたいなところも問われるかもしれないけれども，やっぱり5年前の時とすごく状況が変わっている．私たちの時はほんとうに，何でもかでも作んなくちゃみたいな，よくわかんないけどもとにかくやっちゃえみたいなところがあった．今ではある程度形が整ってきて，与野で言うと，作業所がものすごく大きな存在になってきているので，作業所を主力にして，そこに責任を持つ人が必要になってくる．そういう意味では，その人の個性や興味によって仕事の中身も変わってくるという予測を私はしているんですけどね．

白石 できる，できないは別にしても，これが大事なのだというようなことは，順番は人それぞれでもわかってくれるような気がする．渡辺さん（浦和生活支援センター職員）もNCAAの会議に出たりしている中で，だんだん自分が得意だと思う企画を彼女なりに丁寧にやっていこうとする中で，1人1人のメンバーの気持ちをもっと向き合って聞かなきゃとか，メンバーときちんと向き合わないといけないと彼女なりに思ってきているんですね．

中部生活支援センターの暑気払いで演奏する加藤蔵行さんとギターの先生
加藤さんは38年間の入院生活を支えたギターの腕を支援センターで開かれるギター教室で磨きをかけている

そういうところから，彼女自身も多少なりとも変わってきているなあと思っています．

　三石　今の渡辺さんの話を聞いていて思ったのは，その部署でやっている日常の関わりの中で他の職員と話したり，メンバーと話したりする中での学びだけではなくて，NCAAとか，人づくりセミナーとか研究会とか，業務を離れてそこに参加し，企画し，活動を振り返ることができる．そこでの気づきを今の自分の活動につなげようとしてみる，もしつながらなくても，どの辺がつながるのかなとイメージしやすくなった，そういう機会が後半多かったのは，すごく大きなことでした．特に鈴木さん（東部生活支援センター職員）はNCAAと状態調査でいろいろなことを思って，それが来年度の計画を立てようと結びついてきている．浦崎さん（東部生活支援センター職員）もそうですよ．そういう学びは今年は特に大きかったと思いました．

民主的な運営機能を取り戻した生活支援センター本部会議

　編集　今の話とどこかで関係してくるので，本部会議の話に入っていきたいと思います．本部会議の内容，あり方，機能などが変化してきたと聞いているんですけど……

　白石　話される中身がね……

　三石　中身も変わってるんだよね．私が一番変わったと思うのは，自分の部署だけじゃなくて，自分の部署も含めてやどかりの里の生活支援活動を考えるようなディスカッションをするようになったと思うんですよ．

　編集　本部会議の構成は支援センター長が4人……

　三石　それにエンジュと理事長，総務……（注：2000年4月からは理事長と総務は本部会議には出席しないことになった）

　佐々木　それに檜山さんと鈴木さん（東部生活支援センター職員）が入って……一応援護寮からも入っているんです．

　やっぱりセンターが4つになったら，きちっとお互いの情報をより共有しとかないとこわいというところで，本部はなくなったけれども，機能としては会議を残したいと言ったんです．

　三石　独立するからこそ連携が必要になってくるから，本部の機能は逆に大切だから本部会議を続けていきたいと……

　編集　本部会議はやっぱり必要だということを再確認して始まったということですね．本部長も三石さんが東部に移ってどうするのかという時に，以前だったら谷中理事長が全体の統括をしていたのでしょうが，だれかが1人で担うのではなくチームで担おうと……

　白石　それは1998（平成10）年度末だった．それが結構大きかった．

　三石　年度始めから，本部は1人じゃなくて，やっぱりそれぞれのチームで担っていこうということで始まった．

　編集　それぞれの責任を自覚するみたいなところができてきたんでしょうね．その中でかなり議論ができたのがよかったんでしょうね．それで実際，本部会議でどんなことがメインになってるの．

　白石　それぞれが現場でやっていて，それぞれがきちっと責任を持ってその地域で活動をやるようになって，その地域にある生活支援センターとしての側面はやっぱり意識せざるを得ない．そうしたら，何でやどかりの里では最初の受理面接で5,000円取るんだろうとか，やどかりの里の生活支援活動のあり方について，登録料やサービス体系などの話が出ていた．

　三石　やどかりの里の生活支援センターの今後はどういう方向に向かってやっていったらいいだろうかと話し合ったり，これはすぐには結論は出ないけれども，それがやっぱり課題だねとか，この辺はもうちょっと詰めなくてはいけないねという形で，方向性に関し

た話をすることが結構多いよね.

佐々木 例えば与野生活支援センターのことで言えば,以前は多分こんなことで困っているので,検討しなくてはいけないんです,という報告で終わっていたんですが,今年の変化は,ではこんなふうにみんなで考えていこうとか,こんな方向性もあるんじゃないかということを出すことができるようになった.自分の所だけじゃなくて,自分の所も含めた全体の生活支援の動きを討論するようになったんです.

編集 各生活支援センターにはそれぞれのセンター活動の決定権があり,それを超える内容については生活支援本部会議に持ち出して,本部会議は何らかの決定する権限は持っているのですか.

三石 決定はしているんです,合意のもとに.

編集 討議をした結果が合意されて,チーフ会議に……

三石 そうですね,だいたい本部会議の報告をチーフ会議に話す.結構報告している.

編集 生活支援における最高決議機関と言うか,決定機関みたいな内容を実質的には持っているのでしょうか.

三石 決定権とは思ってなかったですけどね,やってましたね.今まではだれかがだれかに相談をして,こうしましょうという感じだったのが,みんなできちんと検討して,みんなが納得して,合意に基づいて,取り敢えず進んでいこうというふうになった.決定の仕方も中身もそんなふうになった.

編集 以前は「谷中」という判子1つでよかったのが,今度は「白石」「三石」「大澤」「佐々木」というふうに……

佐々木 取り敢えず3人が賛成でも,私が反対したら,もう1回話し合おうかということになる.

編集 1つでも欠けたらだめだということなんですね.

三石 だから,すごくゆっくり,時間もすごくかかるし,すぐには決まらないことも実際には多いけれども,率直に検討できる関係が本部会議に参加する職員同士にできたというのは,年度始めのところで,やっぱり自分たちがチームで本部会議を動かしていくんだという,そういう意志統一ができたからで,それぞれが自律的に,主体的になってやっているという感じはすごくします.

編集 民主的に運営できるようになったということなんですか.

三石 そうだね.

関係機関の人たちとの共通基盤を模索して

編集 次に関係機関のネットワークづくりと地域づくりについて話してもらいたいんですが,これがワンセットで話ができたらいいなと思っています.関係機関との関係と言っても,メンバーを通じた関係性は別に悪くないんでしょう.

浦和生活支援センターでの話し合いのひととき
メンバーと職員がお互いの意見を率直に述べ合う

三石　あります．
佐々木　保健所とはそんなにしょっちゅうはないけど，意見書もらったり……
三石　推薦書もらったり，新しい人を紹介してきたり，相談されたりというのはある．だからやっぱりメンバーを通じてですね．
編集　この間の状態調査の報告会の時に，三石さんがすごくショックだったという話をしていたけれども，その話を聞かせてもらえないでしょうか．かなり声かけはしていたんでしょう．
佐々木　わざわざ出向いて行って手渡した時点の反応がね，
「これって何なんだろう」
という感じだった．
編集　人づくりセミナーの時も近隣の病院や関係機関へ行ってちゃんと説明している．やっぱりだれも来てくれない．それを思うと，そういう人たちの主体性とか取り組みの姿勢がいまいちのりが悪いというところはありますね．
三石　状態調査の報告集会の時に声かけたけれども，
「いやあ，行けないのよ，興味あるんだけどね」
とか，中には，
「いいわあ」
とか，
「見たいわ」
とかというように，関心があるようなことを言ってくれる人も中にはいるんですよ．でも中には，中身半分くらいしか聞かないで，
「無理だ」
というニュアンスの反応の仕方を感じたりすると……
佐々木　日程だけ聞いている……
三石　ショックだったと私が言ったのは，報告集会とは言うものの，支援をどうするかということだけじゃなく，ほんとうに暮らしやすい地域をどう作り合っていけるか，というようなイメージをお伝えしたんですよ．そういう時に，関係機関の人たちと，やどかりの里の職員という立場でしか関わっていなかった，そういうところだけの関係性で，ずーとやってきてたんだなっていうことを改めて感じてショックだったっていうことなんですね．
佐々木　私も障害者団体協議会とか，他の策定委員会などに出た時に感じたりするのが，他の障害の所とか知的障害の親の会だとか，かやのき作業所のほうが話ができるけれども，同じ障害の，お互いに歩み寄らなければいけない所が一番話をしにくいと思っていて，そう思った時に私がショックだったのは，伝えることをちゃんと伝えていなかったということに気がついたということ……同じ精神障害者の活動をやっているところと，もっとお互いに，
「こうだよね」
とか，
「こんなこと見えたね」
とかという話がもっとできるはずなんですが，私はそんなつもりはないんですけど，何か同じ話がしてもらえないような気がするのと，極端な話，一緒にやっていくつもりはないんだなと思ったこともあったくらいです．批判から入られてしまうと，
「うちとはこう違うよね」
とか，
「まごころは……」
「やどかりの里は……」
というふうになっちゃうんだけれど，他の障害の人だと，案外，
「一人暮らしの人とか支えて一所懸命なのね」
とか，知的障害でも，
「グループホームほしいのよ」
とか同じ視点から話せるんですね．その違いというのはやっぱり大きいなと思っているんです．何なんでしょうね，話しにくい，正直なところ……

白石　現場を通してのやりとりはできるけれども，それを越えて，例えば住民としてこの街をどう作ろうかというような発想で話をしようとすると，もう通じなくなるということはあるね．共通基盤が持てない．

　集まっている人たちの顔ぶれを見ても，自分の仕事の立場上，有利な情報を得られるからという発想で来ているから，利益があるかどうかという利害関係があるので，やっぱりその辺の立場性……それをもう少し越えて，この街をとか，地域住民としてというところから考えるのは，やどかりの里の職員はできるけれども，それができない所とはすごい開きができてしまう．でも，考えてみれば，メンバーのことに関してだって，
　「やどかりさんがやってくれるんだから，じゃあ，やどかりさんで」
とか，
　「やどかりさんがやってくれるんなら，私たちは手を引くわ」
というふうな発想というのは，メンバー個々の支援を通してもあるなと思う．

　佐々木　関係機関でね，
　「やどかりの里があるから」
とか，
　「やどかりの里が受けてくれたから」
というようなことは絶対にあるとは思うけれども，その分，やっぱりやどかりの里は，よく言えば，自分たちで何とかメンバーと活動づくりをしてきていたけれども，悪く言えば，他の人たちと手をつなぐのはとても下手だったと思う．やどかりの里として，団体で……例えば作業所もこんなにあるのに共作連に入っていなかったり，埼玉県にも社会復帰施設協議会は結構前からあるけれども，最近になって行き出したりとか，全然意識していなかったわけではないけれども，行動としてすごく弱かった……実情は現実対応に目一杯で，そこまで目がいかなかったんだけれどもね．

住民として暮らしていく時に

　編集　やどかりの里ができて，大宮市とか埼玉県といろいろやりあっても全然受け入れてくれなかった歴史があって，谷中先生が結局全国の組織のほうへ，国のほうへと目を向けていった過程がやどかりの里の歴史の中にはあった．しかし，それは一方，周りからはどう見えたのかなと，今，話しを聞きながら思っていたんですね．やっぱり，
　「やどかりさんに任せれば」
とか，
　「あいつら勝手にやっていて，自分たちとは日常的に一緒にやっていく姿勢がないじゃないか」
というふうな見方をされていた部分はないだろうか．一方ではわれわれの責任もあるかもしれないけれども，やどかりの里が展開してきた活動は，周りには結構きらびやかなやどかりの里という印象があったのではないか．だってやどかりの里の内実は周りにはわからないのだから……内部的にはいろいろなことがあって，しかも若手から中堅に伸びていく過程で職員はみんなすごく苦労している．でも，そういうプロセスは周りにはわからないから，表面に現われただけのことでやどかりの里が評価されている，ということはなかったですかね．こちらから見ると向こうは……と思うかもしれないけれども，向こう側から見ると，どうやどかりの里が見えていたのか．

　佐々木　やっぱり言われるよね，自分たちの所がよかったらいいのか，みたいなこと……

　編集　そういう見方が根強くされるような動きをこちら側がしていたのかもしれない．こちら側もそういう必要性がないと思っていたのかもしれない．それで酒の集まりだけに行っていればいいやと思っていたのかもしれない．それが自分たちの学習を通して，やっ

ぱりそうではないなという，活動のあり方が見えてきた段階で今1歩を踏み始めた……これからじゃないですか．

大澤 谷中先生に対しても，全国の谷中であってもいいけれども，埼玉にいるやどかりの里の谷中さんなんだから，埼玉のことを何でもっと考えてくれないんだという批判はありますね．だから編集が指摘したように，周りがそういう見方をしているのは確かだと思います．

編集 1度そういうレッテルを貼られると，それはなかなか崩していけない．もう誠心誠意やるしかない．ただ，平成14年度から三障害が統合になり，障害者の地域生活支援活動の窓口が市町村になったり，精神障害者の訪問介護制度が市町村で始まるようになった時に，それはやどかりの里だけでできることではなくなってくるから，そこできちんと関係機関や団体や住民と手をつなげるチャンスだと捉えていく必要があるのではないですか．

三石 多分何が必要かによって利害を越えて協力できるというところが共通なのかな，と今聞いていて思った．どうも，今は，「やどかりの里のためでしょ」というふうに思われてしまうところがあるけれども，お互いに両方にメリットがある．それが多分地域においての必然性だったり，必要性だったりするから，協力し合うことになっていくのかな，と思った．

佐々木 中央保健所連絡会議も本来そんなところで発進したはずだったんだ．てんかんの男性がいて，やどかりの里としては受けられないということで断わった時も，地域に住む精神障害者をどう支えていくかみたいなところでは，一緒に考えていきたいということは伝えてきたんですけれども，結局活動を利用できないと，そのことについてはもう終わりなんだよね．

三石 窓口をやっていると分裂病の人の相談よりは，そうじゃない人の相談が半々とか3分の1とかを占めてたりする……でも，現在のやどかりの里の現状では利用はちょっと難しい．でも，地域に住むそういう状況を抱えた人たちにとって，どういうサービスが，どういう支援が必要なのか，というところの話をしたい．

佐々木 おしゃべり電話（ボランティアによる電話相談）にも多いですよ．七五三なんだけど何を準備したらいいのかわからないという電話がかかってきたり，登校拒否してるのはどうしたらいいかしら，とかね．

編集 そういう人たちのサービスを柔軟に受け入れる用意はあるの．

三石 これからの検討課題．

編集 どういうイニシアティブをとるとか，そういうサービスを作り上げるかを一緒にやる用意はあると考えていいのですか．

三石 やっていけるといいなあと思う．やどかりの里だけで考えることではないと思う．

白石 やどかりの里もスタッフが増えたけれども，埼玉県内にも精神障害者に関わるマンパワーも増えているんですよ．クリニックだとか，作業所も今60くらいになっている．結局マンパワーの裾野はずいぶん広がった．そしてセンター（埼玉県立精神保健福祉総合センター）はセンターで自分たちで独自の研修をやっているだろうし，昔のように，センターとやどかりの里と大宮保健所とで三者交流会（それぞれのデイケアやグループ活動，ソーシャルクラブの交流会）をやっていたけど，そういうことが必要ないくらい独立してやれるようになったのは，やどかりの里だけじゃなくてどこも同じなのかな，と思うんです．センターの中でも，自分の立場からしか考えない職員が増えてきている．ソーシャルワーカーが働く職場は増えているけれども，病院ではソーシャルワーカーが定着しないで2～3年で変わっていっている現状があったり……今精神保健福祉士協会埼玉県支部（2000年6月から埼玉県精神保健福祉士協会

と改称）には会員数は160から180くらいいるんだよね．だから全体的に活動の質を見直したり，もう1回一緒にやれることは何だろうと考えていったほうがいいのかな．

編集 エンジュもそうだし，活動の幅が広がってくると，関係機関の捉え方も広げていく必要があるのではないか．精神に関わる機関だけではなく，他の機関とどんなふうに，どんなことができるかはわからないけれども，例えば高齢者の関わる機関との連携をとらないとやっていけない仕事だったりするから，そういう所と手を組むことを考え始める時期なのではないか．多分生活支援も教育とノータッチではやれなくなるような時代，そういう情勢がある．だから私たち自身も関係機関の捉え方を狭く持っているような気がし始めて，それもこれからの大きな課題になるのではないでしょうか．

佐々木 機関だけじゃないんですよね，つながっているのは．例えば婦人会とか，子供会とかもそうだろうし，ボランティアさんとかもそうだし……．この間上木崎の憩いの家（浦和生活支援センターの活動の1つ）で来年の話をした時に，みんなからはもうちょっと保健婦さんにわかってほしいとか，病院の人に……などという話が出るのかなと思っていたら，

「やっぱり一般住民の人にわかってもらわなくっちゃね」

ということが先に出たので，ああ，みんなのほうがちゃんと地域に足を降ろして歩いているなと思った．だから私たちの役割としては，同業種の人たちへの働きかけとか，一緒に考えていくのも大事だろうけれども，やっぱりほんとうにそこの住民として暮らしていくんだというところで見ていくと，彼らにとっては，八百屋のなんとかさんのほうが大事なのではないか，という気がする．

白石 現在の活動に注目するとやっぱりそうなるんですよ．話は飛ぶけれども，状態調査でね，社会の高度経済成長の犠牲者だというふうな話が出ていましたが，浦和生活支援センターでは7割から8割が不登校を経験した人たちなので，そういう意味では教育の歪みの犠牲になった人たちが，今やどかりの里に通って来ている．そういう意味では教育などの問題にもどこかで絡んでいかないといけないということはすごく感じますね．だいたいの人が不登校や引きこもり，家庭内暴力を経験している．

フリースクールとかもあるけれども，ある一定の期間が終わったら出されてしまうし，それっきり縁が切れるので，結局そこでまだ居場所が増えたとはいえ，全然それが広がり

希望者には夕食が各家に配達される．
夕食を作るのは，地域作業所の「食事サービスまごころ」．配達は4つの生活支援センターが，それぞれの担当地域の希望者に配って歩く．生活支援センターにとって夕方はあわただしい時間である．

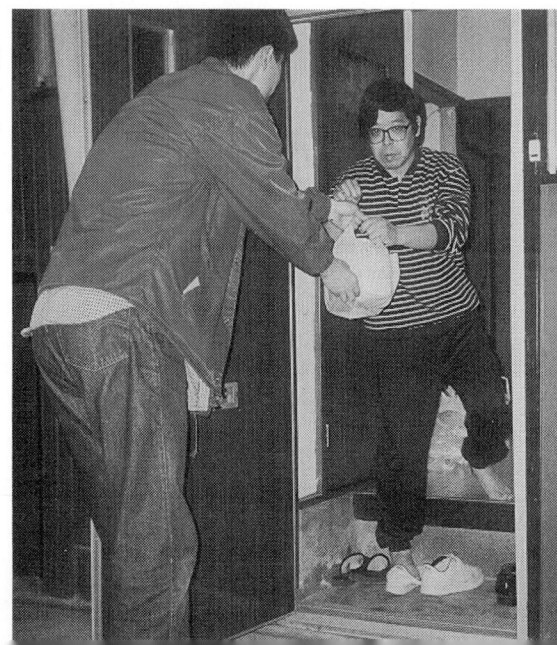

を持っていない状況だというのは感じますね．また，今までお付き合いしてた人とちょっと雰囲気が違う．病気自体にそんなに怖さを持っていない．昔みたいな偏見は少なくなっているのかもしれないけれども，逆にその偏見があったから，一所懸命気にしたりする部分でしっかりしてくる部分もあったけれども，それすらもないからボヤーンとして，

「プレステやってるといいんです」

とかという感じで……

　編集　日本の専門家の99％は立場性に固執し，立場性だけで仕事をしている人たちがほんとうに多い．だからその人たちに立場性を越えるという発想を投げかけてもまず受けてもらえない．それよりもむしろ，さっきから出ているような街の人々とか，専門家と言われないような人たちに依拠していくほうが，今話題に出ていたことなんかはスムーズに入っていくような気がする．だからやっぱり機関というものをもっと幅広く捉えていかないと……

　三石　岩槻や春日部の養護学校の先生とか中学校の先生がやどかりの里の生活支援センターのことを調べてわざわざ来られたことがあるんです．思春期の問題をもろに抱えていて，家族にも分裂病の人がいて，本人ももしかしたらそうかもしれないという……今のその子のことを考えているのではなくて，5年先，10年先のことを考えると，5年後，10年後に利用できるものとしてやどかりの里を捉えて来る人がいたりすると，もしかしたら，相手の将来を真剣に考えてがんばっている人が他の機関にも案外いるのかもしれないと思ったりもする．今までにやどかりの里が作ってきた既存のネットワークだけじゃなくて，今の時代に応じて新しい関係機関との関係も作っていかないといけないと思った．ほんとうにそういう人はどこにも行き場所がないんだと思う．それをやどかりの里がやるということではないけれども，そういう問題も一緒に考えていけるようなシステムがほんとうに必要になってくるんだな，これからは状態調査で明らかになったように社会的な歪みをどう受け止め，取り組んでいくかを考えた時，必要なんだろうなと思うんです．

茨の道でも自分たちの住む街は作っていきたい

　編集　今の話の延長線上に，自分たちの住んでいる街をどうしていくかという課題が見えてくるわけですが，その辺ではどうですか．

　大澤　今の話で，私も状態調査で何が迫ってきたかというと，私はあまり関係機関のところの意識はなくて，白石さんが言ったような，予備軍になりそうな，やっぱり社会の中でおかしくなってしまった部分が，状態調査で話を聞かせてもらった23人の人たちからも推測されるし，新しい相談の人たちからも推測されるし，今，社会自体がそうなっているということがあからさまになってきてるじゃないですか．そういう意味では，多分やどかりの里がこれだけサービスとか資源を整えてきて，分裂病圏の人たちにとって利用しやすい資源やサービスはそれなりにある程度見えてきているところがあって，その先にそうじゃない人たちの，また違った問題を抱えている人たちがたくさん……私はあんまりまだ直面していないけれども，今のような話を聞いたり，状態調査のことから考えると，そんな大変な社会をどうにかしていかなければいけないということが，あの状態調査からも私たちに言われていることだと思うと，えらい仕事だなと思ったし，でも立ち向かっていかなくてはいけないことだというふうに思った．仕事の重さを感じてしまったんです．重い仕事をしてるんだな，それに今までとは違った関係機関の視野も広げなくてはいけないし，視野に入れる人たちも変わってきて，広がっていくわけだから，そういう意味ではすごく大

変なことをこれからしていかなくてはいけないわけですよ．でもやらなければいけないことだとすごく感じているんです．

　私がすごく地域のことを意識したのは，ルポーズであったり，お年寄りの夕食の宅配だったり，どっちかと言うと明るい展望だったんですけど，その明るい展望は私の大事にしたいゴールとしてあるんだけれども，そこに行く間にはすごい大変なことが，たくさん茨の道があるんだなって気づかされたんです．私自身が学習社会のいじめもなければ，偏差値教育も意識されてこなかったし，あんまり意識していなかったんだけど，うちの旦那さん（新聞社勤務）の話とかを聞いていると，やっぱりいじめとか，いかに主体性を出せばつぶされるかとか，根っからそういう教育の中で育ってきているから，そういう生きづらさを持っている人が目の前にいるから，そういう人が相談に来た時に，やっぱり私だけではできないことだし，連携をとる所も視野が広がってくるだろうなと思う．そういう意味では地域づくりとか街づくりとかはすごい茨の道なんだよね．

　佐々木　私がもともと子供に興味があったというのは，養護学校とかそういうのだけではなくて，やっぱり長期の悩みを抱えた子供たちがいるというところから発しているんです．私はたまたま健康で，何事もなくきたんでしょうけど，そこで歪みに入ってしまう子もいるんだなと思ってね．

　白石　浦和は都市型になってきているから，思春期の問題などを抱えている人が増えてきている．そういう人たちの合宿所のような，援護寮とかグループホームがないかしらというような話が他のワーカーから出てきたりしている．

　「そういうのはやどかりさんにないよね」と言いながら，

　「一緒に考えられたらいいですね」とか……多分そうは言っても，私はやどかりの里の職員として会っているわけだし，具体的には分裂病圏の人たちとおつき合いの仕事をしているから言えることだってあるけれども，そこから広げていけることをやっていくことが，多分社会を変えることにつながるんだろうなと思ってやっているし，これからもやっていく．

　三石　地域をどう作っていくかを考えた時に，メンバーとも協働していくし，地域の人とも協働していく，幅を広げた関係機関の人とも協働していく．協働していく内容によって，相手がすごく増えたなという感じがする．それがこれからのやどかりの里なのかなとすごく思うようになった．それをやっていくとやっぱり普遍化して，それを政策に結びつけていかなくてはいけないということが出てくるだろう．そういう意味ではメンバーの人なんかはすごく上手に協働していったり，投げかけていくことが非常に柔軟だなあというふうに思いますね．

　編集　多分ここ4，5年のやどかりの里の実践の中で，ソーシャルワーカー中心で活動がやれた時代から，次に見えてきたのが，いろいろな人と活動を創造ができるのではないか，あるいはしていかないと活動が組み立てられないのではないかということだった．ではだれと一番手を組むのかといった時に，やっぱりメンバーと一緒にいろいろ活動しなければほんとうじゃないということがわかってきた．そこは，ここ数年間の私たちなりのすごい挑戦だったと思う．それにある程度の答えが見えてきて，手探りでやってきたけれども，結構いい進み方をしているのではないかということを1つの自分たちの糧にしながら，協働（共同）の場を広げようという段階にきていると思うんです．そういう意味では30周年はほんとうに節目の年だということが言えるのではないかと思います．

II 支え合う街づくりを目指して

自助・公助・共助の歯車を回して

Commentary

はじめに

健康文化
疾病や障害に注目し，その対策について充実を図ることと，すべての人の健康増進を図る活動をワンセットとして捉え，そうした総合的な捉え方を基盤に据えた概念．

日本健康福祉政策学会
1997年に発足した学会．住民の身近なところで活動する保健，医療，福祉の関係者の実践に基づく政策提言の方法の研究を行ったり，住民の主体的参加を呼びかけ，「くらし」と「こころ」と「いのち」を支えていくことを大きな目標にしている．2000年の会員数217名．

共生の街づくり
街にはさまざまな人が暮らしている↗

　やどかりの里の活動が地域に展開していく中では，常に1人1人の精神障害者のニーズがあり，その人の生き方を支援する態勢づくりがあった．施設から地域へ，地域の一資源として，地域に貢献できる活動づくりへと，1人1人への生活支援が新たな活動を生み出し，それは梯子段を登っていくかのように積み上げられてきたものである．この活動の見直しを行ったのが第1回目の人づくりセミナーである．活動の見直しから，これからのビジョンを描くことができ，2回目のセミナーによって，これまで意識することのなかった「健康文化」[Com]という概念が見えるようになってきた．その後開催された日本健康福祉政策学会[Com]に参加し，健康文化を意識して活動の見直しを行い，その中から障害があってもなくても，健康で幸せに暮らしていける街づくり，「共生の街づくり」[Com]が我々の大きな目標として目の前に見えてくるようになった．（本書：佐々木千夏：みんなで創り合うセミナーで生き生きとした活動を広げよう；p190）

　これらのことは，やどかりの里の30年間の活動を土台にその見直しと見通しを積み重ね，Step-by-Stepで見えてきたものである．共生の街づくりは，21世紀に向けたとても大きな目標ではあるが，目標なくして日々の活動を支える価値や活動の評価も見えてはこない．やどかりの里が30年を迎えるに当たって，今大きな価値転換の時期にきていると言える．

　私は，やどかりの里の30年の歩みの中で，ここ10年ほどのめまぐるしく活動が変化する時期に職員として生活支援活動に携わってきた．精神障害者とともに作業所を作ることに始まり，今生活支援センターの活動を中心に，街づくりに向けて活動の転換を図ろうとしている真っ最中である．私は，自分が目指そうとする街づくりは何なのか，これからの活動をどう展開していくのか，その手がかりを求めてこの原稿を書くことにした．

　1999（平成11）年度より，やどかりの里の生活支援態勢が大きく変わることとなった．大宮市はJRの線路をはさんで東西に分けられるが，大宮市の東側に1か所であった生活支援センターを東側をさらに東部地区と中部地

Ⅱ 支え合う街づくりを目指して

Commentary

が，その街の1人1人が，この街に暮らしていてよかったと思える街を，街で暮らす人々が創り合うこと．

区に分け2か所配置し，浦和市に1か所，与野市に1か所と，計4か所の地域生活支援センターを配置した．これまで以上にきめ細かな生活支援ができるような態勢を組んで活動をスタートしている．

活動の見直しを本書の三石麻友美さんの「共に歩み，育ち合う街づくりを目指して」（p71）に譲り，本稿では，目標が定まった今，共生の街づくりを意識した生活支援態勢づくり，地域づくりの価値に注目しながら描いていくことにした．

しかし，この作業を進めるに当たって気をつけなければならないのは，街づくりに注目することで，我々の活動の核をなしている精神障害者への生活支援の意味やその本質を見失うことである．街づくりの視点に立ってビジョンを描こうとする時，そこにはやどかりの里の長年の実践の積み重ねがあったのだということを抜きにしては描けない．後に続く三石さんの原稿では，やどかりの里の生活支援活動の意味と本質を具体的な事例を通して的確に捉え，本稿で導き出される共生の街づくりの仮説を検証する役割を果たすことになる．

そして，本稿で描くビジョンがそれぞれの生活支援センターのビジョンとして共有され，やどかりの里のこれからの方向性を描き出すものになれば幸いである．

1．我が故郷をモデルにした地域づくり

私の目指す街づくりには1つのモデルがある．それは，私が生まれた町であり，そこに暮らす人たちである．故郷を離れ13年になるが，ここ数年帰省するたびにいろんなことに気づき，単なる田舎であった自分の故郷が，今では「こんな町で暮らしたいな」と思う町になってきている．

久しぶりに帰省したある日のこと，我が家に1日に何人もの人が来ては，世間話をしていったり，畑でとれた作物のお裾分けを持ってきてくれたりしていた．だれも訪ねて来ない日はないという．1日留守をすれば，病気でもしたのではないかと心配して，また人が訪ねてくる．畑仕事に出掛ければ，そこは青空集会所となる．ある時犬の散歩に出掛ける母親について行くと，会う人会う人と立ち止まっては話をし，リハビリがてら歩いていたおじいさんとは体の具合はどうかから始まって日頃の愚痴など長々と話を聞いていたりする．こんなことが毎日のことだという．母親は，長年看護婦をしていたこともあり，大きな病院のないこの町では，ちょっとした体調の変化があると母親に尋ねて来るのだそうだ．また，退職後は，訪問看護ボランティアの活動をしている．また，愛護班というグループにも属し，保健所ではカバーしきれない地域のニーズに対して，サポーター的役割を果たしているようである．私は，どんな人を対象にしている活動なのかと尋ねてみたところ，

「だれって，ここに住んでいる人皆だよ」

と平然と答えが返ってきた．その答えから，福祉サービスは障害者が受ける

もの，という固定概念が私の中にあったことを思い知らされた．

また，父親は町の寄り合いにも頻繁に顔を出している．児童公園が荒地になり，草木の生い茂ったところでは，子供や年寄が安心して使えないだろうと，皆に声をかけ，ブルドーザーなどの機材は土建関係の人に借り，町の人たちできれいに整備し，何年かぶりに人の集まる公園に蘇った．あれほど外に出ることを嫌がっていた隣のおばさんも，毎日その公園に出掛けては井戸端会議をするようになったという．

またある時父親が「あの頭の弱い子」と，近所の知的障害を持った人のことを話し出した．一見差別した言葉に聞こえ，嫌な印象を受けたが，その後に続く話は感慨深いものであった．

「あの上に頭の弱い子がおるだろ．時々畑に来ては立っとるんで，忙しい時に畑を手伝ってもらったことがあって，一度教えるとそのとおりに一生懸命やってくれてなあ，同じことずーっとやっとるで，でも助かったわ．それからよう来るようになってな」

父は，頭の弱い子という表現をしてはいるけれども，障害を持った人と1人の人として向き合い，助け助けられという関係を作り合っていて，それが父にとってはごく当たり前にされているのだということを感じた．

私の両親をはじめ，この町での人々の暮らしぶりはどこでもあり得る，当たり前のことだと思われるかもしれないが，それが当たり前ではない都会に住む私には，あらためて「すごいな」と思ったのである．

この町に差別や偏見がまったくないとは言えない．障害を持った人も寝たきりのお年寄りもいる．ましてやそうした人たちへの福祉サービスが整っているとも言い難い．精神障害者がどのような暮らしをしているのかまで把握しきれていはいない．

しかし，我が故郷に暮らす人々から学ぶことは，地域生活を送る上で，人々が触れ合い，支え合う関係性が自然に育まれているということであり，その関係性の中で，生活が支えられ，豊かになっているということである．私たちがこれから大宮市で，浦和市で，与野市で地域づくりを考えていく時，このことを大切な要素として捉えておきたい．

2．なぜ共生の街づくりを目指すのか

だれもが自分の住む街が，暮らしやすい街であったらと願っているはずである．暮らしやすい街とは，単に便利さを指しているものではなく，障害がある人もない人も，ともに健康に，幸せに暮らせる，そしてこの街で最期を迎えたい，そう思える街のことである．そんな街づくりをなぜ目指そうとしているのか．また，なぜやどかりの里がそのことに取り組むのかを初めに明らかにしておきたい．

本節並びに後に続く3節において述べられる福祉専門職[Com]とは，やどかりの里の生活支援活動に携わる職員だけではなく，多職種にわたる職員を総

福祉専門職
さまざまな福祉サービスに従事し，専門的な知識や技術を有している人々．

Commentary

当事者

非常に広く捉えられる言葉であるが、ここでは精神障害者自身を指している。やどかりの里のような活動の場合、家族やそこで働く職員、ボランティア等も当事者であるという捉え方もできる。

称して述べている。また、当事者[Com]とは、精神障害者のことを指して記述している。

やどかりの里は精神障害者の「ごく当たり前の生活」の実現を目指して、この30年地域活動に取り組んできた。なぜ「ごく当たり前の生活」を目指したのか。それは、精神障害者が地域で生活していくことが当たり前のことではなかったからである。

やどかりの里は長年に渡り、自らの実践活動を活動モデルとして提示し、国に対し政策提言をしてきた。そうした努力もあり、法制度が変わり始め、この10年で精神障害者への生活支援態勢が急速に展開してきている。やどかりの里では、作業所[Com]、グループホーム[Com]、憩いの場と精神障害者の利用できる資源はかなり整ってきている。また、地域生活支援センターを各地区に配置したことで、これまで150名が限界と考えられていた利用者数も200名までが可能になると考えられてきている。とはいえ、やどかりの里を利用する人（やどかりの里ではメンバー[Com]と呼んでいる）は、生活支援を必要とする人たちのごく一部にすぎず、この200名の後にはまだまだ多くの精神障害者のニーズが埋もれていることは確かである。

今私たちの目の前には生き生きと暮らしているメンバーの姿がある。彼らからの学びによって、「ごく当たり前の生活」とは、ただ地域で暮らすことではなく、「その人らしく生き生きと暮らしていく」ということなのだという発想に転換してきている。そして、精神障害者が自分の暮らす街で自分らしく生き生きと暮らすためには、自分の障害や病気のことを隠さないで、さりげなく暮らしていく環境が整っていることが大切であることも教えてくれている。

あるメンバーがこんな話をしてくれた。

Commentary

作業所

障害者の働く場。無認可施設であり、自治体によって運営の方法はさまざまである。内職仕事を行う作業所が多かったが、最近ではさまざまな形態の作業所が増え、多岐にわたった活動が展開されている。障害者が働く場を選択できる形に近づきつつある。
やどかりの里には現在6か所の作業所があり、人材派遣業からリサイクルショップ、手作り品の作製、喫茶店など、それぞれが特徴を持った活動を行っている。

グループホーム

精神保健福祉法に基づく精神障害者地域生活援助事業。精神病院から退院した人や、家族から独立することを希望する4人から5人の人が暮らす住居。国の制度の他自治体によって独自の制度を持つところもある。
やどかりの里では、メンバーの希望で、一般のアパートのうち4から5世帯をやどかりの里が借り上げて、希望する人に貸している。共同生活ではなく、世帯はそれぞれ独立している。

憩いの場

目的がなくても、ふらっと立ち寄れて、くつろげる空間。
やどかりの里は茶の間の空間として意識し、現在も各活動にさまざまな憩いの場が用意されている。

メンバー

やどかりの里ではやどかりの里のさまざまなサービスや活動を利用する人をメンバーと呼ぶ。また、やどかりの里を形成する1人1人という意味でメンバーや職員に拘らずメンバーという場合もある。

Commentary

対象化してみる
目の前に現れた人を援助を必要とする被援助者としてのみ見る視点で，従来型の保健，医療，福祉の視点である．

二人三脚で活動を作り上げていく視点
どちらかが一方的に支えるということではなく，お互いに支え合いながら，協力しつつ1つのことを作っていこうとする視点．

専門家主導
専門家が専門家の立場で検討し，決定して活動を進めること．

Two-in-Oneの活動展開
一見矛盾する，対立すると思えるようなことをワンセットのことと捉え，全体を捉えながら活動を展開させていくこと．

「自分の行っている床屋は，ルポーズ（やどかりの里の運営する作業所で喫茶店）の隣にあって，床屋の人もやどかりの里のことを知ってるから，普通なら仕事に行っている時間に，出歩いていたり，床屋に行ったりすれば変に思われるんだろうけど，この床屋ではそんなことを気にしなくても，自分のことも『ちょっと精神的に弱くて』と話ができるから，安心して行ける」というのである．また，あるメンバーはタバコを買いに行く店を決めていて，自分の病気のことも話せば，時にはタバコ屋のおばさんの愚痴も聞くのだという．

あえて障害者であることを言わなくても，店に行くことはできるのに，彼らは自ら相手に伝えよう，触れ合おうと働き掛け，自分の住みやすい環境を作っているのである．彼らは決して街づくりを意識しているわけではないが，彼らが地域で暮らしていること自体が，皆が住みよい地域づくりになっているのだということを，改めて気づかされる話であった．

これまで，福祉専門職は，精神障害者個人に焦点を当て，作業所，グループホーム，憩いの場といった生活を支える資源を作り，生活支援の態勢を築いてきた．しかし，彼らの住む地域には作業所や支援センターだけではなく，床屋やタバコ屋のような暮らしに必要な資源がたくさんあり，皆それらと関わり合って暮らしているのである．こうした視点で自分たちの活動を見直していくと，福祉専門職は精神障害者を対象化してみる[Com]傾向にあり，彼らが暮らす地域の住民に対しても，精神障害や活動への理解を求めるという一方通行の関係しか作ってこなかったことがわかる．私たちは，精神障害者や住民と二人三脚で活動を作り上げていく視点[Com]が薄れがちになっていたのである．

これまでも，やどかりの里では，地域づくりを意識して活動を展開してきたつもりだが，街づくりの意味や本質をメンバーや地域住民と十分共有しないまま，専門家主導[Com]の地域づくりになっていたのではないだろうか．

やどかりの里が30年目にして，改めて街づくりを考えるのは，精神障害者が安心して暮らせる環境を整えるということが，単に利用できる資源を作ることだけではなくなってきたからである．精神障害者にとって住みやすい街は，だれにとっても住みやすい街でなくてはならない．なぜなら，精神障害者もその街に住む1人の住民だからである．やどかりの里の生活支援は，精神障害者への生活支援と，私自身が住民の1人として街づくりを考えることの2つをワンセットにして，まさにTwo-in-Oneの活動展開[Com]が求められてきている．そこには福祉専門職と当事者はもちろんのこと，地域住民の存在が不可欠である．

これまでは，私たち福祉専門職とメンバーの二人三脚で活動づくりを進めてきた．しかし，これからは活動づくりから街づくりへの発想の転換を図り，専門家の街づくり，当事者の街づくり，そして住民の街づくりが三位一体となって街づくりを目指す時にきている．それが，まさしく「共生の街づくり」であり，だれもが健康に，ともに幸せに暮らせる街づくりである．

3. 街づくりの視点の共有化

Commentary

三位一体
それぞれの立場性を持つ人々が連携を意識しながら，協力し合うこと．

人づくりセミナー
やどかりの里で1997年から始まった職員のための研修会．主体的に参加し，共感にもとづく対話を重ねながら学んでいく．

地域精神保健・福祉研究会
やどかりの里の事業の１つであるやどかり研究所が主催する研究会．1993年に第１回を開催し，「生活支援」を大きなテーマに据えて取り組んでいる．1998年は１回休止したが，やどかり出版が事務局を担い，再開．当事者の視点で精神保健福祉活動を見直し，新たな学問を作ることを目指している．

　前項において，福祉専門職と当事者の二人三脚で展開してきたやどかりの里の活動が，専門家，当事者，地域住民が三位一体^{Com}となって展開していく時に来ていることが意識化できた．気づいたら行動に移していくことが求められる．まずは街づくりの視点を共有することから始めなくてはならない．共有できなければ，前進もできない．共生の街づくりは単なる目標で終わってしまう．では，どのようにして共有していくのか，その理論と方法論について，やどかりの里の活動を通じてその手がかりを探ってみる．（図２）

１）福祉専門職と当事者との価値の共有

　まずは，福祉専門職と当事者について考えてみたい．私たちは生活支援の活動を振り返り，評価し，見通しを立てていく一連のことを，人づくりセミナー^{Com}で行ってきた．しかし，そこにサービスや援助を受けていた当事者からの評価が加味されていなかったことは反省すべき点である．生活支援のあり方や諸サービスが，利用者にとって本当に必要なものだったのか，常に検証する必要がある．

　そこで，1999（平成11）年に地域精神保健福祉研究会^{Com}を企画し，初めて職員とメンバーとの援助関係についてメンバーと職員が相互に評価し合い，相互に学び合う機会を持った．そこでは，「共働」「共育ち」といった言葉

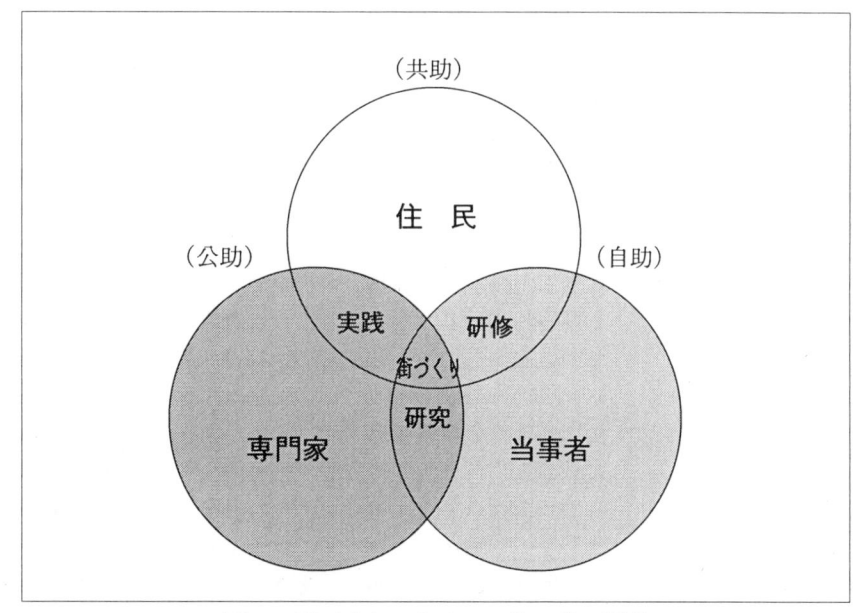

図２　街づくりにおける三位一体の関係

が語られており，まさに共生の時代に向けたビジョンについて価値を共有することができた．「全体の中に部分があり，部分の中に全体の本質がある」というケストラー[Com]の言葉のように，まさに研究会での学び合いの中に共生の街づくりの本質を見ることができたように思う．

そして，本稿に描く「共生の街づくり」のビジョンが，これから当事者とどう共有できるのかが重要なポイントとなるであろう．

価値を共有すること[Com]ができれば，自然に同じ方向に向かって二人三脚の第一歩が踏み出せるはずである．

2）当事者と地域住民との価値の共有

次に，当事者と地域住民とのつながりについて考えてみたい．多くの地域住民は，精神障害者に対し「何をするかわからない」「恐い」といった偏見がある．マスコミで取り上げられる事件や，地域に精神障害者の施設を建設することへの反対運動がしばしば起こることからもそのことがうかがえる．一方，当事者自身も病気や障害に対するマイナス評価を持っている場合が多い．そんな両者の間には，目に見えない厚い壁が立ちはだかっている．

「私たちの病気を理解してください，協力してください」といった声は，あちこちで聞かれる．しかし，その声が相手に届いたのかどうか，相手はどう受け止めてくれたのか，その声はこちらには届かない．

しかし，そうした両者の声を響き合わせることを現実化しつつある活動がある．それは，やどかり情報館（やどかりの里の運営する福祉工場）が事業の一環として取り組んでいる「体験発表会」である．これは，精神障害者が障害を持っているからこそ言えること，わかること，そんな体験を語ることに1つの意味があり，また，これまでならば同じ障害を持った仲間や関係者だけを対象にしていたものが，近隣の方にも呼び掛け，参加していただいていることに，もう1つの大きな意味がある．

当事者が自らの体験を語ることは，自分の障害を受け止めていくプロセスにつながっていく．参加者もまた，障害を理解するだけでなく，彼らの生きざまや生き方に耳を傾ける中で，自らの生き方を問い直していく様子が，これまでの幾度かの体験発表会を見ていて感じられている．なぜそうした成果を得られているのか．それは，この企画を専門家ではなく，当事者自身が立てているからである．彼らの中には「自分のような苦い体験をしてほしくない」「自分が病気をした年頃の人たちに，自分と同じような経験をしないように，自分の体験を話していきたい」といった，予防的な視点で体験を語る人もいる．自分たちの経験を多くの人の生き方に活かしていきたいという思いで，企画を立て，参加を募り，体験を語り，共有していくのである．それはもう一方的なアプローチではなくなっている．人として生きる喜び，悲しみ，生きがい，やりがい，そうした思いを互いに高め合っているのである．

おそらく，この企画を継続していく中で，障害のあるなしに捉われない，

Commentary

ケストラー
全体の中に部分があり，部分の中に全体の本質があると説いた科学哲学者．やどかりの里には丸地信弘教授（信州大学医学部）を通して紹介され，多くの人が共感した．

価値を共有すること
関係する人々が何を大切にしていくのかということを確認し合い，共通認識としていくこと．

人が生きていくことを土台にした思いの共有化が図られていくことは確かである．また，このことは「共生の時代」の到来を顕著に表わしている．しかし，これでは十分ではない．このやどかり情報館での体験発表会のエッセンスを，各地域に合った方法で活かしていくことが重要である．

3）福祉専門職と地域住民との価値の共有

次に，福祉専門職と住民とのつながりについて考えてみる．1999（平成11）年度から生活支援センターが4か所に配置された．これは，大きな施設が地域の中に1つあるよりも，小さな地区単位に多くあることによって，より多くの精神障害者のニーズをキャッチし，きめ細かい対応ができると考えてのことである．このことにより，これまでと異なり，精神障害者のニーズ以外のニーズも目にすることになった．そこで，福祉専門職の役割は，まずキャッチしたニーズを地域の問題として投げ込んでいくことにある．町会や自治会などで地域の問題を共有しながら検討できていくことが望ましいが，まずは，民生委員，ボランティアグループといった既にある組織やネットワークと連携を図りつつ，問題改善のための組織化を図っていくことが必要となってくるであろう．

福祉専門職が地域住民と接点を持つ時には，単なるご近所としての付き合いだけではなく，具体的な課題やニーズが介在することが多い．例えば，精神障害者のことに限らず，高齢者世帯の介護の問題，不登校の子供の問題，ゴミ処理の問題，騒音問題などさまざまである．そうしたさまざまな立場にいる専門家は，そうした問題を把握し，事例として検討することが多い．また，私たちの立場からすると，精神保健の問題ではないから関係ないと，問題を受け止めないこともあるだろう．しかし，先にも述べたように「共生の時代」である．ニーズや課題を自分たちの問題として考え，身近な人たちとの対話を通して，共通の目標を共有していくことができるはずである．そして，そこから具体的な問題改善に向けた実践活動が生まれ，住民ネットワークが広がっていくことが，街づくりの方法論の1つではないだろうか．

そして，活動が始まれば，その活動を見直し，見通しを立てていかなくてはならない．なぜなら，活動は人が作っていくものであり，日々変化していくものだからである．これは，私たちの取り組んでいる人づくりセミナーそのものであり，住民参加型の人づくりセミナーが地域毎に企画できれば，街づくりへの大きな手掛りとなることは確実である．

4．住民と二人三脚で作る街づくり

これまで，街づくりの方法について，やどかりの里における取り組みを交えながら述べてきた．そこで，ここではやどかりの里の生活支援活動から少し離れ，現在私たちが大宮市社会福祉協議会の委託によって取り組み始めて

いる高齢者への食事サービスに置き換えて，専門家，当事者，住民の三位一体で織り成す街づくりについて検証してみる．

ここでは，専門家の立場を社会福祉協議会とし，当事者を宅配サービスを受ける高齢者，住民の立場を宅配ボランティアとして記述する．

1）宅配サービスの経過と概要

1996（平成8）年8月に，やどかりの里の運営する作業所が，商店街の中に喫茶店「ルポーズ」をオープンした．そして，同年12月に大宮市の西部地区で試験的に取り組まれた高齢者への夕食の宅配サービスが軌道にのってきたこともあり，中部地区と南地区でも取り組むこととなった．そのため，地区に何か所かの配達拠点が必要となり，やどかりの里の運営する喫茶店がその1つとして活用されることとなった．当初は拠点としての機能を求められたが，拠点から各家庭へ宅配するボランティアが必要であるとの要請で，

拠点で弁当を受け取り配達に出発するボランティア

作業所を利用するメンバーにも協力してもらうことになった．

　社会福祉協議会は，地域の民生委員の協力を得て高齢者のニーズを把握し，個別訪問した上で，宅配サービスを利用する高齢者を決定している．宅配ボランティアには宅配先の高齢者と，その地区の民生委員の連絡先が知らされており，宅配時に安否を確認することも役割として求められた．そして，夕方に各拠点に弁当が届けられ，その拠点からボランティアが各家庭に宅配するシステムとなっている．

　また，1999（平成11）年より宅配サービスの事業が南地区にも広がり，弁当の調理も給食専門業者から，やどかりの里の運営する通所授産施設「エンジュ」に委託され，作り手，配り手の両方にやどかりの里が関わることとなった．

2）活動の質的評価

　宅配ボランティアには，マンパワーの不足もあって作業所を利用しているメンバーにも加わってもらった．これまでサービスを受ける側とされた人たちが，サービスを提供する側になったことで，思わぬいただきものをした．1つには，ただお弁当を宅配するのではなく，「自分が人の役に立てるなんて」とそれぞれに自信を得，やりがいを感じて帰ってきていたことだ．その経験を経て，配り手から弁当の作り手になっていったメンバーも何人かいる．2つ目には，精神障害者が障害者としてではなく，一住民として主体的に地域活動に参加し，高齢者のサービスの担い手となっていることである．

　福祉専門職の私たちも，住民の1人として宅配に加わっている．人の役に立つ喜び，近くを通れば元気にしているかと気に掛かったり，ボランティア同士で話に花が咲いたり，私たちもボランティアに参加して，人と関わることの喜びを感じて帰ってきている．

　一方高齢者にとっては，食事が届くことによって，家事負担が軽減されたり，栄養面でのサポートが得られるだけでなく，宅配ボランティアとの会話を楽しみに待ってくれている様子があちこちで見られている．行くたびに，お菓子を用意して待っている人，暑い日には麦茶を入れてくれたり，ある人は拠点のすぐ近くに住んでいて，まだ来ないかと拠点まで見に来て，お弁当が届いたのを確認すると，自宅まで帰り，ボランティアの人が届けてくれるのを待つのだという．

　この高齢者への食事サービスは，地域で暮らす高齢者のニーズを社会福祉協議会がサービスとしてシステム化し，地区の民生委員や宅配ボランティアの協力を得て実現している．しかし，活動を質的に評価していくと，高齢者のニーズは，食事のサポートだけではなく，ボランティアや民生委員による安否の確認やちょっとした世間話といった，人とのつながりが隠れたニーズとしてあったことが見えてくる．そして，それは高齢者と社会福祉協議会の職員の関係だけではおそらく見えてこなかったものである．この事業の成功

の鍵は，住民の参加にあったことは明確である．

3）活動の量的評価

一方で，大宮市中部地区の食事サービスを量的側面から見てみる．

社会福祉協議会で集約されているデータをもとに，利用者数とボランティア数の推移を**表1**に表わした．ここでは，月毎の配食数から1日の平均食数が割り出され，そこに関わったボランティアの活動数が計上されている．この数字だけを見ると，1日平均37.6食のお弁当を，39.8人のボランティアが宅配していたと読み取れる．1人のボランティアが1日約1件宅配しているという捉え方もできるだろう．しかし，実際にボランティアとして活動している側からすると，ここに計上されている数字だけでは，ボランティアの実際の活動状況は把握できていないことが指摘できる．

そこで，ボランティアの活動状況を詳しく知るため，お弁当の調理を担当するエンジュと各拠点の連絡調整をしている調整事務所（社会福祉協議会からの委託機関）にボランティアの活動状況データの提供をお願いし，そこから**表2**，**図3**，**図4**の数値を導き出した．

表1と**表2**を比較してみると，1日平均37.6食のお弁当を，16.6人のボランテイアが宅配していることになり，1日1人平均2.2件宅配しているという数字になる．しかし，**図3**をみると，1回につき1件〜2件宅配する人が半数以上を占めているが，1回につき3件以上宅配する人が37％もいることに注目しなくてはならない．

前節で述べたようなサービスの質を保証するためには，1回につき，1人2件宅配することを基準（食事の時間やゆっくり話ができる時間を考慮して）として考える必要がある．そうすると，**表2**にも示しているとおり，1日2.2名が不足していることとなる．さらに，**図3**の1週間当たりのボランテイア

表1　月別配食数およびボランティア活動者数

	1998								1999				平均	単位
	4月	5月	6月	7月	8月	9月	10月	11月	12月	1月	2月	3月		
実施日	17	15	18	17	17	16	18	15	16	15	15	17	16.3	(日)
月別配食数	657	547	685	663	603	553	728	617	642	570	547	630	620	(食)
平均食数／日	38.7	34.5	38.1	39.0	35.5	34.6	40.4	41.1	40.1	38.0	34.5	37.1	37.6	(食)
活動者数	41	39	39	39	39	40	42	41	40	40	38	39	39.8	(人)

表2　月別ボランティア活動状況　　　　　　　単位（人）

	1998								1999				平均
	4月	5月	6月	7月	8月	9月	10月	11月	12月	1月	2月	3月	
ボランティア活動数	299	251	311	287	278	248	301	268	284	239	230	261	271.4
活動者数／日	17.6	16.7	17.3	16.9	16.4	15.5	16.7	17.9	17.8	15.9	15.3	15.4	16.6
1人2件／日を基準としたボランティア数	19.3	17.2	19.0	19.5	17.8	17.3	20.2	20.6	20.1	19.0	17.2	18.5	18.8

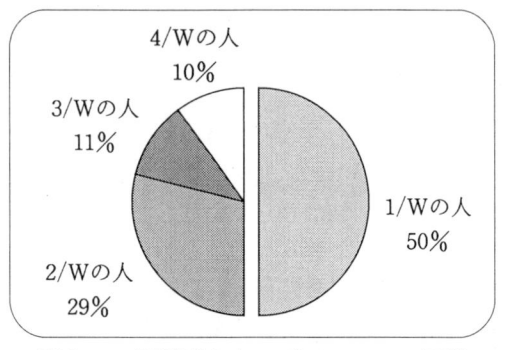

図3 1週間当たりのボランティア回数

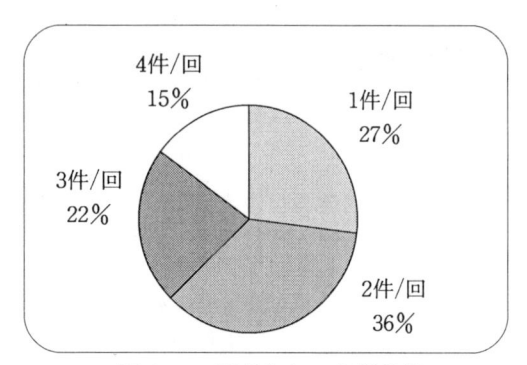

- 1/Wの人 50%
- 2/Wの人 29%
- 3/Wの人 11%
- 4/Wの人 10%

図4 1回当たりの宅配件数

- 1件/回 27%
- 2件/回 36%
- 3件/回 22%
- 4件/回 15%

の活動回数を見てみると，週4回実施の宅配サービスに対し，週1回の参加が半数を占めていることがわかる．週1回のペースで参加できる人が多いことを考えると，1週間（4回実施／週×2.2名）で約9名のボランティア増員が必要となる．

宅配サービスを受けたいという声が上がっても，宅配ボランティアの不足から，利用開始を延期してもらうこともあるそうだ．また，家族と同居しているが，老人食を食べたいという人は，すぐに利用ができないという．また，ボランティアに欠員があると，多い時には1人で7～8件配ることもあり，時間内に配ることを考えると，ゆっくり話していることなどとてもできない状況になる．夕方の30分ほどの時間を，宅配に提供できる人が1人でも多くなれば，もっと多くの利用が可能になるはずである．

ここでは，9名のボランティア増員が必要であるとの結論を出したが，これはあくまでも1年間の活動状況から導き出した推計である．しかし，今後ボランテイアの意識調査を実施すれば，より明確な数字が出てくるはずである．これは，今後の重要な課題である．社会福祉協議会では，これまでにもボランティア確保のために増員の呼び掛けをしてきてはいるが，残念ながら継続性に欠けているのが現状である．それは，頼まれボランティアになる傾向が強く，主体的な参加になりにくいからである．

宅配サービスの質を保証するためには，住民の主体的参加が必要となる．拠点によっては，ボランテイア自身がボランティアの仲間を増やしているところも見られるようになっており，しかも確実に定着している傾向が見られる．このことは，いかに主体的な参加が大切かを象徴していると言えるだろう．

ボランティアの声が地域に響き合うことで，確実にボランティアの広がりができてくるはずである．そして，この広がりは，高齢者にとっての命綱が地域に広がることでもあり，住民1人1人にとっても有効な命綱になりうるものである．

Commentary

4）活動の見直しから見通しへ

やどかりの里が地域の高齢者サービスに関わることについて，当初は「なぜなのか」などと考えることもなく，ただ要請に応じて参加していた．しかし，この高齢者の宅配サービスによって，地域に暮らす人たちの顔が見えるようになり，私の中で，住民同士が支え合って暮らしていく街づくりへの動機づけにもつながっていった．地域で暮らす精神障害者も高齢化する，私もいずれは歳をとる．その時，この地域で必要なサービスを受けたい．この宅配サービスが，だれもが安心して老いることのできる街づくりにつながるのではないか，将来のための地盤づくりを今からしているのだと思うと，ただボランティアとして参加しているのではない自分の立場が明確になった．

自分が主体的に参加するようになり，街づくりを意識し始めたことによって見えてきたことは，単にサービスを充実させることだけでは活動は継続しないということである．この宅配サービスは，サービスを受ける高齢者，サービスに結びつける社会福祉協議会，宅配ボランティアとが連携して成し得ているものである．しかし，宅配ボランティアの不足をきっかけに，3者のバランスが悪くなってきていることが，活動に参加する中で明らかになってきた．図5に示す3つの環が，そのことを理解するのに役立つ．それぞれ自助，共助，公助[Com]で重なり合っており，この3つの環のバランスをとる位置にあるのが社会福祉協議会である．

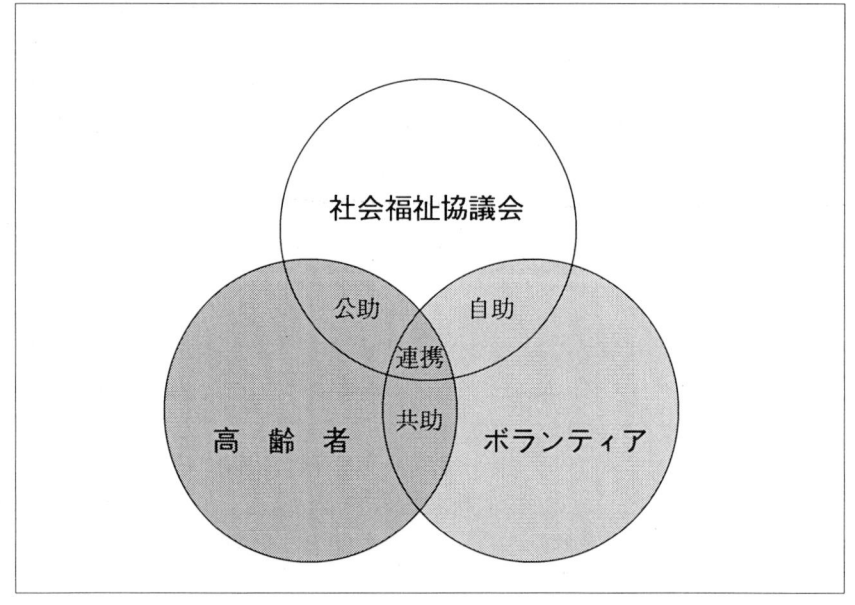

自助，共助，公助
主体的に生きる（自助）ことを根本理念として，その上で相互に助け合って生きていく（共助），そのことを社会全体として認める制度を作り，すべての人が幸せに生きられる社会を作ること（公助）．

図5 高齢者の宅配サービスにおける社会福祉協議会と高齢者ボランティアの連携を表す3つの環

Commentary

しかし，社会福祉協議会は，高齢者へのサービスが実行されることに注目しており，そのサービスを支え，街づくりの一翼を担っている住民ボランティアを要請することにあまり重きを置いていない．なぜなら，**表1**で示したように，社会福祉協議会で集約される活動状況は，配食数とボランティア活動数にとどまっており，その数字からは伺えない，具体的な日々のボランティアの活動状況までは把握しきれていないからである．今年の2月から，大宮中部生活支援センターでエンジュの委託を受け，これまでの個別宅配に加えて，9か所の宅配拠点のうち5か所を回るようになった．拠点ごとの特徴，ボランティアの活動ぶりなどを見ているうちに，拠点ごとのボランテイアの格差，ボランテイア不足が目につくようになってきた．これは，実際に地域で動いているからこそ見える実態であって，決して統計上の数字だけでは見えてこないことである．この実情を知り得ることができるのが私の強みであり，把握しきれない社会福祉協議会に伝えていくのが，私の役割である．そして，互いに共通の問題として考えていくことがこれからの課題である．何事もバランスが大切である．活動が生き生きしていない時，必ずバランスを崩している．どのようにバランスが悪いのかを見ていけば，改善の糸口が見えてくる．

ここ数年の活動の見直しから見えてきたことは，まさにそのバランスの悪さであり，そのことは，宅配サービス開始から2年半が経過し，これまでのサービス充足の時期から，ボランティアの育成に目を向けていく時期にきていることを示している．

ボランティア育成とは，行政主導で養成するということではなく，活動を見直す中で，ボランティア自身が地域福祉[com]の活動を担うことの意味を見つけ，やりがいを見出していくことや，活動の意味や価値を共有していくことを指している．まさに，ボランティア自身の自分づくりであり，地域の支え手となる人たちの人づくりである．

なぜ人づくりが大切なのか．それは，前項でも明記したように，ボランティアの広がりは，地域で生活する上での命綱が増えることだからである．命綱が地域にたくさんできることで，例えば寝たきり老人を作らない，精神病を発病しないというように，問題が顕在化する前に予防することが可能になるのではないだろうか．そして，問題が生じた時にも支え合う土壌があれば，社会的入院（病気の治療のためではなく，自宅で暮らしていくための環境が整わず入院をせざるを得ない状況）や施設入所をせずに，その人の暮らしたい街で，その人らしい生活を実現することができるはずである．さらに言えば，そうした地域での支え合いによって，現在日本が抱えている膨大な医療費が前向きに削減されることの可能性にも満ちている．

これまでにも社会福祉協議会の呼び掛けで，ボランティア連絡会が開催されてきたが，活動報告中心になっているため，この場を活用し，現在携わっている40名のボランテイアの後に何百人という地域住民がいることを視野に入れながら，まずは，宅配サービスをきっかけに集まってきたボランティ

地域福祉
地域社会の人々がその人なりの人生や暮らしを送ることができるような地域づくり．

ア の思いを，共感にもとづく対話で紡いでいくことから始めなくてはならない．

これは，私だけでできるものでもなく，やどかりの里が進めていくことでもない．社会福祉協議会と協議しながら，活動の有効性について検討し，住民の主体的参加によるサービスに，支え合う人づくりに，そして，だれもが健康で幸せに暮らせる街づくりにつなげていきたい．

5．街づくりは価値の共有化から

街づくりへの手がかりを，第3節ではやどかりの里の取り組みから探り，第4節では高齢者への宅配サービスから探っていった．その中で，一貫して言われていることは，「対話と共感に基づく価値の共有」^{Com}である．具体的な問題を通じて対話をする，そして共感し，価値を共有する，そこから共通基盤に立って街づくりを目指す．この一連の行程が，3節で取り上げた精神障害者との関わりにおいても，4節で取り上げた高齢者への宅配サービスにしても，共通しているところである．ここでは，具体的事例がまだ十分にないため，そのことの検証は難しい．しかし，共生の街づくりに向けた方法論の糸口として「価値の共有化」を意識する必要は大いにある．

これまで専門家，当事者，住民の三位一体から見えてくる共生の街づくりについて述べてきた．しかし，人が生きているように活動も生きている，そして街も生きている，だからこそニーズも変わる．3つの環が平面に重なりあっているだけでは変わっていくニーズに対応しきれない．では，この3つの歯車を回すのはだれか．

このことは，四輪駆動車のモデル^{Com}に置き換えて考えてみるとわかりやすい．高齢者宅配サービスに関する1台の車に，専門家，当事者，住民それぞれが乗り合わせた．乗り合わせた3者は宅配サービスのことについて話し合っているのだが，車はいっこうに動かない．なぜなら運転手がいなかったのである．3者の間で対話と共感による価値の共有がされた時に，初めて運転手となる人が現われ，自分たちの目指す街づくりの方向へと走り出すのである．

やどかりの里において，私は福祉専門職の立場に立つこともあれば，喫茶店のオーナーになることもある．一歩外に出て宅配にまわれば，住民ボランティアの立場にいる．もちろん当事者の立場に立つこともある．乗り合う車には，指定席はない．つまり役割も固定されない．どの席にも座れ，交替できることが大事である．専門家と言われる立場の人は，ハンドルを握ることが多いが，いつまでも役割が変わらないようであれば，進むべき方向が違っているのかもしれない．なぜなら，同乗者同士の対話と共感にもとづく価値の共有が進路を決めているからである．

さて，車が動き出した．方向も定まっている．しかし，それだけでは走り続けられない．故障もすれば，ガソリン補給もしなくてはならない．一旦車

Commentary

対話と共感にもとづく価値の共有
共同で何かを行う時に話し合いが必要で，しかも否定から入るのではなく，共感をベースにした話し合いから，何を大切にしていくのかということが共有できる．

四輪駆動車のモデル
丸地信弘教授（信州大学医学部）の開発したモデルで，地域での活動を連携にもとづいて推進するあり方を表している．

を止めて，来た道を辿りながら，進む方向を確認する作業が必要である．この休憩が，活動の見直しと見通しであり，私たちの取り組んでいる人づくりセミナーなのである．

6．大宮中部生活支援センターにおける街づくりビジョン

　共生の街づくりに向けた，地域活動の理論と方法論が明確になってきたところで，そのことを意識しつつ，これから，やどかりの里の地域生活支援事業が取り組むべき方向性を明確にするため，大宮中部生活支援センターのビジョンを描いてみることにする．

1）自分の地区に責任を持って活動する

　1999（平成11）年度より，大宮中部生活支援センターに，国と埼玉県から地域生活支援事業としての補助金が交付されることとなった．このことは，これまでに利用登録している人だけでなく，この地域に住む，多くの精神障害者への支援が期待され，またその責任を負ったことを意味している．
　これまでにも，地域に喫茶店を営業する作業所ができたことで，やどかりの里のメンバー以外の精神障害者が，日中の行き場として何人も出入りするようになってきてはいたが，地域に孤立して暮らしている精神障害者が，この地区にまだ何人もいるはずである．
　4月に事業が開始されてから，大宮市在住の方については大宮中部生活支援センターを窓口に利用相談を受けることとなった．利用に繋がる例はとても少なく，精神科治療は必要なくなったが，日中の行き場がないという人や，やどかりの里の諸サービスの利用には適さないが，かといって適切な利用資源が見つからないといった人，閉じこもりぎみの子供をどうにかしたいという親の思い等，現在のサービスや生活支援態勢だけでは充足しきれないニーズがまだまだたくさんある．と同時に，他に利用できる資源やサービスが乏しいことを痛感している．加えて，すでにある活動の連携も不十分で，お互いが他の福祉施設の特徴や利用内容を十分に知り得ていないこと等，開設して間もないが，さまざまな問題に直面している．

2）保健医療，福祉の連携を目指して

　やどかりの里の活動は大きくなったことで，資源も職員も増え，チームで活動することができるようになった．それだけに内部で解決してしまおうとする傾向が非常に強い．しかし，自己完結型の活動展開には限界がある．すでに，やどかりの里の生活支援態勢の中では充足しきれないニーズや，メンバーを支える家族の高齢化，そして精神障害者自身の高齢化の問題といった，解決しきれない問題が目の前に見えてきているのである．かといって，医療

や保健の分野だけで解決できるものでもない．やはり医療，保健，福祉の3つの分野の連携が必要であることは明らかである．

医療・保健・福祉の連携を3つの環で表したのが図6である．これまで私が認識していた保健，医療，福祉の連携とは，具体的に起こった問題について，それぞれの立場の専門家が集まり，事例検討をし，方向性を立てていくというものであった．いわば疾病対策である．

現に老人福祉施設や，在宅介護サービスセンターも，支援センターのすぐ近くにあり，やどかりの里のグループホームメンバーも一時利用したことがあった．その他にも知的障害者のデイケア施設や総合病院，市役所，保健所など関係機関も多く，近くに点在している．それぞれに何らかの関わりがあるものの，そのつながりは点線でしかつながっていない．なぜなら，問題が生じた時にしか関わっていないからである．しかし，共生の街づくりを意識し，その理論と方法論が見えてきた今，従来の疾病対策中心の連携ではバランスを欠いていることは明らかである．疾病対策を見直し，そこからどのようにすれば再発を防ぎ，予防できるのか，という見通しまでにつなげていくことが，これからの保健医療と福祉の連携のあり方であり，それが点線のつながりを実線にしていくこれからの作業であると思っている．

そして，この3つの環が重なることによって初めて，疾病対策から健康を守り，主体的に健康づくりについて意識できるようになる．そして，そのことが個人にとって，地域にとってどのように有益であるかを協議して調整すること，すなわちこれが対話と共感による価値の共有を意味しており，共通の目標となる共生の街づくりに向けて四輪駆動車を走らせ，保健医療と福祉

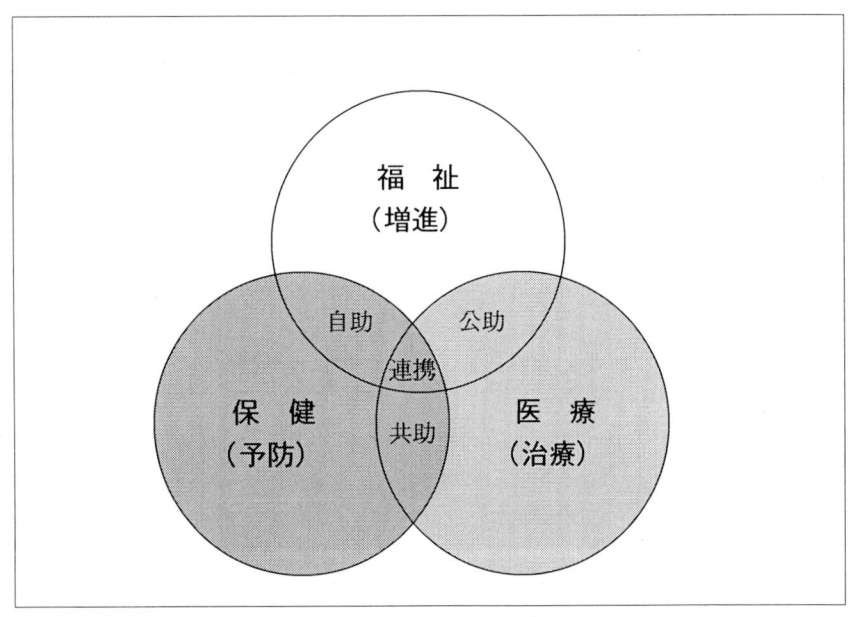

図6　福祉と保健・医療の連携

の3分野の連携を図っていくことである．この連携が，まさしく私たちの目指している共生の街づくりである．このことを，これからのやどかりの里の実践の進むべき方向として提案したい．

本稿で述べてきた精神障害者への生活支援態勢も，高齢者への宅配サービスも，まだ疾病対策の段階で止まっている．これをどのように予防につなげていくかがこれからの私たちの当面の課題である．そして，その先に地域で暮らす多くの人たちの健康や幸せがあることも確実に見えてきている．

第3節でも触れたが，
「自分が病気になった年齢の人たちに，自分のようにならないでほしい．そのためにも自分の体験を語りたい」
というメンバーの思いからもうかがえるように，これからの時代を作っていく子供たちの世代に注目していくことも，これからの街づくりの重要な課題となってくるだろう．現に，やどかり情報館のメンバーたちは市内の中学校に体験発表会の案内を届けている．いつの日か彼らの声が，多くの生徒に響き，精神分裂病の発症を予防することにつながっていくこと，そして仲間で支え合うことの大切さを知ることにつながって欲しい．

3）疾病対策から予防の視点へ

大宮中部生活支援センターが，これから責任圏域としていく範囲を図7に示した．大宮市全体からみると，3分の1に当たる部分である．今目の前に具体的に見えている地域は，その内の4分の1の小さな地域である．街づく

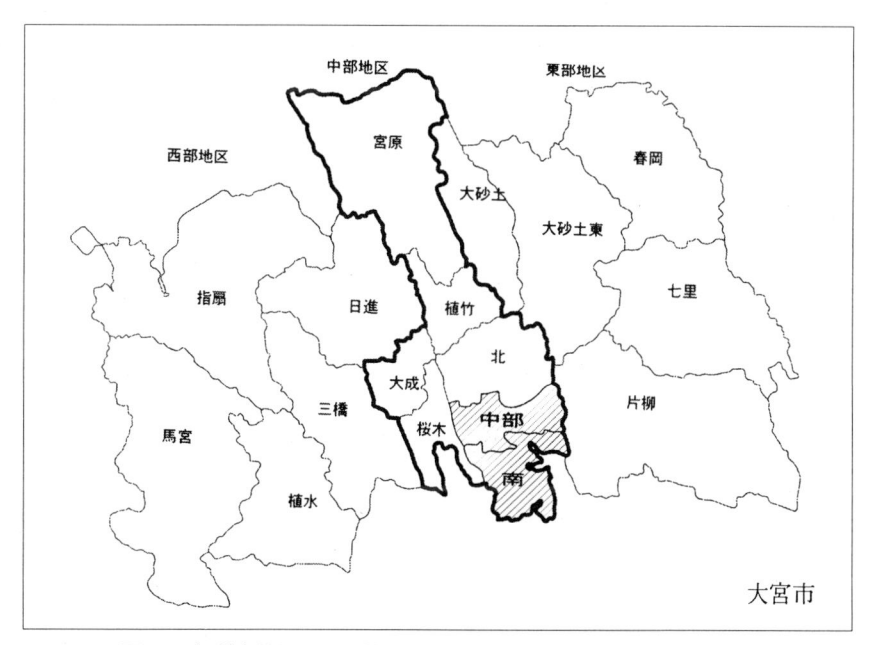

図7　保健福祉地区を基準にした，生活支援事業の責任圏域

りと大風呂敷を広げたものの，見えているのはごく一部の地域である．しかし，小さな地域で実現できないことが，大きな地域でできるはずがない．全体の中に部分があり，部分の中に全体の本質がある．大宮市全体，あるいは中部地区全体から見れば，現在の活動地域は小さな部分にすぎないが，この中に街づくりの要素が十分につまっていることは，本稿で明確になってきた．

精神障害者への生活支援から，高齢者の宅配サービスへと活動の広がりとともに，目の前に見える地域も広がってきた．今の課題は，活動地域を量的に広げていくことではなく，小さな地域ではあるが今目の前に見えている地域の中で，街づくりの方法論を実践に移しながら，質を高めていくことである．

第5節までに街づくりの理論と方法論について探り，そのことをふまえて，ここでは大宮中部生活支援センターのビジョンを描こうとしたが，気がつくと専門家思考に偏り，精神障害者の疾病対策から描こうとしていた自分がいた．しかし，これから目指す共生の街づくりは，従来の疾病対策だけでは限界があることがより明確となり，健康を守り，主体的な健康づくりへの発想を持つことができたことは，これからの活動を展開していく上で非常に大きな収穫である．

おわりに

本稿を作成するに当たって，各部署の代表者と幾度かの討論を重ねてきた．その中で「共生の街づくり」は，雲の上のようなつかみどころのない目標であるという意見が出てきた．確かに，私たちが目指そうとしている共生の街づくりは，方法論が見えてきたからといって，すぐに実現できるものではない．時間をかけ，多くの人たちとのつながりの中で作り出していくものである．しかし，雲の上に目標が見えていれば，きつい山道も安心して登ることができるのではないだろうか．そして，登り詰めた時に，目標が目の前に見

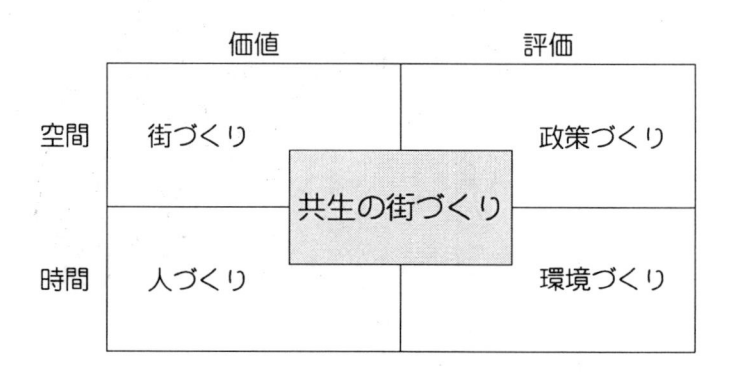

	価値	評価
空間	街づくり	政策づくり
時間	人づくり	環境づくり

（中央：共生の街づくり）

図8　街づくりの価値認識の構造

Ⅱ 支え合う街づくりを目指して　69

えてくることは間違いない．となれば，下り道は迷うことなく進んで行けるだろう．

　街づくりとは，この行程を繰り返しながら作られていくものである．そして，私は，やどかりの里が30年かけて登った道を，街づくりの価値を意識しながらこれから下山していくことになる．そのスタートを今まさに切ろうとしている．この例えを構造化して表したものが図8である．

　この図は，山道を登る時には共生の街づくりが見えていなかったが，頂上に立って共生の街づくりが意識できた時，4つの要素を意識しながら下山することができる，時間と空間を一体にして表したものである．

　WHOが1948（昭和23）年に宣言した健康概念を，50年を経た今，改め

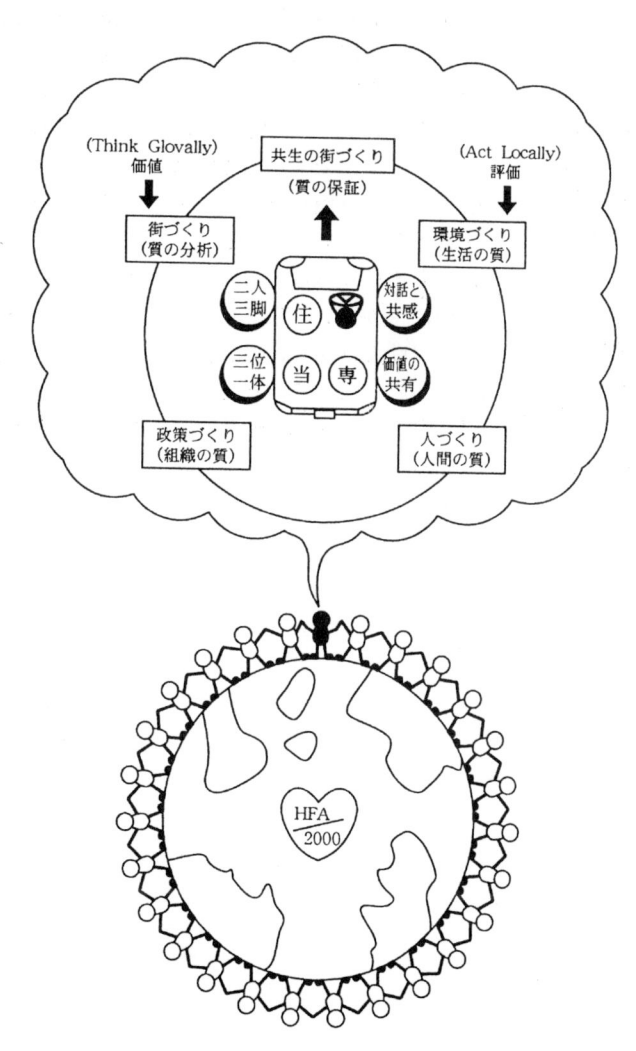

図9　Think Globally, Act Locally

Commentary

ようとしており，従来の身体的，社会的，精神的健康に，spiritual（霊的）な要素を加えた4要素の新しい健康概念が検討されている．そして21世紀までにすべての人が健康であることをに結びついていくことを示している．

やどかりの里も活動開始から30年を迎え，これまでの活動の見直しと見通しから，共生の街づくりを目指そうとしている．WHOの新しい健康概念をやどかりの里に置き換えるならば，これまで実践してきた，人づくり（人間の尊厳），環境づくり（資源開発，開拓），政策づくり，（実践活動から政策提言へ）の3要素に，街づくりが加わって4要素になろうとしている．世界の動きと，日本の埼玉県大宮市を中心にしたやどかりの里の動きが，偶然か必然か，時を同じくして，「すべての人が幸せに暮らせること」を目標に向かっているのである．

まさにThink Globally, Act Locally. 私たちの小さな活動が，世界のすべての人の健康に向けた社会を作っているのだということを改めて認識している．（図9）

そして，街づくりはメビウスの環[Com]のように終わることなく創造されるものであることも付け加えておきたい．本稿作成に当たり，「専門家思考が強い」という気づきがあった．共生の街づくりを意識しつつも，生活支援センターのビジョンを描こうとしたため，福祉専門職としての見方に引きずられてしまい，地域に暮らす住民として描く視点が十分でなかったのかもしれない．しかし，「街づくり」という大きなテーマは，やどかりの里の職員としてだけではなく，これからの自分の長い人生にとっても描くべきテーマであると思っている．そして，やどかりの里にとって，私にとって，世界のすべての人にとって，健康で幸せに暮らせる街づくりを目指していきたいと思っている．

（大澤　美紀）

メビウスの環

テープを半ひねりしてつなげるとエンドレステープになり，永遠を意味する．人づくりセミナーでモデルの中に使われる．実践活動にはゴールはなく，関わる人々が専門性や立場性を越えて協力し合って実践を進めていくことを意味している．

III ともに歩み，育ち合う街づくりを目指して

大澤さんが描いた活動ビジョンを
私の活動の見直しをしながら検証する

Commentary

1．大澤さんの活動と三石の活動はTwo-in-One

　やどかりの里で生活支援センターを開設して8年間が経つ．この間の生活支援活動を振り返ると，その時々に出会ったメンバー（やどかりの里では利用する精神障害者をメンバーと呼んでいる．以下メンバー）とともに悪戦苦闘しながらの活動であった．メンバーと二人三脚で歩むことがやどかりの里の生活支援活動の大きな特徴であり，私の同僚である大澤さんも生活支援活動に自分を賭けた1人である．

　では，私たち2人はどんな活動をしてきたのか，その経過について簡単に説明する．

　大澤さんの活動は作業所づくりから始まっている．メンバーの働きたいという夢に向かって試行錯誤を重ねつつ，現在の堀の内・天沼の地域を意識した生活支援活動を創ってきた．どんな活動を創っていくのか，常に大澤さんの主体性が問われた．そしてメンバーと二人三脚で活動を創り合い，ともに人生を歩んできた活動から地域を見る視点が生まれた．大澤さんはメンバーの病気や障害に注目することから，障害を持ちつつも1人の住民として地域で生きる人への眼差しに変化していった．

　一方私の活動は，精神病院に長期にわたり入院していた人々の地域生活を支援する活動から始まっている．メンバーが地域の中で自分なりの暮らしを実現するために，彼らの生活を支える黒子[Com]のような活動であった．その人らしさを大切にしながら，病気や障害の部分を視野に入れつつ支援してきた．メンバーが自分で決めることを支援することが原則であり，私自身の価値観や判断は一旦棚上げにしてメンバーの思いを聞き，一緒に考えていく支援だった．今までの私の関わりの意識は援助者としての意識が強かった．これは福祉専門職者の視点を中心に相手を見る視点であった．自分の主体性を問われ続けた大澤さんと，価値観を一旦棚上げにすることを求められてきた私の活動は，その点で大変対象的な活動であった．

　生活支援活動は，それぞれの地域を耕す活動と，生活のしづらさを抱えているメンバーを，その人の病気や障害の部分も視野に入れながら地域での暮

黒子
歌舞伎で役者の後見役の意味．
やどかりの里ではやどかり出版顧問の西村氏が編集者は黒子としての役割を果たすという考え方を提示している．ここでは，生活の主体者は精神障害者自身であり，職員はその生活を裏側で支える役割を取っているという意味．

らしを支える活動の2つがバランスよく配置され，トータルに支援できる活動でなければならない．言い換えれば，大澤さんと私が常にワンセットになって活動を展開することである．それはコインの裏と表のような関係だったと言える．外に見える活動形態としては2人の活動は異なって見える．しかし，別々の活動を展開してきたかに見えてもそこには共通の価値があり，その価値を共有して，また新たにそれぞれが活動を展開していくのである．

本稿では，共通の価値を見出しつつ，2人の展開してきた活動を現在から過去へという流れで検証していく．

また，大澤さんの活動と私の活動が常にワンセットになって活動を展開していくことの必要性について触れ，本稿の目的について述べたい．

第2節では，大澤さんの思い描く街づくりに対して，私の考える街づくりを温故知新の精神[Com]に基づいて描き出してみることにする．

第3節では，大澤論文が描いた新しい生活支援活動への提言の確かさについて，大澤さんの活動と私の活動をワンセットにしながら，そこから共通の価値を見出し，活動の検証を行う．

第4節では，総合問題解決の視点で，大澤論文で描いた街づくりについて検証する．

第5節では，第3節と第4節を受けて，これからの新しい生活支援活動のビジョンを描く．

表3は，大澤さんの活動と三石の活動を対照したものである．

2．この町に生まれてよかったと思える街に

大澤さんと私はやどかりの里の実践を通して，「支え合う街づくり」を目指して進もうとしている．新たな活動を創り出すためには，自らのルーツを辿り，自らの原点を確認することが大切である．

Commentary

温故知新の精神
人づくりセミナーでの学びの1つで，やどかりの里の歴史をたどり，そこで培われてきた財産を基盤にしつつ，新しい活動を作っていこうという考え方．

表3　2人の活動の対照表

	大澤さんの活動	三石の活動
人間の尊厳 （活動の原点）	長期入院者との出会い	長期入院者との出会い
二人三脚	作業所づくり	暮らしを支える活動
活動の転換点	喫茶店づくり	生活支援センター本部の活動形成
地域を歩く活動 （四輪駆動車）	高齢者の宅配サービス （地域づくりの始まり）	不動産屋めぐり （疾病対策の限界）
地域づくり （予防疫学）	三位一体の地域づくり	生活支援活動の再編成

私が生まれ育った町は，人口約3万5千人，町の東には大きな川が1本流れ，田畑が広がり，春には菜の花畑やレンゲ草が一面に広がるのどかな町である．そんな町で普通に暮らしていた私だが，15歳の時，親や級友への反発から学校に行かなかった時がある．私にとって窮屈な毎日が続きどこにも居場所はなく，学校をさぼることが私の精一杯の自己主張だった．
　自分の居場所を求めて町をふらふらした．学校をさぼって町をぶらぶらしていると私にいろんな人が声をかけてくれた．田植えをしているおじちゃん，芋をふかして売ってるおじちゃん，スーパーの一角で生活雑貨を売っているおじさん．みんな地道に生活している人たちだった．そんな人たちが，制服姿でぶらぶらしている私に声をかけてくれ，いろんな話をしてくれた．友人からも排除され，学校にも家にも居場所が見つけられなかった私を，町の人たちが見守ってくれて支えてくれた．そんな人たちといると落ち着いたし，人との触れ合いを感じるひとときだった．
　もう1人私を排除しない人が担任の先生であった．先生から，
「さぼっていてもいい．でもおまえはいつか学校にもどってくる．おまえはそういう子だと絶対信じている」
と強く言われた．こんな私を信じてくれる人がいる，そう思った．でも，その先生を信じることも恐かった．さぼる毎日を繰り返した．
　さぼりを繰り返していた時，職員室に呼び出された．先生の問いかけに何も応えなかった私に平手打ちが飛んできた．歯の矯正をしていた私は唇が切れて血が出た．先生は真剣なんだ，と思った．それからは一緒に夕食に行ったり，教室で長い時間話を聞いてくれたり，とにかく私につき合ってくれた．しだいに，先生は私たち(生徒)をないがしろにしない人だと思うようになった．
　卒業間近，さぼったり行ったりの毎日を送っていた私は，卒業に必要な単位がぎりぎりだった．親は地区の進学校に行かせたかったが，それに私は反発していた．そして親への反発でなく自分はどうしたいのか，と先生に厳しく問いただされた．私は高校へ進学したいことを伝えた．
　私の街づくりの原型となっているのは15歳の時の体験である．学校にも家庭にも居場所のなかった15歳の私を排除しなかった町の人，真剣に向き合ってくれた学校の先生．1人1人が自分らしく自由に，地域に居場所を保証されながら生きていける街づくりの原型は，中学時代の私の体験にあった．そして，おぼつかない私を受け入れてくれたやどかりの里のメンバー．自分らしくあることの楽しさを実感した私は，お互いにその人らしさを尊重し合い，自分の目標や夢に向かって主体的に生き生きと暮らしていくすばらしさに気づくことができた．この2つが合わさって，私の中での街づくりの1つのイメージとなった．私が私らしくある世界，だれもが自分らしく生活している町．そんな地域が私の暮らしたい街のイメージである．
　今思い返すと，
「ああ，あの町に生きていてよかった」

と思えるのだ．生きるための困難を抱えた人々が再び生きる力を取り戻せるような豊かな地域社会，大澤さんの描く街づくりのビジョンにもどこか重なる，私の生きていたい町のイメージである．

3．堀の内・天沼地区の生活支援活動と私の活動の体験から共通の価値を見出し検証する

　大澤さんが前節で描いた「共生の街づくり」の実現のための理論や方法は，従来の生活支援活動の考え方を新たなものに作り変え，発展させていく基になるものである．作り変えるということは，従来の生活支援活動からの学びを生かし，新しい生活支援活動のありように発展させていくことである．本稿の目的は，大澤論文が従来の活動を基盤に置きながら，新しい活動を提言しようとしていることを，私自身の活動の見直しを行いつつ明らかにしていくことである．

　共生の街づくりとは，「21世紀にはすべての人々が健康に（以下ＨＦＡ21[Com]に略）」という健康戦略を，私たちの暮らす地区ごとに実現していくことである．それを表したのが図10である．夢の実現から始まった働く場づくりは新しい福祉文化を創り出した．また一方で，その人らしく暮らすことを支援する活動は生活支援態勢を作ってきた．

　やどかりの里の生活支援活動の全体を意識するために図11（自己回帰モデル）[Com]で，大澤さんと私の活動を表してみた．本稿ではこの自己回帰モデルと図12の5段階の梯子段と入れ子のモデル[Com]をもとに述べていく．

1）地域づくりを意識した活動展開

　図12の梯子段は私たちの歩みを表したものであるが，ここでは5段階目にある私たちの活動について述べる．

　この時期の大澤さんの活動は，大澤さんの原稿（本書：大澤美紀：支え合

Commentary

HFA21
ＷＨＯが提案した「21世紀にはすべての人の健康を実現しよう」という大きな戦略．

自己回帰モデル
丸地信弘教授（信州大学医学部）の開発したモデル．活動のプロセスと全体像を捉え，その活動をどう連携していくのか，ということを複眼で捉えることのできるモデル．

5段階の梯子段と入れ子のモデル
丸地信弘教授（信州大学医学部）の開発したモデル．活動を整理して見直しをする際に，活動がどう展開してきたかを5段階の梯子段にして表す．さらにその5段階で表したものを全体として捉えるのが入れ子のモデル．

予防的な視点
病気や障害を得てから治療や対策を練るという後追いの視点ではなく，病気や障害を持たずに生きることを目指す，前向きな視点．

予防活動
病気や障害に対する活動ではなく，すべての人が健康に生きるために行う活動．

Ⅲ ともに歩み，育ち合う街づくりを目指して　75

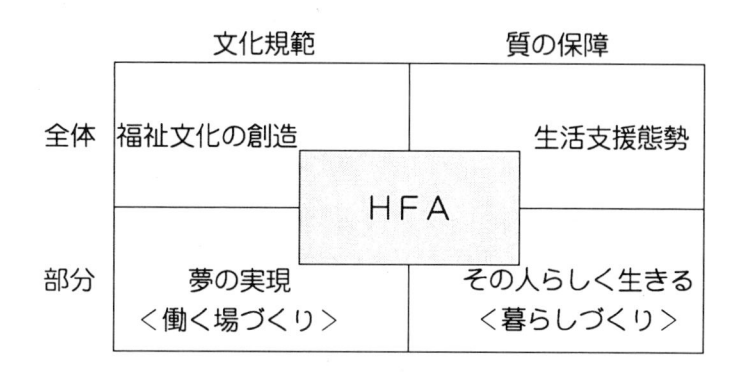

```
          文化規範              質の保障
全体   福祉文化の創造          生活支援態勢
                    ┌─────┐
                    │ HFA │
                    └─────┘
部分     夢の実現           その人らしく生きる
       <働く場づくり>        <暮らしづくり>
```

図10　健康の価値認識の構造

う街づくりを目指して；p50）に詳述されているが，住民，当事者，専門家が三位一体になった地域づくりを行い始めたところである．大澤論文の中で，やどかりの里のメンバーの気づきや地域住民とのつながりが生まれる中で，予防的な視点[Com]が生まれ，地域の中で予防活動[Com]を意識しつつ活動を広げていくことの大切さが述べられている．

　私の活動は，これまでの生活支援活動の限界性を自覚し，大澤さんの活動

精神障害者の支援を意識した活動→
（Act Locally）

メンバーと → 生活支援 → やどかりの里 → ネットワーク → 1人1人が主体
ともに歩む   全体を意識し   づくり   的に生きるため
                  て   の生活支援活動

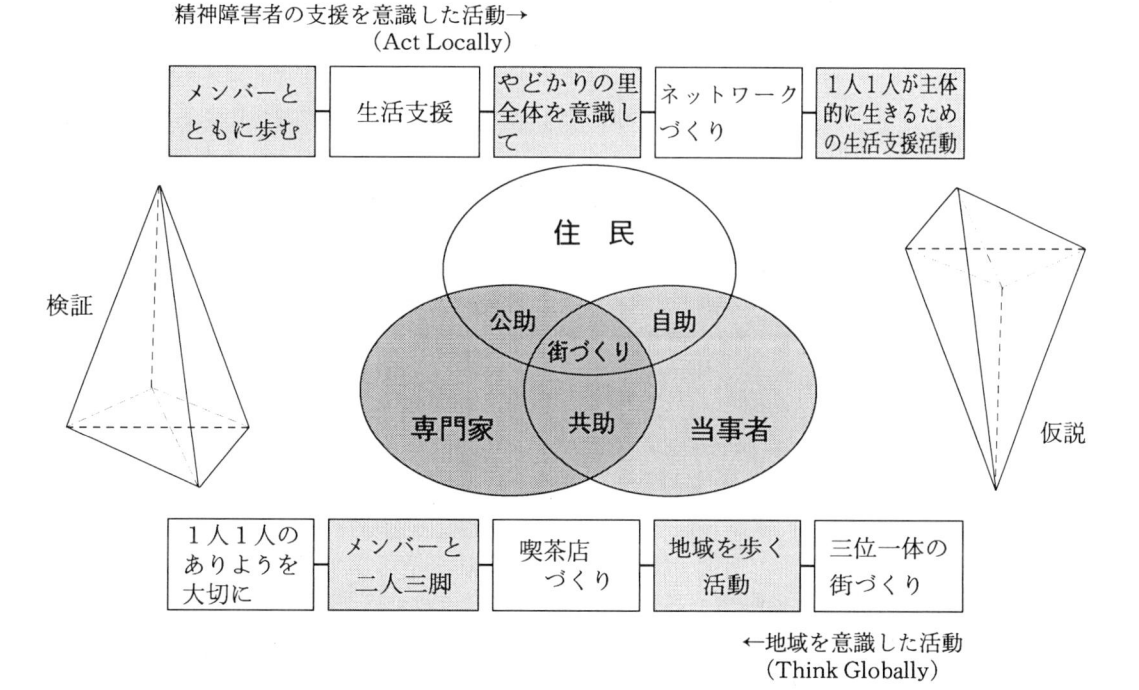

検証   仮説

　　　　　　　　　　　住　民
　　　　　　　　　公助　　自助
　　　　　　　　　　街づくり
　　　　　　　専門家　共助　当事者

1人1人の → メンバーと → 喫茶店 → 地域を歩く → 三位一体の
ありようを   二人三脚   づくり   活動   街づくり
大切に

　　　　　　　　　　　　　　　　　←地域を意識した活動
　　　　　　　　　　　　　　　　　（Think Globally）

図11　2人の活動を自己回帰モデルで表わす

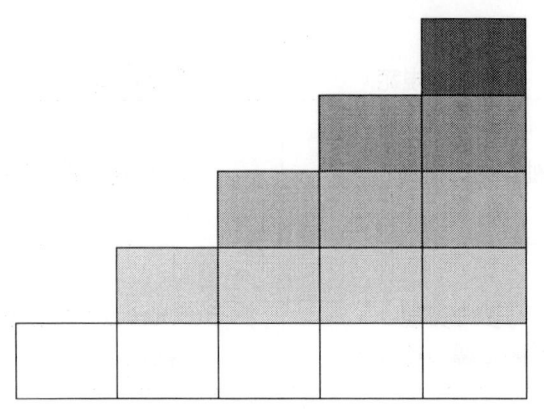

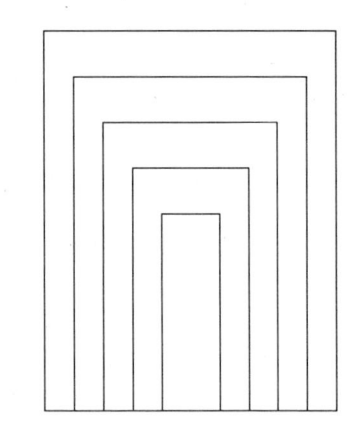

| 大澤さん | メンバーとの | 作業所 | 喫茶店 | 地域住民との | 三位一体の |
| の活動 | 二人三脚 | づくり | づくり | ネットワーク | 街づくり |

三石の	メンバーとの	生活を	活動を	ネットワーク	1人1人が
活動	二人三脚	支える	創り合う	づくり	主体的に生きる
					ための生活支援活動

図12　やどかりの里での大澤さんの活動と三石の活動を5段階で表す

から学びつつ活動転換を図っているところである．私が目指してきたものを大澤さんの原稿に見出すことができる．この節の目的は，生活支援活動の理想とする理論を自分たちの活動に置き換えて意識し，どんな活動をしていこうと考えているかを表すことにある．

（1）住民，当事者，専門家の三位一体で創り合う街づくり

　現在，人口約44万人の大宮市の中部地区を支援のエリアとする堀の内・天沼の生活支援活動は，精神障害者だけでなく地域で暮らす人たちが，ともに豊かに暮らしていく街づくりに向けて活動が始まっている．

　特に，2つの作業所と生活支援センターがある天沼の地域で，そこに暮らす人々の顔や思いに触れる機会が広がり，地域の人々のニーズが少しずつ見えてきている．これは，大宮市の社会福祉協議会からの委託で受けた高齢者の宅配サービスの拠点になったことによる気づきが大きい．このことは地域づくりを意識する大きな契機となった．（本書：大澤美紀：支え合う街づくりを目指して；p50）

　大澤さんは，地域づくりに向けて活動を発展させていくには，住民と当事者と専門家が三位一体となって地域づくりを目指していくことの重要性を述べている．三位一体を実現するのは，ＨＦＡ21で言う健康増進を共通の目標として創り合っていくことが基盤になければならない．私が生活支援センター本部としての自分自身の実践の限界を感じたのもここであった．

　従来の生活支援活動は専門職と当事者の二人三脚による活動づくりであったが，これからの生活支援活動は住民と当事者と専門家が三位一体となって

Commentary

街づくりに向けて活動展開をしていくことが大切である．これは大澤さんが図2（本書：大澤美紀：支え合う街づくりを目指して；p55）で示しているところである．宅配ボランティアを切り口にして，大澤さんは住民自身が主体的にサービスに関わっていくことの重要性に気づいた．まさに，参加者それぞれが自律的に健康づくりを考え，そして主体的に参加し合うことで活動の広がりが見えてくることに気づいたのだ．この図2が示しているように，住民と当事者と専門家の三位一体の街づくりが実現することが大きなゴールとして見えてきたのである．

(2) 新しい地域づくりへの転換

1999（平成11）年度，やどかりの里の生活支援態勢は大きく変わった．これまでの活動展開の中で活動の限界性が見えてきたからである．やどかりの里の活動を大宮市中部，大宮市東部，浦和市北東部，与野市の4つの地区に限定し，それぞれの生活支援センターの担当地区を決めて，それぞれの生活支援センターが総合的に活動を展開することにした．これまでの生活支援センター本部の機能のほとんどを各地域の生活支援センターが担うことになった．私は，この変更を小さな単位での地域づくりへのスタートと捉えている．まさに大澤さんの活動はその先駆けであった．

1998（平成10）年度までのやどかりの里の生活支援態勢は，**表4**に示すとおり，生活支援センター本部が各生活支援センターや社会復帰施設等，全体の活動をコーディネートする中枢的な機能であった．本部の機能を担ってきた私は，利用に際しての相談，見学や必要に合わせての資源の開拓，開発，個々のメンバーへの支援，活動の調整等に努めてきた．これは，疾病対策を中心とした1人1人の精神障害者に注目した生活支援活動であった．

第1回の人づくりセミナーで報告した時にはやどかりの里の利用者は125名であったが，1999（平成11）年3月末には利用者数は150名となり，今年度の生活支援態勢の変更により200名までの利用が可能になるであろうと予測している．精神障害者に注目した活動づくりの中で，必要に応じて活動展開することで，より多くの精神障害者を支えることにつながっていった．これは，大澤さんの展開してきた地域社会を意識した活動に対して，個人の幸せを意識させる活動であると言える．

しかし，疾病対策的な考え方だけでは街づくりには到達しないことに気づいた．彼らが今以上の豊かな暮らしを実現する街づくりに，活動が発展していかないのである．

本部の機能を担うようになった私は，メンバーから援助者として期待されるようになった．専門職としての自分ではなく，彼らと1人の人として平たい関係[Com]で関わっていきたいという思いを持ちながらも，彼らが私を上手に使ってくれている，彼らを取り巻く環境の中の1人として援助者という役割をとろう，そう思いながら関わってきた．しかし私のその関わりは，バラ

平たい関係
援助者と被援助者という構造が明確になった関係性ではなく，隣人としての付き合いができる関係性．

表4　やどかりの里における生活支援活動態勢

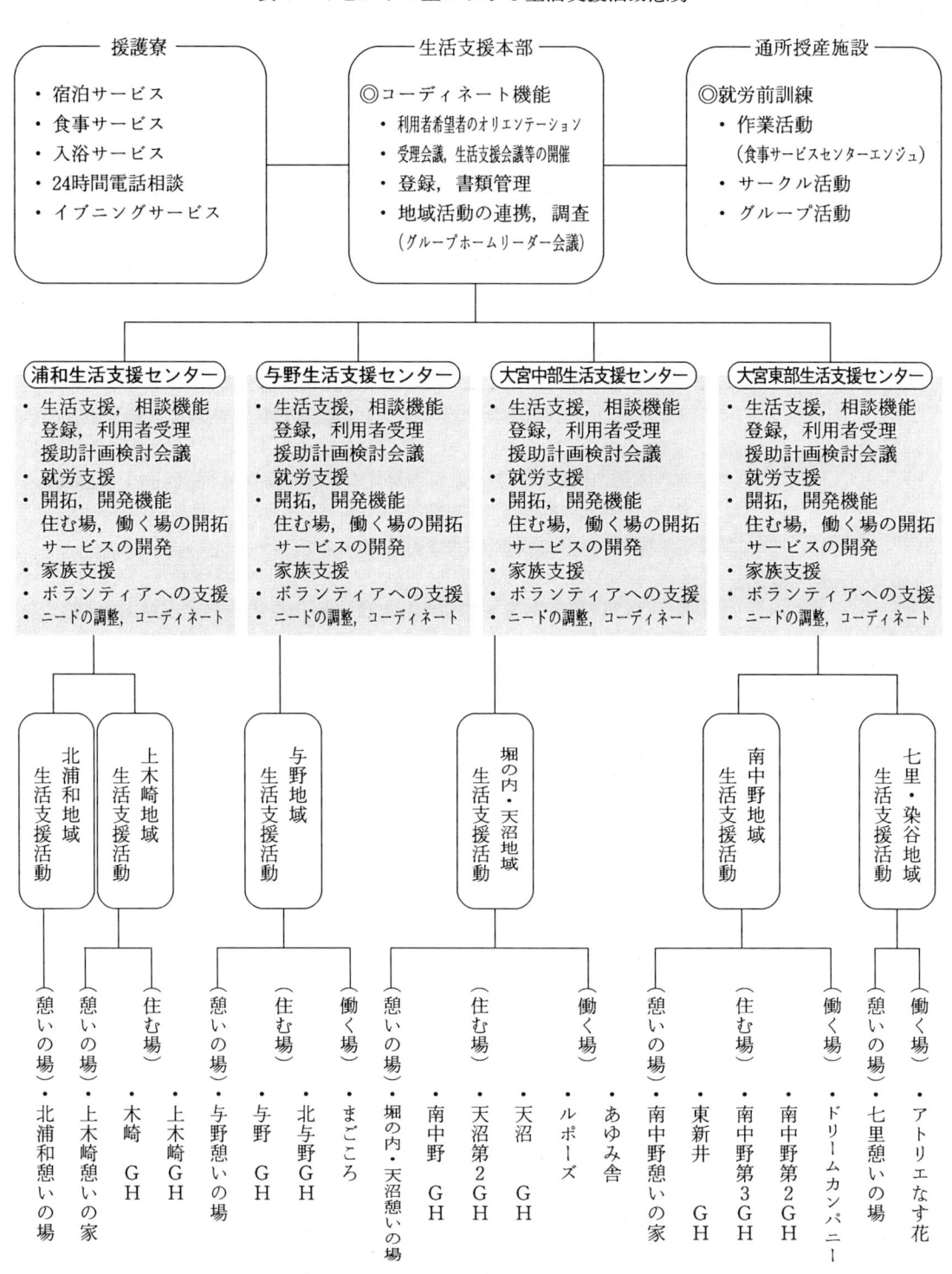

援護寮
- 宿泊サービス
- 食事サービス
- 入浴サービス
- 24時間電話相談
- イブニングサービス

生活支援本部
- ◎コーディネート機能
  - 利用者希望者のオリエンテーション
  - 受理会議，生活支援会議等の開催
  - 登録，書類管理
  - 地域活動の連携，調査
    （グループホームリーダー会議）

通所授産施設
- ◎就労前訓練
  - 作業活動
    （食事サービスセンターエンジュ）
  - サークル活動
  - グループ活動

浦和生活支援センター
- 生活支援，相談機能　登録，利用者受理　援助計画検討会議
- 就労支援
- 開拓，開発機能　住む場，働く場の開拓　サービスの開発
- 家族支援
- ボランティアへの支援
- ニードの調整，コーディネート

与野生活支援センター
- 生活支援，相談機能　登録，利用者受理　援助計画検討会議
- 就労支援
- 開拓，開発機能　住む場，働く場の開拓　サービスの開発
- 家族支援
- ボランティアへの支援
- ニードの調整，コーディネート

大宮中部生活支援センター
- 生活支援，相談機能　登録，利用者受理　援助計画検討会議
- 就労支援
- 開拓，開発機能　住む場，働く場の開拓　サービスの開発
- 家族支援
- ボランティアへの支援
- ニードの調整，コーディネート

大宮東部生活支援センター
- 生活支援，相談機能　登録，利用者受理　援助計画検討会議
- 就労支援
- 開拓，開発機能　住む場，働く場の開拓　サービスの開発
- 家族支援
- ボランティアへの支援
- ニードの調整，コーディネート

- 北浦和地域生活支援活動
- 上木崎地域生活支援活動
- 与野地域生活支援活動
- 堀の内・天沼地域生活支援活動
- 南中野地域生活支援活動
- 七里・染谷地域生活支援活動

浦和
- （憩いの場）北浦和憩いの場
- （憩いの場）上木崎憩いの家
- （住む場）木崎GH
- （住む場）上木崎GH

与野
- （憩いの場）与野憩いの場
- （住む場）与野GH
- （住む場）北与野GH
- （働く場）まごころ

大宮中部
- （憩いの場）堀の内・天沼憩いの場
- （住む場）南中野GH
- （住む場）天沼第2GH
- （住む場）天沼GH
- （働く場）ルポーズ

大宮東部
- （憩いの場）あゆみ舎
- （憩いの場）南中野憩いの家
- （住む場）東新井GH
- （住む場）南中野第3GH
- （住む場）南中野第2GH
- （働く場）ドリームカンパニー
- （憩いの場）七里憩いの場
- （働く場）アトリエなす花

ンスが専門職に傾いたものであった．そして，私も1人の人間として彼らと関わっていこうとした時，私自身に住民としての意識がなく，住民として生きていないことを痛感したのだった．そこで始めて，自分の足場となる地域でメンバーとともに作ってきた大澤さんの活動の持つ意味が見えてきたのである．大澤さんが述べているような社会的な視野（本書：大澤美紀：支え合う街づくりを目指して；p50）を自分の活動に取り入れることを意識した．

私はこの4月から，4つに分けた生活支援センターの1つである大宮東部生活支援センターの代表となった．本部が担ってきたさまざまな機能は，この4つの生活支援センターそれぞれが担っていく．より地域に密着した活動づくりへの方向転換の時である．地域を小さく分ければ，そこで暮らす人のニーズが見えてくることは大澤さんが述べていることでも明らかである．（本書：大澤美紀：支え合う街づくりを目指して；p50）

街づくりを意識しながらも従来の発想に戻ってしまう私にとって，新しい活動づくりは1つの転換点となる．図11の自己回帰モデルで言うならば，右回りの精神障害者の支援を意識した活動の視点を持ちながらも，左回りの地域を意識した活動の視点から活動を捉え，展開していくことである．精神障害者の支援の視点だけでは街づくりに到達しないのである．

2）地域を足で歩く活動への転換

前述した活動の転換を促したのは，私たちが地域を自分の足で歩き，人々と出会ったこの時期の体験が大きい．大澤さんは，堀の内・天沼地区に足場を置きながらの活動づくり，私は特定の地域は持たないが広域の地域を意識する活動づくりへと転換している．大澤さんは四輪駆動車のたとえを用いているが，（本書：大澤美紀：支え合う街づくりを目指して；p50）まさにこの時期，四輪駆動車に乗り合う人々が顔を見せ始めた時期である．大澤さんの原稿では車が動き出し，進路も決まりつつある．しかし，私のこの時期の活動では，四輪駆動車に一緒に乗り合わす住民の姿が明確にならず，管理者もいないまま走り出せずにいるのである．地域を意識して活動する時，四輪駆動車をイメージすると活動の進め方が明確になる．この時期に私が出会った人々だけでは，四輪駆動車は動き出すことができなかった．それは前項でも述べたように，精神障害者に注目する思いが強かったからである．四輪駆動車に乗る人々は，共通の目標を持ったその地域の人々でなければならず，私の描いた地域は広過ぎたのである．

（1）夕食の宅配サービスから見えてきた地域

大澤さんの活動が地域で暮らす人を意識した活動づくりへと変わっていったのは，大宮市社会福祉協議会からの委託で始まった，喫茶店を拠点として地区の一人暮らしのお年寄りへの夕食の宅配サービスが大きなきっかけとなっ

ている．宅配サービスの拠点となったことで，宅配のボランティアや，地域で暮らすお年寄りの人との触れ合いが生まれ，しだいに地域で暮らしている人々の暮らしぶりや思いを感じるようになっていった．そして，地域で暮らす人々を意識した活動づくりへの発想が大澤さんに生まれていった．

　地域での活動の広がりを表しているのが図13である．宅配サービスを受けたことによって，大澤さんに見えている地域の広がりが表れている．宅配サービスは，ただお弁当を配達しているのではなく，サービスを受ける人と送る人との交流がある．そこには支え合う関係性が育まれ，地域づくりへとつながっていったのだ．

　地域住民とのつながりを意識した活動展開は，メンバーも地域で暮らす住民であることへの気づきに変わっていく．そして，宅配サービスのボランティアとしてメンバーもサービスの担い手となっていくのである．担い手となる時，精神障害者ではなくサービスを担う1人の住民なのである．また，大澤さんも宅配ボランティアに加わっている．そして，その時の大澤さんは1人

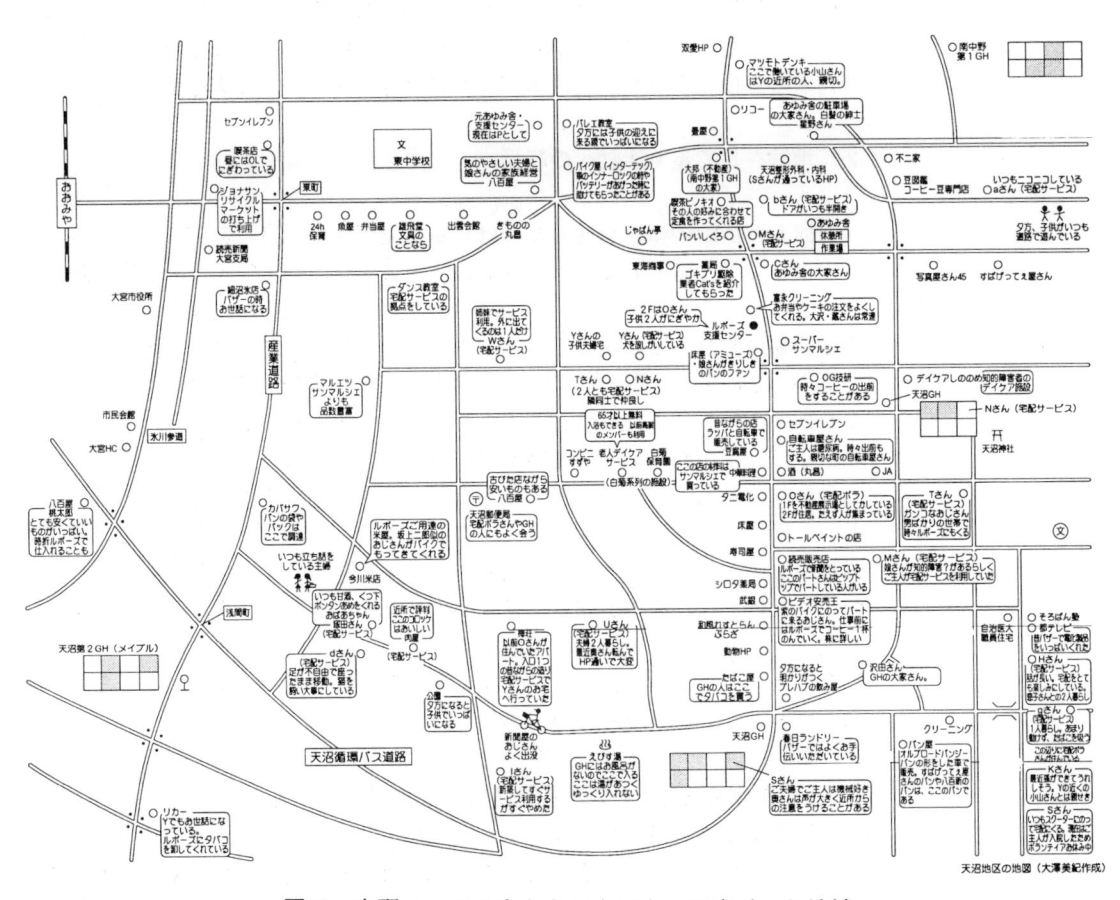

図13　宅配サービスをしたことによって広がった地域

の住民なのである．

　宅配サービスの拠点になったことによって，大澤さんは精神障害者も自分も地域で暮らす1人であることに改めて気づき，活動の方向性を柔軟に変えていった．地域で暮らす住民としての支え合いが，当事者も専門家もともに地域づくりの担い手となることを強く意識することになった．ここで四輪駆動車に乗り合わせる人々が顔を合わせたのである．

(2) 住まいの獲得のために出会った町の人たち

　大澤さんは宅配サービスを通じて地域住民との接点を作ってきたが，私は長期入院者の住宅の確保を通して地域の人たちと出会ってきた．

　長期入院の人は，家族が支え手として期待できない人が多く，病状が良くなっても退院ができない人が多い．そのため，まず退院後の住む場を確保することが重要となる．やどかりの里は，グループホームを次々と開拓し，住む場を確保した．グループホームは家主と法人が賃貸契約を交わし，メンバーと法人が契約して貸す形態である．

　住む場の開拓のために不動産屋に出向く．私は不動産屋を回りながら，退院を望んでいる人が，どこで，どんな支えがあったら安定した暮らしが実現していくか，漠然としたイメージを描きながらアパートを探していた．すべて私の思い描いたように進んだわけではなかったが，暮らし始めたアパートを中心にメンバー同士で困った時に助け合ったり，食事会を開いたり，生き生きと暮らし始めた．そんな暮らしぶりとメンバーの生き生きとした姿を見ると，生活支援活動の意味を実感できた．

　不動産屋を歩き回ると，私たちの主旨を理解し，協力してくれる不動産屋も出てくる．こちら側のさまざまな条件を理解して一所懸命協力してくれる不動産屋とのつながりも生まれた．しかし，私が不動産屋と出会ったのは，精神障害者の生活環境を整えたり確保するためであり，地域づくりは視野に入ってはいなかった．あくまでも，1人1人の精神障害者への支援の延長線上であった．

　この時の地域住民との関わり方は，大澤さんと私の活動の展開が異なる点であり，大澤さんの活動から私自身が大きく学ぶところである．

　ここで重要となる共通の価値は，地域づくりを意識すると，ともに共通の目標に向かって四輪駆動車に乗り合わせる人々の姿が見えてくることである．乗り合わせる人々の顔が見えないと車は発進できないし，目標にも到達しない．

3) 今までの活動を基盤に据えながら新しい活動へ挑戦する＜活動の転換点＞

　ここでは，私たち2人の活動の転換点について述べる．この転換点が，前述のように，私たち2人の活動に共通項だけでなく，活動の広がり方の違い

82　第2章　生活支援活動の胎動

をもたらしたのである．これからの生活支援活動の方向性を考える上でも重要なポイントになる．

（1）地域との接点を意識し始めた喫茶店づくり

　前述の地域を意識する視点は，「本物の喫茶店がほしい」と言った1人のメンバーの思いを受けて，喫茶店の活動を開始することによって生まれた．大澤さんは喫茶店を始める時，精神障害者の作業所という看板を掲げず，メンバーが夢に描いた一人前の店としてオープンすることを決意する．自分の夢の実現のために喫茶店ができると心弾ませていたあるメンバーが，

　「600万円の借金を抱えて喫茶店を開くなら，障害者としてではなく一人前の人として働きたい」

と言った．この一言で大澤さんは一人前のお店としてオープンすることを決意する．ここには，メンバーの声を聞き，メンバーとともに喫茶店づくりへと歩み出す大澤さんがいるのである．

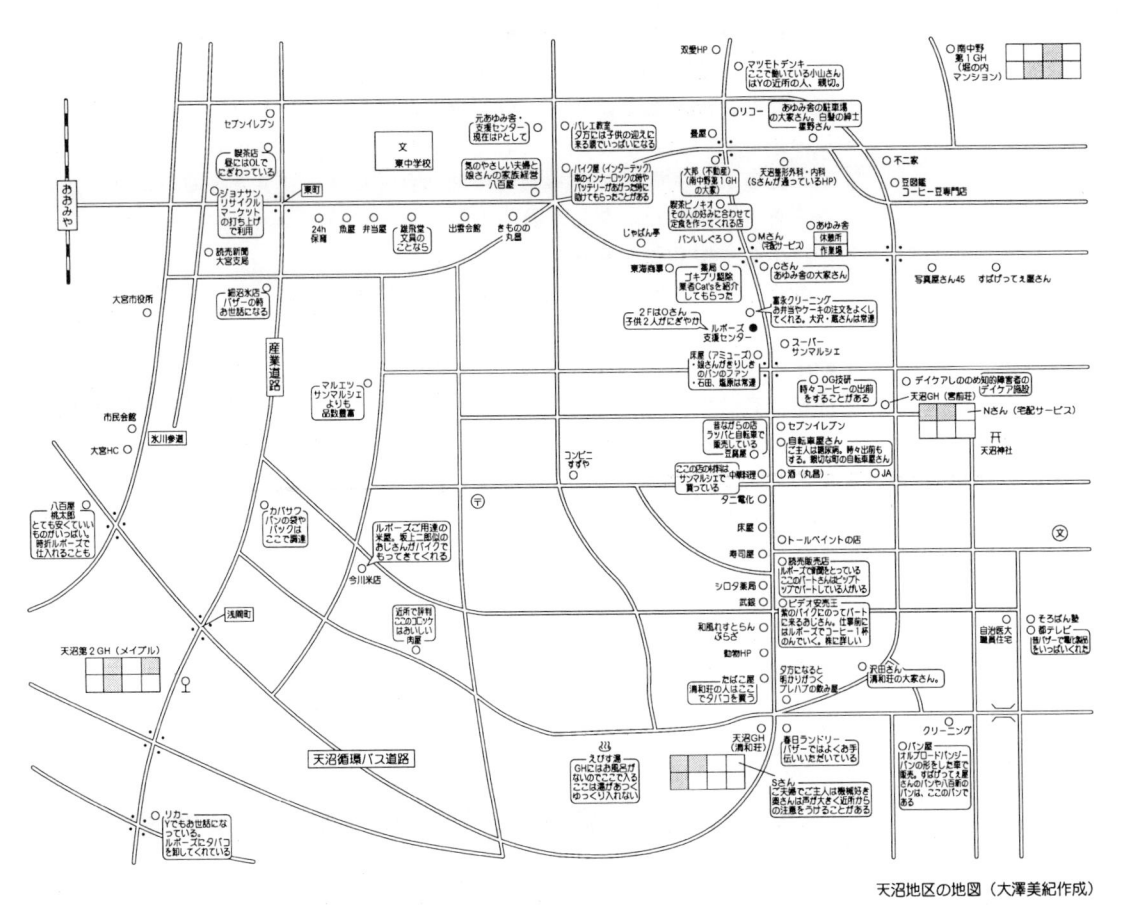

天沼地区の地図（大澤美紀作成）

図14　喫茶店をオープンして見えてきた地域

Ⅲ　ともに歩み，育ち合う街づくりを目指して　83

Commentary

　喫茶店はやどかりの里の資源としてだけではなく，地域の一資源でもあった．メンバーのための喫茶店から，地域の人の憩いの場としての喫茶店への転換が起きたのである．それは地域の人とのつながりを強く意識させるきっかけになった．

　図14は，喫茶店を中心に地域に広がりが生まれてきたことを表している．喫茶店を中心にした活動が，天沼に根を下ろし活動を始めようとしている．喫茶店を始めた時，彼女は地域とのつながりを意識していたわけではなかった．しかし，一人前のお店にしようといろいろな人に支えられながら活動を創ってきたことで，地域との接点を意識することになった．そして，この活動の転換点なしに前述の地域づくりは見えてこなかったはずである．

（2）生活支援センター本部の活動形成に携わって

　大澤さんにとって喫茶店づくりが活動の大きな転換点であったが，私にとっては生活支援センター本部を担うことが大きな転換点であった．生活支援センター本部の機能は，4つの生活支援センターを統括するコーディネート機能が主であった．それまでは，後述するように，私は1人1人のメンバーの傍らで，彼らが地域で暮らすための直接的な支援を中心に行っていた．しかし，生活支援センター本部では，やどかりの里全体を視野に入れつつ活動を創っていくことになったのだ．

　私は本部の職員として，利用の際の電話相談や初回相談を担当するようになった．やどかりの里にはさまざまな相談が持ち込まれる．そういった相談を受けながら，地域には支援を受けられずにいる人が多くいることを感じるようになった．家族や本人からの相談が多く，働けるようになりたい，日中の行き場所がほしい，などの相談が中心だが，よく話を聞くと，将来どうしていいかわからない，することがない，毎日が同じでこのままでいいのかなど，先行きの見えない不安を抱えて相談に来る人が結構いる．

　こうした人々との出会いを通して，やどかりの里の150名の後にはまだまだ支援を必要としている精神障害者がいることを意識するようになった．

　このことは，第1回の人づくりセミナーで意識したことである．この時に，1人1人のありようを大切にすることを基盤に置きながら150人のメンバーの支援を考え，そしてその背後にいる多くの精神障害者のことを視野に入れ，より多くの人が自分らしく生活していくことを支えることの大切さを実感した．そして，私たちの活動や社会の制度の不十分さを実感したのである．私たちの活動には終わりはなく，思いを一緒にする仲間が増えていくことの大切さを実感した．これは1人で担えるものではない．職員同士のチームワーク，そして後輩職員への支援の大切さを実感するようになった．生活支援センター本部の大切な役割として人づくりを意識し，私の仕事の大切な部分となっていった．生活支援活動の質を大切にしながら支援の拡大を目指し，人づくりの意識が芽生えた．私にとっての質量一体[Com]を意識した初めての体験であった．

質量一体
生きがいややりがいといったような質的な価値と数字で表せるような量的な価値を一体にして捉えること．独り善がりにならないような価値観を作ることを意味する．

ここで重要な共通の価値は，生き生きと活動を展開するためには新しい活動に挑戦する気持ちが大切だということである．新しい活動に踏み出すことによって，新しい価値を見出せるのである．

4）メンバーとの二人三脚の活動づくり

　この時期の私たち2人の活動のあり方は，一見異なって見える．しかし共通しているのは，私たちの手探りの活動づくりの時期であること，「施設」から飛び出し，目の前のメンバーと活動を創り合う体験を，大澤さんも私もしたことである．この時の体験は私たちの活動の土台になっている．

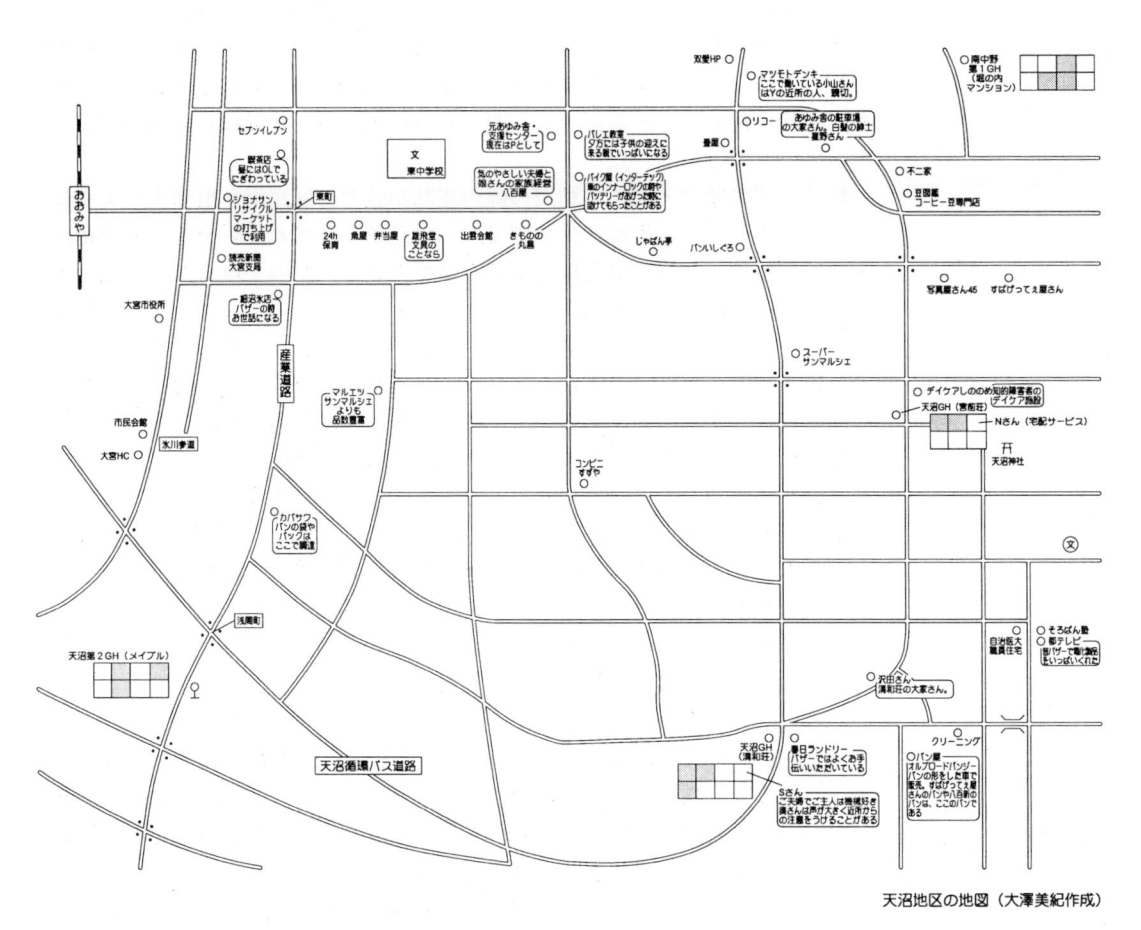

天沼地区の地図（大澤美紀作成）

図15　活動当初に見えていた地域

（1）作業所づくりから始まった大澤さんの活動

　大澤さんの活動の特徴にメンバーとの二人三脚がある．彼女は，メンバーの先を歩くというより，メンバーと一緒に歩く人である．そして，メンバーによって彼女が支えられているところは大きい．ともに歩みながら，その時の必要性に合わせて柔軟に活動の方向性を変えてきている．

　堀の内・天沼の地区には，現在2つの地域作業所が活動している．大澤さんがこの地区で始めに手懸けたのは「あゆみ舎」という作業所だった．「あゆみ舎」は，メンバーの「働きたい」「一般就労したい」という思いを受けて始まった活動である．1992（平成4）年のことである．まだやどかりの里の資源も少なく，地域で暮らす精神障害者への生活支援の活動を模索しながら始めた時期である．そんな中，何人かのメンバーの「いつかは一般就労したい」という思いを受けて作業所づくりが始まった．メンバーとの二人三脚の活動づくりは，彼女の作業所づくりからスタートしている．

　図15は「あゆみ舎」を始めたころに見えていた地域である．「あゆみ舎」はメンバーのために作られた，メンバーのための小さな施設であった．この時の視点は地域づくりを意識していたというよりは，メンバーを意識した活動であった．メンバーのニーズだけに焦点を当てていた時は，意識する地域も小さかったのである．

（2）生活を支えることから始まった私の活動

　大澤さんが手探りで作業所づくりを始めたころ，私は「一人暮らし」を希望するメンバーと，その人の暮らしをその人とどう作っていくかという活動を始めた．大澤さんも私も，1990（平成2）年に開設した社会復帰施設に集中してしまったさまざまな機能やメンバーを，地域に点在させていくための生活支援の活動づくりを始めた．しかし，駆出しの私たちは先輩に言われて動くものの，全体像を摑めず，無我夢中の時期であった．

　私は一人暮らしを希望するメンバーと一緒に，共同住居で寝食をともにする活動を始めた．ケアつき共同住居の活動は，地域で1人で暮らしていくのに不安が強いメンバーに安心できる空間を保証しながら，一人暮らしに向けて準備をするためのものだった．寝食をともにしながら，私はメンバーを脅かさないよう，ただただその人の傍らにいて寄り添い，相手の思いを聞いていた．それが私の彼らとの二人三脚の始まりだった．

　ここで重要となる共通の価値は，すべての活動は二人三脚が基本だということである．そして活動にはバランスが大切であり，気づかないうちにそのバランスが傾くことがあり，つねにバランスを保つ努力をしていくことが必要である．

5）その人らしさを大切にする活動づくり

　この時期は，私たち2人の活動の原点ともいうべき時である．これまで述べたように，2人の活動はさまざまな展開の中で異なった部分が見えてきた．しかし，前項に至るこの時期の私たちの活動を作った根っこの部分が共通の価値として位置づいている．目の前で出会った人々から学んだ体験が，これまで述べてきた活動に貫かれているのである．この共通の価値が，私たちの活動をコインの裏表として成り立たせているものである．

　やどかりの里の生活支援活動の原点は，1人1人を尊重し，目の前の人のニーズに合わせて創ってきた活動にある．特に長期入院の人との出会いは，大澤さんや私の生活支援活動の原点を創ってきた．彼らと私たちは，障害者としてではなく，1人の人間として出会ってきたのだ．その人の思いに向き合い，その人らしい生き方を尊重した活動づくり．それは，彼らの価値観や世界をそのまま認めることであり，1人1人の価値観を認めることは，その人らしさを認めることであり，画一的なこちらの価値観に彼らを押しつけないことであった．

（1）堀の内・天沼（現在は大宮中部）生活支援センターの原点

　堀の内・天沼地区の作業所「あゆみ舎」を選んで通所を始めたメンバーの1人に加藤蔵行さんがいた．彼は，38年間の長期入院を経てやどかりの里を足がかりに退院した．加藤さんは自分で「あゆみ舎」を選んだものの，内職作業中心の活動をしていた「あゆみ舎」からしばしば抜け出し，趣味のギターを弾きに近くの公園で過ごしていた．そんな彼の姿に同じ作業所の仲間からは批判が集まったという．その声を聞いた大澤さんは，加藤さんにはこの作業所が向かないのではないかと悩んだそうだ．それでも何とか加藤さんが「あゆみ舎」の一員として皆に認めてもらえるように知恵を絞ったのが，加藤さんに食事係と喫茶係を頼むことだった．

　そしてこの大澤さんの知恵が，加藤さんの長年の夢「本物の喫茶店を開きたい」を実現することにつながっていくのである．前述したように，「喫茶店」の開店は堀の内・天沼の生活支援センターに大きな転機をもたらした．でも原点を探っていくと，1人のメンバーの自分らしく生きたいという思いに誠実に応えていくということであった．

（2）私の活動の芯を作ってくれた人との出会い

　ここでは，活動を始めたばかりの私に強烈な印象を残し，その後の関わりの基盤を作ってくれた島田トシ子さんとの関わりから生活支援の意味を考えていきたい．

　彼女は32年間の長期入院後，退院してやどかりの里のグループホームに入居した．彼女は，いろいろなこだわりを持っている人ではあったが，彼女

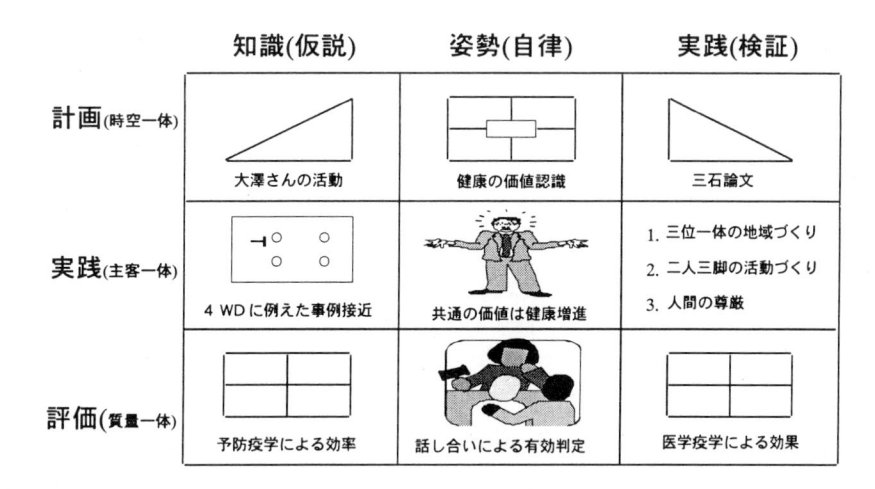

図16 大澤論文を総合接近の実践枠組で検証する

独自の価値観を大切にしている人であった．私はそういった彼女らしく生きられる世界をどうやって支えるか，そのことを考えて彼女への支援を模索した．

そして，彼女の支援から，彼女の生きられる世界を支えることは彼女のありのままを認めることだということに気づいた．人から脅かされない世界（生活）を支えることの大切さを学んだ．

長期入院の人は，孤独や人生へのあきらめを抱えて退院してくる．でも，自分らしく自由に生きていきたいという思いは心の底にあるはずだ．トシ子さんに代表されるような，ここで自分を変えることなく生きていきたい，という思いを受け止めて支援していくことが大切である．このトシ子さんの関わりが私の活動の芯を形づくってきたのだ．

ここで重要となる共通の価値は，目の前の出会った人々を大切にしながらともに歩むことである．これはやどかりの里の原点であり，活動の中で絶対に忘れてはならないものである．どんなに活動が広がっていっても，その活動の中心を貫いていなくてはならないことである．

4．総合問題解決の視点で大澤さんの描くビジョンを検証する

ここでは前項で述べた内容を基盤に置きつつ，大澤さんが描いたビジョンを図16をもとに検証してみる．この図は総合問題解決の総括と位置づけられており，本稿の役割を意識すれば，活用するに最もふさわしいモデルであろう．

Commentary

時空一体
活動には時間的な経過とともに変遷する過程があるが，時間的な変遷とその全体像を捉えること．

1）時空一体[Com]

　私が前項で述べた1）～5）の流れは，大澤さんと私の活動の全体像を意識しながら，当面の活動のゴールに立ち，そこから各時期の活動に重要な課題を導き出しつつ辿ったものである．そして，既に本稿の表3で表したように，大澤さんと私の活動は矛盾したり対立したりするものではなく，共通のゴールとして見えてきた大きな課題に向けて相補の関係にあることは明らかであり，健康の価値認識は共通である．まさに時空一体を意識することである．

主客一体
主体的に何かに取り組むこと，その取り組みをさめた目で見直すことをワンセットすること．

2）主客一体[Com]

　主客一体は，やどかりの里の私たちにとってはとても理解しやすい事柄であり，活動の中ではさまざまな形で位置づいている．しかし，今回大澤さんが原稿で触れているように，共生の街づくりに向けて四輪駆動車で走り出す時に，乗り合わせる人々の顔が少し見えてきたところである．疾病対策から視野を広げて街づくりを目指す私たちにとって，住民，当事者，専門家の三位一体の実現は大きな課題であるが，大澤さんがその始めの1歩を踏み出したことになる．

　二人三脚の活動づくりや目の前の人を大切にしながらともに歩むことはやどかりの里の原点でもあり，この原点をしっかりと活動の中に位置づけているかは常に振り返る必要がある．ふと気づくとバランスが崩れていることもあり，この点検作業は忘れてはならない．

自律的な価値観
関わる人が何を大切にするかということを主体的に捉えて，共通の価値を作り出すこと．

　中央に位置づく「自律的な価値観」[Com]とは，それぞれの価値観を共通の価値に普遍化していく作業の中で生まれるものであろう．共生の街づくりに向かって歩むことであり，まさにThink glovally　Act locallyを意識して歩み始めることから生まれてくるものである．気づいてはいるが，まだ今後の活動展開への大きな課題である．

3）質量一体

　質量一体に評価することが，やどかりの里の活動の中でとても弱い部分であることは，第1回人づくりセミナーの時から明らかになっている．今回の大澤さんの原稿と本稿の記述の中でも同様である．大澤さんの原稿で街づくりをする活動の視点を地域づくりの中でどう描くかが示され，街づくりが私たちの中に少しずつ位置づいた．その段階にあるため，効率を測ることはできていない．今後の課題である．

　精神障害者の支援を意識した活動による効果については，大澤さんの原稿では述べられていないが，本稿で多少述べている．ここでは，やどかりの里

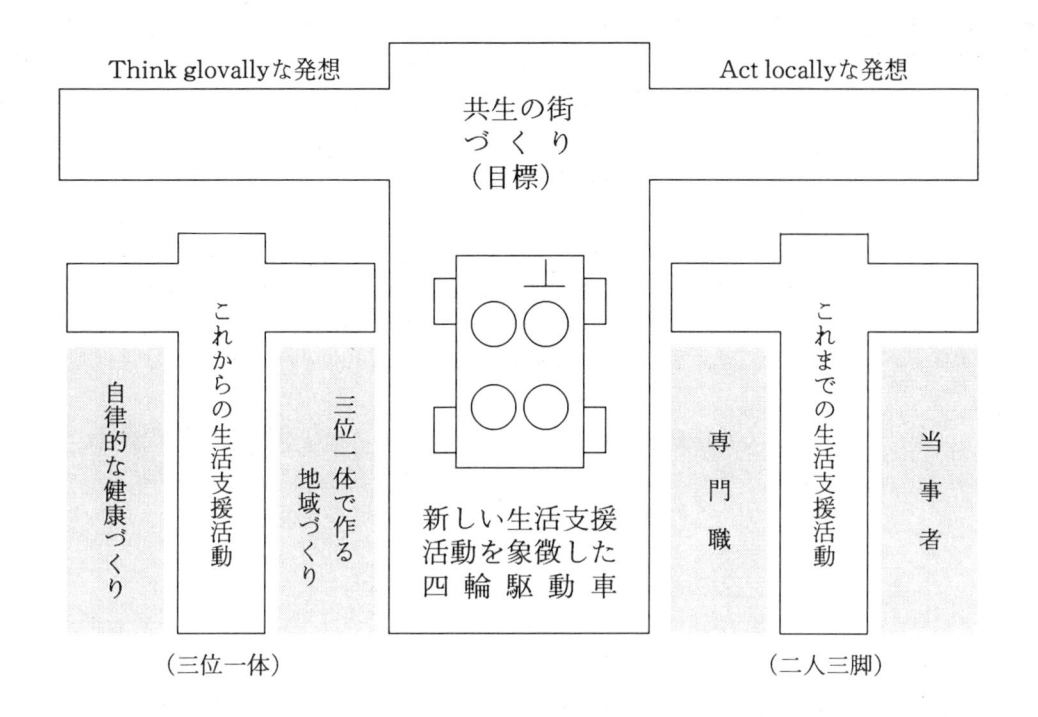

[図17: 共生の街づくりを目指した新しい生活支援活動の概念図。Think glovallyな発想／Act locallyな発想、共生の街づくり（目標）、これからの生活支援活動（自律的な健康づくり、三位一体で作る地域づくり）（三位一体）、新しい生活支援活動を象徴した四輪駆動車、これまでの生活支援活動（専門職、当事者）（二人三脚）]

図17　共生の街づくりを目指した新しい生活支援活動

の生活支援活動の登録者数の増加により説明する．第1回人づくりセミナーで報告した三石の原稿では，125名の利用者数であったが，昨年度末で150名の登録者となっており，生活支援活動の広がりとともに登録者数は確実に増えている．また，今年度の生活支援態勢の変更により，200名までの拡大を視野に入れている．

　地域を意識した活動，精神障害者の支援を意識した活動の両方の視点を矛盾なく統合し，その有効性を協議することは，大澤さんの原稿の中で多少意識されているものの，実践はなく，今後の課題となっている．

　このように述べてくると，大澤さんの描くビジョンの確かさは明らかだが，やどかりの里の活動の弱点が同時に見え，大澤さんの描くビジョンを実現するためには，この弱点を補強することが急務である．しかし，今回の学びにより，私と大澤さんだけでなく，多くのやどかりの里の関係者には意識されていくだろう．

5．新しい生活支援活動の幕開け

　本稿の作成に当たり，大澤さんは活動のビジョンを描くこと，私は大澤さんの仮説を検証することにとても苦心した．特に私は思いが言葉にならず，そのため何度か事務局担当者とレポート作成者との間でディスカッションを

Commentary

新しい健康パラダイム
1948年にWHOが定めた健康の定義に新たにdynamicとspiritualが提案の中に組み込まれており、その提案を実現するために、これまでの健康概念を基盤にしながら、変革し、作り上げていく新しい社会のあり方．

重ねた．このディスカッションの中で，丸地先生の言う「新しい健康パラダイム」[Com]というのは，健康概念を新たに創り出すのではなく，従来の健康概念を大切にしながらも，その時代に生きる人々の新たなニーズを加えた健康概念を創り出すことなのだと確認することができた．やどかりの里の生活支援活動で表すならば図17になる．これまでの生活支援活動は，専門家と当事者であるメンバーとの二人三脚で活動を創ってきた．しかしこれからの新しい生活支援活動は，住民と当事者と専門家が創り合う地域づくりと，1人1人の自律的な健康づくりの三位一体の活動づくりとなっていかなくてはならない．従来の二人三脚の活動も大切にしながら，目標となる共生の街づくりへ向けて三位一体の活動を展開させていくことが大切なのである．

　どんな活動をしているかによって見える地域が違う．大事なのは，自分も地域で暮らしていく1人として地域に根ざした活動を展開することである．そして，そのことが1人1人の精神障害者の支援を充実させ，ともに歩み，育ち合う街づくりへつながっていく．
　あるメンバーが，
「自分の人生の主役は自分だ」
と言った．地域で暮らすあらゆる人たちが（障害者も専門家も住民も），1人でも多くの人がそんな思いで暮らしていけたらいいと思う．ともに歩み，ともに成長していく人とのつながり，その連鎖が街づくりへとつながっている．
　そして，私たちの描く「町」の姿も少しずつ輪郭を表わしてきた．大澤さんが大切に思っていること，「価値」も私自身の思いと共通の価値があることを説明することができた．同じやどかりの里の中で具体的に展開してきたことは違うけれど，私たちの歩みは重なり合って力強いうねりとなって大きな目標に向かって進み始めている．

（三石麻友美）

Ⅳ 食事サービスセンター「エンジュ」の開設過程と 3年間の活動の中で大切にしてきたこと

はじめに

　1997（平成9）年4月に，やどかり情報館（精神障害者福祉工場）が大宮市染谷に完成し，それまで通所授産施設の事業であった印刷事業とやどかり出版がやどかり情報館へ移転した．その後に，通所授産施設に，「食事サービスセンターエンジュ」を開設した．地域で暮らしていて，食事を用意することが困難な高齢者や障害者の方々への毎日型の食事サービス事業である．これは，精神障害者が地域の人々の食をサポートすることにより，今までサービスの受け手であった精神障害者が地域づくりの担い手として自己価値の高まる就労の場を目指した活動であった．

　開設当初は事業化するために，職員主導で進めてきたが，3年が経った今メンバーと職員の協働へと意識改革がなされようとしている．当初からそのような見通しを持っていたものではなかった．やどかり情報館の実践からの学びや，やどかりの里の今後の展望を探る中での学びから生まれてきた動きである．

　私は1990（平成元年）年8月，やどかりの里が社会復帰施設づくりに奔走していた時に活動に参加した．以来5年間，精神障害者を地域で支えるための環境整備を中心に，生活支援活動を展開してきた．

　1995（平成7）年には産休，育児休業から仕事に復帰したが，精神障害

者の直接的なケアからは退き，精神障害者の働く場づくりを中心に活動を展開することにした．そして，1999（平成11）年4月からは，大学の教員との二足の草鞋になった．私にとっても今までのやどかりの里での歩みとは異なった歩みとなった6年間であった．

本稿では，食事サービスセンター「エンジュ」の開設の要因や活動を支えた人々，活動の実際と，そこで大切にしてきたものを整理してみたい．

I 食事サービスセンター「エンジュ」開設の過程

1.「エンジュ」開設の要因

1）食事サービスは安心の保障

やどかりの里で，初めてメンバーへの食事サービスを実施したのは，1990（平成2）年の社会復帰施設（援護寮・通所授産施設）開設後の11月のことであった．開設当初行っていた援護寮での一人暮らしを目指した食事づくりの訓練を廃止し，食事づくりに1日中追われなくてもいいように，食事はケアセンター（当時社会復帰施設をケアセンターと呼んでいた）のサービスの一環として提供するようにしたのである．1992（平成4）年よりケアセンターの周辺にグループホームが多くでき，食事のたびにケアセンターまで食べに来るには遠いところにもグループホームができた．そこで，遠方のグループホームのメンバーから，「食事サービスを身近なところで利用できるようにしてほしい」という声や，「風邪をひいたり体調が悪い時に宅配をしてほしい」という要請も出てきた．

それらの要請を受けて，1993（平成5）年10月に食事サービスセンター「まごころ」の活動が与野市で小規模作業所として開始した．多くの長期入院の方々や食事づくりの苦手な方々が食事サービスを利用することにより，地域で安心して暮らせる生活支援のシステムを展開することができるようになった．これは，単に食生活を支援するということだけでなく，職員が食事を届けることで積極的に地域に出向いていってその人なりの生活を支えるということを可能にした．食事サービスは精神障害者が，地域で暮らしていく時の「安心の保障」であった．

「安心の保障」は，精神障害者だけでなく，他の障害を持った方々や高齢者の方々が地域の中で暮らしていくためにも必要なことである．

2)「地域で支え合う」活動からの学び

　食事サービスの活動は，前項にもあるように精神障害者の働く場（小規模作業所）として開始した．この活動は精神障害者が「自分たちに必要なサービスを事業化し，精神障害者自らで担う」という「支え合いの場」を具体的に活動展開することであった．
　「今までは，面倒を見てもらうだけだった私が，人の役に立つことをしている．同じ仲間から喜ばれた」
というメンバーからの声が上がり，こうした活動が精神障害者の自己価値を高めることに気づかされたのである．
　こうした学びが，地域に住む住民にとって必要なサービスを，メンバーも職員も住民として担う「地域の支え合い」の活動へと展開することの要因となった．

3）地域に目を向ける

　生活支援活動の一環としてやどかりの里のメンバーへの夕食の配食サービスが始まった頃，その活動の拠点となっていた小規模作業所「まごころ」が借りていた家の隣に障害を持った男性がたまたま暮らしていた．彼にこの活動を説明したところ，「ぼくも食事を食べられますか」と聞いてこられた．当時は，食事を外部の人に提供するほど設備が整っていなかったので躊躇したが，お隣のよしみで特別に提供することにした．彼は，週2回のホームヘルパーの家事援助を受け，その他の日は出前の食事で間に合わせていた．それではお金もかかるし，栄養も偏るということだった．彼に食事を提供することを通して，他の障害を持つ人の「生活のしづらさ」も見えてきた．また，地域の保健婦からは高齢者にも配達してもらえないだろうかという打診もあった．
　こうした活動を通して，地域に目を向けた時に食事に困っている高齢者や障害者が多いことに気づかされた．そして，精神障害者だけではなく食事に困っている高齢者や障害者へも食事サービスを提供したいと思うようになった．そしてこの活動は，やどかりの里の大きな理念である「だれもが生き生きと暮らせる地域づくり」を具現化するものだと考えた．

4）祖母の死から思うこと

　1993（平成5）年，私が生活支援活動を展開していた頃，私の祖母が亡くなった．彼女は老人性痴呆で特別養護老人ホームで生活していた．そこで食べ物を喉に詰まらせ亡くなった．何度か祖母が入所していた老人ホームに面会に行ったことがあった．ガチャンとしまる鍵のある扉，どこかで見てき

た環境「精神病院のようだ」というショックだった．物凄い怒りがこみ上げてきた．しかし，痴呆の高齢者を家庭で介護する大変さを目の当たりにしていた私は，母にその怒りをぶつけることは，母を責めることになると思い，ぐっとこらえていた．

　お葬式の時，親戚の人たちは，

「おばあちゃんは老人ホームに入れてもろうて幸せやったなあ．なかなか入られへん」

と言っていた．しかし，私は「本当に幸せだったのだろうか，仕方なかったからではないか」という思いで，またどこにもぶつけようのない怒りでいっぱいになった．祖母の死は，私自身が今までいかに精神障害者の生活支援ということだけしか視野に入れていなかったかということを気づかせてくれた．精神障害者を支えることだけに目を向けるのではなく，私自身が「この街で暮らしていてよかった」と思えるような，1人1人の人間としての尊厳が大切にされる地域づくりに目を向ける活動展開が必要なことを自覚したのである．

5）ともに働く事業所を作りたい

　私が生活支援活動に従事しているころから，いつも課題となったことは，「一般就労したい」「障害年金と賃金で生活できるようになりたい」等のメンバーの思いに応えられるように環境を整備することであった．生活支援活動は，1996（平成8）年まで補助金対象事業[Com]ではなく，活動を継続するためには自己資金を確保しなくてはならず，常にマンパワー不足であった．就労を支援する活動は一般就労を目指した作業所として活動を開始した「あゆみ舎」等の活動のみであった．就労支援は不充分であった．そこで，それに応えうるべく開設されたのがやどかり情報館であった．一方私は，通所授産施設を基盤にしながら活動を始め，いずれ事業化し，精神障害者を雇用する事業所に将来的に進展させたいという思いがあった．高齢者や障害者を支援する在宅福祉サービス[Com]を事業化し，精神障害者の働く場としての事業

Commentary

補助金対象事業

本来は，国や地方自治体の責任において行われるべき事業を，民間の団体等が行っていく場合に，国や地方自治体から何らかの補助金が交付される．

やどかりの里は創設以来，公的な補助金が交付されず，20年間自助努力で活動を継続せざるをえなかった．1988年精神衛生法から精神保健法に改正され，社会復帰施設が社会福祉事業の第2種事業として認められた．1990年，やどかりの里では，初めて補助金対象事業である通所授産施設と援護寮の複合施設を開設した．それによって，8名分の人件費が確保されるようになった．

在宅福祉サービス

高齢者や障害者が住み慣れた地域での生活を支える福祉サービス．一般的には，ホームヘルパー，デイサービス，ショートステイが在宅福祉3本柱とされている．地域で生き生きと暮らすために必要とされるサービスは，それぞれの地域の実情に合わせ開拓されていく必要がある．

所を作りたいと思っていた．しかし，当初から明確な方向性があったわけではなく，「エンジュ」の活動の中から学んで方向性を見定めてきたのである．

2．「エンジュ」開設の過程の中で出会った人々

　やどかりの里で福祉工場の設立への準備が進む一方で，1995（平成7）年12月，育児休業から復帰した私は，食事サービスセンター準備委員会を設置した．1995（平成7）年から1996（平成8）年にかけては，「エンジュ」開設へのイメージづくりの時期であり，計画期に当たる．具体的には地域の食事サービスのニーズ調査，資料収集，改装工事の資金計画，大宮市の配食サービスの委託事業の申請等を行った．

　開設の準備過程の中で出会った人々は，私に地域づくりへの視野を与えた人々であった．そして，その出会いは3年経った今新たなネットワークへと広がっている．

1）住民参加型の配食サービスを目指して

　1992（平成4年）に高齢者への食事サービスは「在宅高齢者等日常生活支援事業」のメニューの1つである国の施策として制度化された．それを受けて，大宮市でも地域の高まるニーズも伴って，1993（平成5）年から配食サービス事業開始に向けて準備が始まった．当時配食サービスの運営主体は大宮市社会福祉協議会であった．当時の事務局次長であった八景秀一さん（現・大宮市勤労女性ホーム副主幹）は，

「地域ですでに活動を始めている団体から意見を聞き，それぞれの活動を活かした住民参加型の配食サービスにしたい」

と話されていた．そして，既に地域で活動しているボランティアグループ2団体と精神障害者への食事サービス事業を展開していたやどかりの里が招かれ，配食サービス連絡会として意見交換の場が2～3回開催された．

　彼は，かつて社会教育の分野で公民館活動を通して住民自治の活動を展開してきており，大宮市のボランティア組織のリーダーを多数育ててきた方であった．そうした経験を持つ人だけに，市の配食サービスも行政からトップダウンで実施されることを避け，できるだけ住民活動と連帯・協働できるような配食サービスを展開しようと考えていた．そうした動きは，市の配食サービスの実施計画についての情報を住民に提供し，ともに検討する機会を作ることになった．彼との出会いを通して，「大宮市の行政にも地域づくりを意識して活動している人がいるんだ」と感心した．またそれは，地域の中で活動を展開している人々との響き合える瞬間であった．

2）行政と「エンジュ」の掛け橋になってくれた人々

　前述した準備委員会を設置した当時，片柳地区の配食サービス事業は，1997（平成9）年度実施に向けて計画中であった．計画にうまく乗れたら委託が可能になるという思いがあった．そこで当時大宮市社会福祉協議会の担当者だった井上義昭さん（現・社会福祉法人若葉会あすなろ保育園園長）に「食事サービスセンター実施計画書」を提出し，委託を受けるためのアドバイスをいただいた．彼は大宮市の行政の性質と片柳地区の住民の歴史的な背景を踏まえて情報を提供してくださったのである．

　一方食事サービスの委託を受ける上で大きな戦略の要になったのは，当時配食サービスの実施主体となっていた大宮市福祉部福祉総務課係長との出会いであった．彼は地域福祉計画係長として，多くの「地域福祉計画」を手懸けてきた方であった．最近では『大宮市障害者基本計画』を策定している．

　彼は行政を動かすための情報を提供してくれたり，ノウハウやタイミングを教えてくれ，上役の間に入って手配をし，話し合いの場の設定を何度もしてくださった．当時の福祉部長に食事サービスセンターの計画を説明したところ，反応は鈍く，「精神障害者が食事を作るということで，お年寄りが嫌がる恐れもある」とまで言われた．これを聞いて腹立たしく感じたものの，私もそのような偏見があることは予測していた．

　年度が変わり，福祉部長が変わった．思いは運をも動かす力がある．谷中理事長がやどかりの里の活動を始めた頃からの大宮市の職員として理解を示してくださった方であり，協力者であった蓮見政明さん（現・大宮市在宅ケアサービス公社常務理事）が福祉部長になった．彼は，私に，

　「谷中さんがここまでがんばってきたやどかりの里をあんたがたのように若い人たちが受け継いでがんばらなければ……」

と発破をかけてくれた．

　1996（平成8）年度より，配食サービスの担当課が高齢福祉課に変わった．今までまったくやどかりの里とは関わりがなかった高齢福祉課の課長も「エンジュ」の活動に対しては反応が鈍かった．そこで，福祉部長が説明をすると，少しずつ理解を示してくれ反応に手応えを感じるようになった．彼らは，「高齢者や障害者への配食サービス事業を行うところを精神障害者の働く場にしていくことは，一石二鳥の活動，精神障害者福祉の向上と高齢者が元気になる活動が同時にできることは意義がある」と活動の意味を受け止め，応援し続けて下さった．これまで行政とはなかなか協働できなかったやどかりの里であったが，価値の共有化に基づいた関わりを持っていけば，響き合えることを実感した出会いであった．

3）地域活動の先達からの学び

　食事サービス事業を始めるに当たってどのような設備が必要なのか，そのための資金づくりはどのようにしたらよいのか等，私はまったくの素人だった．そこでさまざまな地域活動の先達と出会い，そこからの学びから「エンジュ」の活動のイメージづくりをしてきた．

　その中で「エンジュ」の活動の方向性や理念の形成に大きな影響を与えてくれたのは，東京都世田谷区で1983年（昭和58年）に開始した地域住民のボランティア組織で高齢者の食事サービスを展開している「老人給食協力会ふきのとう」の活動とその活動の代表の平野真佐子さんであった．彼女は，

　「食事サービスを在宅福祉サービスとして行政や民間業者にばかり任せるのではなく，地域住民が参加して活動することを通して，『地域は家族』という考え方に基づいて，地域も家族が支え合うように，支え合いの地域づくりが大切だ」

と話してくれた．また，彼女は，世田谷区の住民として地域組織化活動を展開し，区に対して政策提言し活動を展開している．

　「ふきのとう」は「エンジュ」の活動理念の形成のための「モデル」となった．「エンジュ」が通所授産施設として，「精神障害者の働く場」としてだけ機能するのではなく，精神障害者も職員も住民も協働して食事サービスを担うことを通じて，地域づくりを展開していくことを意識した活動を創りたいと考えた．

　「エンジュ」の事業内容は，「ふきのとう」の活動を参考にして考えたものである．特に当初予定になかった喫茶「槐」事業は，配食サービスだけでなく，食べに来られる方への食事サービスとして位置付け，車椅子でも出入りができるように，スロープを作った．これは，単に栄養を配慮した食事サービスを提供するということだけでなく，高齢者や障害者の居住する身近な場所に気軽に立ち寄って食事ができる場が大切だと考えたからだ．高齢者の閉じこもりがちの人とのつながりを作っていくものとして食事サービスを展開したいという思いからであった．具体的にはミニ会食サービスのような機能で，地域の方々が気軽に食べにも来ることができるようにしたものである．さらに，1986年（昭和61）年に「全国老人給食連絡会（旧全国老人給食連絡協議会）」が組織化され，事務局を「ふきのとう」が担い，全国の住民参加型の食事サービス活動の情報提供や資金的な支援等を展開している「食事サービスサポートセンター」が設置されている．「エンジュ」も趣旨に賛同し団体会員となって，運営委員会や研修会に参加し，全国の地域活動から学ぶ機会を得ている．

　一方，「精神障害者の働く場」としてのイメージづくりになったのは，東京都小平市にある精神障害者小規模作業所「食事サービスセンターなごみ」代表の小林紀子さんとの出会いによるものである．食事サービスセンターな

ごみは，1991（平成3）年に開設され，小平市全域の食事サービスを市より委託を受け，昼食・夕食の配食サービス事業を展開していた．調理から配達まで生き生きと働く精神障害者の姿や，小規模作業所でありながら，一般事業所のアルバイト並の賃金をもらっている精神障害者の方々を目の当たりにした時，こんな場がやどかりの里にも作れたらという思いがこみ上げてきた．

彼女から，開設に向けての厨房設備や資金づくり，働く場としての環境整備，工賃体系，職員態勢等，多くの実践的な情報をいただいた．

「エンジュ」の活動にとってこれらの2つの学びは，「精神障害者の働く場」と「地域づくり」とをワンセットにした活動への全体像を創ってくれたと言えよう．

4）地域活動の担い手である杉山さんとの出会いから

食事サービス事業を展開するためには，地元の自治会や民生委員等から構成される地区の社会福祉協議会（以下社協と略）の方々の理解と協力は欠かせなかった．地区社協で活動する人々は地域のニーズをよく把握しており，組織的に地域づくりを担う人々であった．

大宮市では，1993（平成5）年3月に「おおみや健康福祉のまちづくり基本計画」が策定され，大宮市を17地区の保健福祉地区に分け，地区の社会福祉協議会を組織することになった．それは，小さな地区の実情に応じた地域福祉の推進をねらいとしている．そこで，大宮市社協の配食サービスの担当者より，その1つの片柳地区のキーパーソンになる杉山久子さんを紹介していただいた．

杉山さんは，民生委員として片柳地区社会福祉協議会（以下地区社協と略す）の運営のコーディネーター的な存在であった．地域の動きを熟知していて，組織を動かす手腕にたけていた．そして，彼女は「エンジュ」の活動に賛同して，積極的に豊富な情報を提供してくださった．また，彼女は「エンジュ」が市の委託を受けるために，市へ地区の社協として「推薦状」を提出し，住民からの要請を強力に打ち出してくださった．この後押しが，大宮市からの委託を実現する大きな要因となった．さらに，地区社協の総会に出席できるように計らってくださったり，地区社協の福祉役員として私を推薦してくださり，地区社協の一員にやどかりの里を位置づけてくださった．住民参加型の食事サービス活動の推進という共通の思いを持った彼女を通して，地区社協と共通の目標に向かって「二人三脚」ができる関係性になったのである．

「エンジュ」の活動を地域住民と共有するためには，対話と共感を大切にしたコミュニケーションが必要である．対話や共感を生み出すのは，やはり人との出会いがあってこそである．私が活動に賭ける夢を持ち，その夢に共感してくれる人と出会い，その出会いが，また次の人とのつながりを作り上

Commentary

ふれあい型食事サービス,生活支援型の配食サービス

1992年厚生省は「在宅高齢者等日常生活支援事業」として,訪問給食サービス(配食サービス)に対する補助事業を始めた.これは「原則として利用者が1人あたり週4日,1日1食程度以上,利用者数30人以上の配食サービスを行う場合に市町村が補助対象となる.しかし,全国社会福祉協議会からは,同年に「生活援助型食事サービス運営マニュアル」が出され,その中で「利用者1人あたり週7日1日3食提供することが望ましい」と提言されている.食事サービスの目的は「栄養のバランスのとれた食事を提供し,健康と自立をできるだけ保持し,住み慣れた地域に住み続けることができるようにすること」,さらに2次的な目的として「他人との交流の機会を提供し,社会的孤立や孤独感の緩和を図る」,「利用者の安否や健康状態の観察」,「生活の質の維持・向上」,「ボランティアなどへの教育効果」としている.
地域の公民館等に月1度集まって会食するような会食サー↗

げていく.その輪が広がることが,地域づくりの第1歩なのではないだろうか.

5)身近な住民の活動モデルとの出会い

大宮市では,1985(昭和60)年から1995(平成7)年にかけて既に全地区公民館単位で,ふれあい型食事サービス[Com]である会食サービスが実施されてきており,それを支えているのが地域住民のボランティアグループであった.一方,生活支援型の配食サービス[Com]は,10年前からボランティアグループとして週1回の配食より始めている2つの団体が担っていた.その活動の場はやどかりの里周辺の地域であったので,そのグループのリーダーの方々にお会いし,配食サービスのニーズやノウハウ,抱えている課題等を教えていただいた.準備段階では,実際の調理場面や配達にも同行させてもらった.そして,素人の私たちのために配食サービスを開始した当初にも,調理等を手取り足取り教えてくださり,支えてくださった.

ある時「エンジュ」の開設準備の一環として,メンバーと職員が活動に参加させていただいた.彼女たちは,いつもの活動に少しボランティアが増えたというような感じで自然に調理や盛り付け等を一緒にやらせてくださった.そこでは,精神障害者であるメンバーとしてではなく,同じ住民としての関わりが根底にあった.当たり前のことだけれど,やどかりの里の活動の中ではメンバーは利用者であり,援助の対象として見る視点がどこかにあった.そんな私に「同じ住民」としての視点を常に意識化して活動展開していくことの重要性を気づかせてくれたのである.

彼女たちの思いは,「食事に困っているお年寄りが地域にいて,食事を届けることぐらいなら自分たちにもできる.自分たちも年をとるんだから,何か今のうちにできることから始めよう」ということだった.その思いが,10年間活動を継続するエネルギーの源になっているのであった.この方々の活動は,「エンジュ」の地域の身近な活動モデルとなった.

彼女たちの地域活動は,「エンジュ」の活動への夢を膨らませてくれた原動力であった.「住民として自分たちの手で地域づくりをしよう」という思いは,やどかりの里が精神障害者への生活支援活動を中心に展開しており,その中で「専門家」志向に偏っていた私に「住民として」の意識を持って活動展開することを芽生えさせてくれたのである.そして,彼女たちの思いや夢に共感して「私もやりたい」という思いを強く持ったし,ともに地域づくりの輪を広げる活動にしたいと思った.

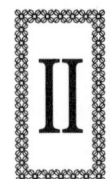

II 食事サービスセンター「エンジュ」の活動の実際

Commentary
〱ビスをこの2次目的を主目的にした「ふれあい型食事サービス」と位置付け，一次目的を主目的にした食事サービスを「生活支援型食事サービス」として配食サービスが位置づけられている．

1．開設当初は時間に追われる毎日だった

　通所授産施設内の厨房，食事室の改装，機材整備，備品費等で1,000万円の予算が必要になった．1997（平成9）年3月に埼玉県共同募金会より500万円の助成が決定した．残りの500万円は自己資金で捻出しなければならなかった．4月に福祉工場が完成し，印刷事業等が移転後，「エンジュ」開設の準備は急ピッチで始まった．5月に改装工事が始まり，営業許可を得て，5月19日に行政，社会福祉協議会，地域の自治会や民生委員，ボランティア団体等を招いてのオープニングパーティを開いた．そして，7月の食事サービス開始に向けて6月より試行期間として調理を開始した．

　開始当初は火の車といった毎日であった．自己資金分の500万円の資金づくりに追われていた．毎日の多忙な業務と並行して，やどかりの里全体の協力を得て，バザーやコンサートを通して250万円を調達し，残りの250万円は食事サービス事業の売上から調達することになった．

　また，毎日型の食事サービスであるため，日々時間との戦いであった．慣れないこともあり，極度の緊張感の中，時間に追われる毎日が続いた．自分たちのペースで仕事をすることよりも，責任ある事業として安全な質のよい食事を提供することの意識が求められた．おりしも，開設当初は，O-157が猛威を奮っていた時期で，今から考えても素人集団の危険な賭けともいえる開設であった．これは，通所授産施設として補助金をもらっている以上，早く「働く場」として機能させなければならないという事情があった．市の委託事業を受けるために食事サービスの実績を作らなければならないということも，開設したばかりの「エンジュ」にとっては大きなプレッシャーであった．

2．事業化することの大変さ

1）苦労した値段設定

　食事サービスのニーズの増大は，事前調査で見通しは持っていたが，お年寄りはサービスを利用するということに慣れていない，むしろ抵抗があるのではないかという危惧から，実際にお年寄りがサービスを利用してくれるのだろうかと不安であった．そこで課題となったのがお弁当の値段である．私は，事業化するためにはある程度の値段設定は必要だと考えていたが，地域

の人たちにとって受け入れられなければ広がらないので，民生委員や自治会長らとの打ち合わせの中で「400円」ぐらいなら毎日食べても抵抗がないのではないかという意見をいただき，不安を持ちながらも当初は「400円」に設定した．しかし，実際お弁当の調理から配達等の経費を考えたら，赤字ぎりぎりというところであった．これは，大いに後悔した．1度設定した値段はそうそう変更できない．単価が安いとそれだけお弁当の数を増やさなければならない．増やすと人手不足の上，1人1人の業務が増えて，ますます大変であった．

一方メンバーの工賃も，借入返済もあり当初は時給「200円」であった．大変な作業の割には工賃が低いとあって「こんなに働いても200円か」というメンバーの声もたびたび聞かれた．労働に見合った工賃は当然の権利である．なんとかしなければと思い，事業を開始して3か月足らずであったが，思いきってお弁当の価格を「500円」にした．利用者が減るのではないかという不安が大きかったが，実際値上げしても利用者が減ることはなかった．「エンジュ」のお弁当が地域に根付き始めていたのであろう．

2）何を主軸に事業化していくのか

安定した事業にするためには，高齢者の配食サービスだけでは成り立たないのではないかと考え，一般事業所等への仕出し弁当も同時に開始した．当初は，毎日の売上に一喜一憂したり，事業の安定を急ぐあまり，医療機関との大口の委託契約を検討したこともあった．高齢者の配食サービス事業を主軸に置きながらも，メンバーへ高い賃金を払うためには収益を上げなくてはならないし，そのための事業化をどううまく嚙み合わせていくのかと迷いながら進めてきたのが実情である．

しかし，開設当初は昼食の食事サービスの利用者が12名程度であったが，その半年後には30名，現在は毎日届けている配食数は50名にのぼるようになった．そして，3年経った今，介護保険制度の影響もあり，どんどん利用

オープンニングパーティーの準備に職員，ボランティアの支えは大きかった

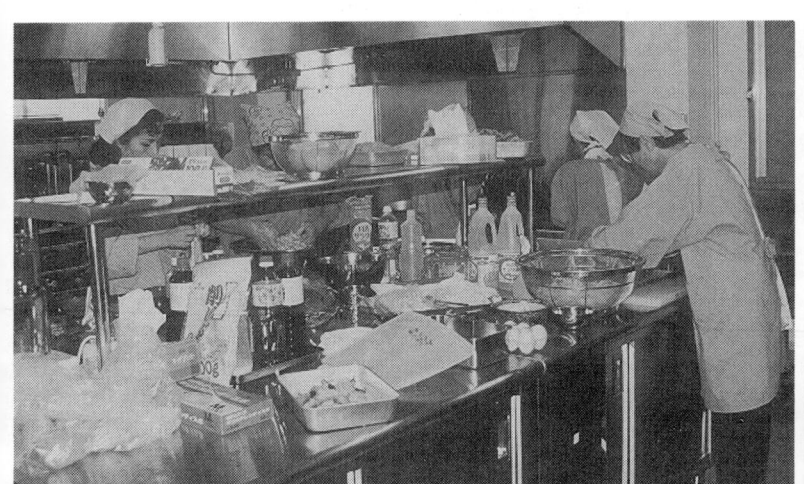

者は増えてきている．

安定した事業として成り立つようになったのは，大宮市の片柳地区，南地区，中部地区の3地区の夕食の配食サービスの委託を市から受けるようになったことが大きい．当初は，市からの委託は片柳地区だけで毎日30食程度であったため，採算が取れなかった．そこで，大宮市にこの問題を伝え，もう1，2地区委託を受けられるようにしてほしいとお願いをした．大宮市社会福祉協議会の担当者の方も理解を示し，「エンジュ」の実績が認められ，もう2地区を委託契約することになった．そして今では，夕食も80食近い食数になっている．

こうした道のりをたどりつつ，「エンジュ」は安全で質のよい食事サービスを提供することを主軸にした事業展開ができるようになってきたのである．

3）メンバーの働き方の保障と事業化のバランス

病気や障害を抱えているメンバーは，体調がいい時ばかりではない．休むメンバーが増えるとたちまち事業が回らなくなってしまう．しかし，食事を待っている顧客がいる以上は，「今日は人手がなかったのでできませんでした」ということは許されない．時間に遅れると，信用がなくなり顧客をなくしてしまうことになりかねない．時間の制限のある事業だけにどんな事情があっても，仕事に支障をきたすわけにもいかず，他の部署の職員に応援をもらって乗り切ることもしばしばであった．

また，働く時間帯や時間数を自己申告にしていると，ある時間に働くメンバーが集中し，厨房が仕事がなくなるぐらい人手がいっぱいだったり，反面

エンジュの事業概要

（1）生活支援型食事サービス
① 昼食配食サービス事業
　月曜日から金曜日までの週5日昼食を提供する毎日型の配食サービス．1食500円で配達範囲は大宮市東部地区全域にまで及んでいる．おかゆ食，刻み食にも対応している．
② 夕食配食サービス事業
　月曜日から金曜日までの週5日夕食を提供する毎日型の配食サービス．1998（平成10）年2月より大宮市の委託事業として開始した．1食500円で配達範囲は，大宮市片柳地区，南地区，中部地区である．おかゆ，刻み食にも対応している．
（2）自立支援型食事サービス
　高齢者や障害者の方々が食事を食べに来ることができる場と地域との交流の場という目的で喫茶「エンジュ」事業を1998（平成10）年10月より始めた．
（3）関係機関への昼食サービス
　福祉工場や大宮市社会福祉協議会等への昼食を提供している．

メンバーの人手がまったくない時間帯もあるというバランスの悪い状況が生まれてきた．メンバーの働く時間帯が事業の流れと一致していないことがしばしばであった．

ある時1つの議論が交わされた．当時調理を中心に担っていた調理員から，
「メンバーが1度にたくさん厨房に入られると仕事にならず，てんてこ舞いになる．少しずつ他の時間帯に替わってもらえないだろうか」
という提案があった．これに対してソーシャルワーカーである私には，
「メンバーの働く時間帯やペースを保障することが授産施設の目的であるのに，事業が回らないからといって，メンバーを排除するのは本末転倒だ」
という考えがあった．しかし，事業を担うその調理員の気持ちもわかるのである．どうしたらよいのか考えあぐねた．

そこで，思いきってその調理員の提案を全体会議でメンバーに提案してもらった．そこで私の思いもぶつけつつ，どうしたらよいのかを一緒に考えようと思ったのである．メンバーはその状況を理解してくれて，事業の流れに沿って時間帯を申告するようになったし，
「どの時間帯にどれくらいの要員があればよいのかを示してほしい，それになるべく合わせるから」
と申し出てくれた．考えてみれば，一般事業所ではそれが当たり前である．この出来事から，私がメンバーの働きたいというニーズに答えていくことを意識しすぎていたことに気づいた．生活支援活動を長く担ってきたことも影響しているのであろう．さらに，メンバーの言葉から「ともに事業を担うこと」の大切さを学んだ．

限られた時間内に効率的に進めていくことと，メンバー1人1人のペースを大切にした働く環境づくりは，一見矛盾することである．しかしそのバランスを職員が保っていくのではなく，メンバーとともに考え，対処していくことが重要なのである．

言い換えれば，「エンジュ」の活動は職員だけでは成り立たないぎりぎりのところで展開されていて，メンバー1人1人の力があってこそ成り立っている事業なのである．メンバーと職員が力を合わせなければ成り立たない事業だからこそ，メンバーと職員がともに担うという意識が生まれるのではないだろうか．

3．自己申告に基づく働き方を主軸にした工賃[Com]体系

> **工賃**
> 小規模作業所や授産施設等の福祉的就労の場において，働いた対価として得るものをいう．

通所授産施設は福祉工場のやどかり情報館の雇用契約とは異なって，働くメンバーとは利用者として契約する．そのため「働きたい」という希望があれば，1人1人のペースに応じた働き方を保障している．収益が上がってくるに従い，メンバーの工賃になるべく多く還元することが可能となってきた．そしてそれに伴って工賃体系もどのような基準に決めていくのか，作業療法士の三島順子さんの「精神障害というのは『作業を継続すること』に努力が

必要なのだ」というアドバイスを基に，メンバーとの全体会議で再三検討した．

　その時の会議で，私は具体的に「収益が上がったら，① よく働くことができる人の時給を上げる能力給，② 事業収益に比例して一律時給を上げていく，③「長く継続して働くことができる」ことを評価して時給を上げること等を提案した．それに対して，メンバーの小山牧男さんは，

　「あんまり時給が上がると，仕事に責任がかかりすぎてプレッシャーになるなあ．時給が上がるのもいいけれど，自分のペースで働けるよさを大切にしたい」

と発言した．峯野武之さんは，

　「能率給だと，障害の程度は人それぞれなんだから，1人1人の努力が評価されないのではないか」

と言っている．

配達時間を気にしつつ盛り付けに励む

下　事務室でお弁当の代金の集計を行う

下右　野菜の皮むきに没頭するメンバー

そこで「ゆっくりでもいいから長く継続していく努力を評価すること」に決まった．現在の工賃体系は，働きたい希望があってもなかなか決まった時に来られないメンバーのために，来ることができた時にだけ働くという時給300円コース，自分の体調や体力に合わせて，決まった時間で自己申告して，決まった時間で働く時給400円コース，1週間のうち12.5時間以上継続して働いた場合の時給500円コースを設けた．精神障害を抱えながら働くために，自分の病気や障害とうまく付き合う，セルフコントロールしながら力をつけていくことが目標となる．そのため能力給ではなく，メンバーが自分で決めた時間を申告して働くことに価値を置いている．時には，無理な時間設定を申告して，疲れてしまい長く続かなくなってしまうという失敗もある．しかし，そんな経験を経て自分が体調を保てるだけの働く時間が実感としてわかり，自己決定し申告して働くことができるようになるのである．

「エンジュ」開設当初から働いている峯野さんは，当初は1日3〜4時間

配膳台にびっしりと並んだ弁当箱

下左　ミーティングの時間には，それぞれの思いを率直に出し合う

下右　サンタクロースの扮装で利用者のお宅を訪ねるメンバーの峯野さん

働くのがやっとで，それでも週末になると疲れて休んだり，体調をコントロールできず途中で早退することが多かったが，3年経った今では，力をつけ時給500円で1日6時間，週5日継続して休まず働けるようになり，「エンジュ」の戦力となっている．彼は，
　「食事サービスの事業で収益を上げて，雇用契約ができる『福祉工場』の種目になれば，そこで働き，生活保護を打ち切って障害年金と給料で自活したい」
と夢を語っている．

4．活動から支え合いが生まれる

　日常の慌しい事業をこなしていく中で，随所でメンバー同士の支え合いが生まれている．
　メンバーの峯野さんは，「エンジュ」で働いていたメンバーが状態を崩し，休息入院した時に他のメンバーと誘い合い見舞いに出掛けた．そして退院して真っ先に「エンジュ」に顔を出したメンバーに，退院して1人でアパートに帰るのは心細いだろうと思い，ともにアパートに行き，一緒に食事をしてきたという．
　また，メンバーの斎藤さんは自分の働くペースについて，全体会議でみんなに相談している．全体会議での一こまを紹介しよう．
　斎藤　仕事の最中とか動作がのろくて，そのことをみなさんはどう思いますか．
　黒尾　仕事中に一緒に野球の話しをついしちゃって，手が止まったりするんだよね．
　小山　マイペースでいいんじゃないかな．
　斎藤　でも小山さん一緒に仕事してないからわからないじゃない．（笑い）
　辰村　斎藤さんは，早くしたいと考えているの．
　斎藤　食べているときは皆で和気あいあいとしたいから気にならないんだけど．
　辰村　それだったらそれでいいんじゃないの．マイペースでね．

　彼らの「やさしさ」や「人を誠実に理解しようとする姿勢」は，どこから生まれるのであろうか．彼らは痛みを持ったからこそ，同じ「痛み」を持ったもの同士の「わかり合える」強みを持っているのであろう．
　「エンジュ」は働く場であって，時間の流れは慌しい．しかし，そんな日常場面の中で「メンバー同士の支え合いという宝物」に出会うことがある．私は彼らの「支え合い」に感動し，その中に「人間と人間の関わりのあり方の本質」を感じ取るのである．

5.「エンジュ」の事業を担う人々

　予想以上に事業が安定してきたのは，人材に恵まれたことが大きい．開設当初は私が2歳と1歳にならない子供を抱えての仕事復帰であったことから，「エンジュ」でともに働く人々にはずいぶん負担をかけてしまった．この3年「エンジュ」の事業を担ってきた人々の存在が，「エンジュ」の礎を作ったと言える．

1）専門性を持った人材を強みにした活動

　「エンジュ」のコーディネーターとして新人職員の香野恵美子さん（旧姓永瀬）が，1996（平成8）年度末に入職し準備をともにした．当初採用予定の栄養士が直前になってキャンセルとなり，開設直前の5月に管理栄養士の山本美佐子さんを迎えることになった．活動当初はこの3名の職員で開始した．これは，住民参加型の「ふきのとう」の活動を意識して，多くのボランティアの参加で活動を展開したいという考えからであった．当初は，食数も多くなかったので職員と2〜3名のボランティアの態勢で担えていたが，日増しに食数が増え，ボランティアの参加だけでは事業として成り立たなくなってきた．そして，早急に調理を担ってくれる職員が必要となった．10月から栄養士でもあり調理を担う人として杉山久美さんを迎えた．その間調理員の定着が悪く，人材確保が最も苦労する点であった．
　2000（平成12）年度になってようやく，調理を担う人の入れ替わりもなく安定してきた．1998（平成10）年，1999（平成11）年度とソーシャルワーカーとして新人職員を2名迎え，3年間をかけてようやく事業が安定する職員態勢づくりができたと言える．
　一方，私の中で「食事サービスを専門職だけで成り立たせてよいのか」「事業は安定するが，主体的な住民参加ということからは後退するのでないか」という迷いがあった．しかし，「エンジュ」の大きな目的に「精神障害者の就労の場」ということがある．事業を安定させていくことで，高い工賃が得られる就労の場としての期待がある．
　毎日質の高い安全な食事を継続して提供するためには，栄養士や調理員といった専門職の力がなければ成り立たない．「エンジュ」の活動は，専門職であることを弱みとして捉えるのではなく，それらの専門性を強みに転換して活動を展開させればよいと考えるようになった．
　もう一方，職員が増えるとそこで働くメンバーが「私がいなくてもなんとかなるんだったら休もう」という職員に依存した気持ちになりはしないかという危惧があった．しかし，前述しているように，職員とメンバーの両者のバランスを保つことが大切なのである．職員が増え，メンバーが力をつければ，それだけ事業を拡大できる可能性が広がるのである．

Commentary

障害者の自立生活運動

1960年代の後半に，戦争などにより障害を受けた者が，アメリカのカリフォルニアのバークレイやイリノイのシャンペーン等の大学町において始めた運動．身体障害者であるエド＝ロバーツらがどんなに重度な障害を持っていても，環境条件や介助態勢の整備により，社会生活や職業生活等に完全に参加できるという「自立生活」の考え方を大学生活の中で実験的に実践した．この運動は全米に広がり，障害を持つ人たちの権利を擁護し，1990年に制定された障害を持つアメリカ人法に大きく影響を与えた．
1980年代以降盛んになった知的障害者自身が自らの意見と権利を表明し，活動する「ピープル・ファースト運動」にも強い影響を与えた．
日本でも1970年代にこうした試みが始まり，自立生活という言葉が使われ始めた．そして，米国の活動から学び，障害者の地域での生活を障害者自らが中心になって支援する非営利組織（NPO）へ

2）ソーシャルワーカーではない職種の強み

「エンジュ」の職員構成は，当時はさほど意識していなかった．しかし，そこにも「エンジュ」の大きなが特徴がある．

香野恵美子さんは，10年近く障害者の自立生活運動[Com]を展開している団体で働いていた．彼女の活動のキャリアは，精神障害者の生活支援活動を中心に活動してきた私とはまったく違っていた．他の障害者の情報も豊かに持っていたし，彼女自身がそれまでの活動で育んできた感性も私にはないものであった．また，自立生活運動の中で培われてきた障害者の権利意識の高さについても周知している人だった．「エンジュ」の活動の中で判断に迷うたびに彼女と話し合い，その中で新たな気づきをもらうことが多かった．

また，やどかりの里は長年生活支援活動を中心に展開してきたこともあり，ソーシャルワーカー以外の専門職は少なかった．しかし，「エンジュ」では栄養士や調理員といった専門職の人々と働き始めたことにより，ソーシャルワーカーの関わりだけでは見えなかった多くの気づきを得た．

メンバーは，管理栄養士である山本さんをつかまえて，さりげなく栄養相談をしているのである．「胃がむかむかするんだけど……」「太ってきたんだけど……」と彼女の力をうまく活用している．そして，彼女も「朝何を食べた」「3食どんな食事内容」等専門性を生かしたアドバイスをしている．

女性のメンバーのHさんは，来るたびにメニューの横に書かれたレシピを写している．それをもとに料理を作っているのである．作り方がわからないと電話で相談している．そして，最近ではさりげなく相談をしているのは，「エンジュ」で働くメンバーだけではない．メンバーが相談したいことを主体的に相談しているのである．そこには，援助する人とされる人というような関係性は感じられず，メンバーが彼女らの「専門性」を主体的に選び，活用していることがわかる．

また山本さんからはともに事業を担うものとして，衛生面等の注意を受ける．そこには，よりよい事業を展開しようというともに働く同僚としての関係性が前提にある．メンバーと同僚として，つまりパートナーシップの関係性の重要性を学ばせてもらった．どうしても私はソーシャルワーカーとメンバーという関係性の中にいて，「援助関係」という枠組みを持っている．そこからはけっして生まれない関係である．それを象徴する「喫煙」をめぐっての議論がある．

当初，「エンジュ」の休憩室は禁煙ではなかったので，ほとんどのメンバーが喫煙するために，メンバーがたくさん集まる昼食時などは，煙が立ち込めてしまう．そして，その休憩室に続いて事務所がある．そこで献立等を立てて大半を過ごしている山本さんは，全体会議でメンバーに，

「このままでは喉をいためるし，健康を害してしまうし，調味料等食品を保管しているので衛生上問題があるから，禁煙にしてほしい」

という提案をした．これも考えてみれば当り前のことではある．
　しかし，大半のメンバーが長期の入院を経験し，その中で喫煙習慣がついていったことや，喫煙することでくつろげる彼らの思いもわかるだけに，私はどこかに「休憩室ぐらいはいいのではないか」という思いがあった．
　しかし，会議の中で渋々でも「禁煙」ということがメンバーに受け入れられたのも，「ともに働く同僚」という意識で「自分たちだけの休憩室ではなく，喫煙しない人にとっての休憩室であることを考えてほしい」というメッセージが伝わったからであろう．

Commentary

↗「自立生活センター」を設立して活動を行っていった．1986年に東京都八王子市で「ヒュウマンケア協会」が設立され，1998年2月現在で全国75団体になっている．

III 「エンジュ」の活動を通して大切にしてきたこと

1．毎日顔が見える身近な地域の支え合い

　食事サービス利用状況は，図18に表した．年々利用者が増え，3年が経ってようやく「エンジュ」の活動が地域に根付き始めた．
　本稿でたびたび登場するメンバーの峯野さんは，「エンジュ」開設当初からのメンバーで，片柳・七里地区の20件ほどの配達を毎日担っている．配食サービスの利用者第1号の石さんが，「峯野さんの持っている集金袋が持ちにくそうだから」と言ってきれいな刺繍入りの機能的なバックを作ってくださった．石さんは，交通事故で脊椎損傷となり1日のうちの大半を寝たきりで過ごすが，起きていられる数時間を使って作ってくださったのである．峯野さんは感激して，旅行に行った時にお土産を買ってお礼をした．
　彼は，いつも石さんのベッドがあるお部屋の窓際でお弁当を手渡している．
「エンジュでーす」
と声をかけ，
「今日は寒いわね，ご苦労様，ありがとう」
といった会話が毎日交わされる．また，喫茶「槐」のコースターやランチマットも作ってくださり，うかがうたびに出来具合をうれしそうに見せてくださった．
　峯野さんは，
「今日は石さんつらそうだったよ」
「今日は元気そうだったね」
と配達のたびに気遣っている．また石さんも峯野さんがお休みすると，
「今日は峯野さんじゃあないのね，風邪でもひいたの」
と案じてくださる．毎日顔の見える支え合いを創り出しているのである．
　峯野さんはまた，配達していて一番うれしかったことを，

「利用者のYさんは，始めはベッドの傍らのテーブルまでお弁当を持っていってたんだけど，最近は元気になって玄関まで取りに来られるようになったことだ」
と言う．これは，毎日顔を合わせているからわかることだし，利用者1人1人の生活の状況を把握しているからこその喜びなのであろう．

2．対話を大切にしたお弁当づくり

「エンジュ」が2年目を迎え，事業が少し安定した頃，食事サービスの質を向上させたいということで，毎日のお弁当の配達だけではなく，年に4回の『エンジュ通信』をメンバーと職員とで編集委員会を設けて発行することにした．内容は，① 利用者へのインタビュー，② 栄養のお話，③ 簡単レシピ，④ 高齢者が利用できる福祉サービスの紹介等である．

特に主軸になっているものは，利用者へのインタビューで，メンバーと職員からなる編集委員が利用者の思いを聞いていく作業である．

「お弁当はいかがですか」—今号では，エンジュ開設当初からご利用になっている斉田登さん，百合子さんご夫妻にお話しを伺いました．

図18　保健福祉地区別昼食・夕食サービス利用分布図（平成12年5月現在）

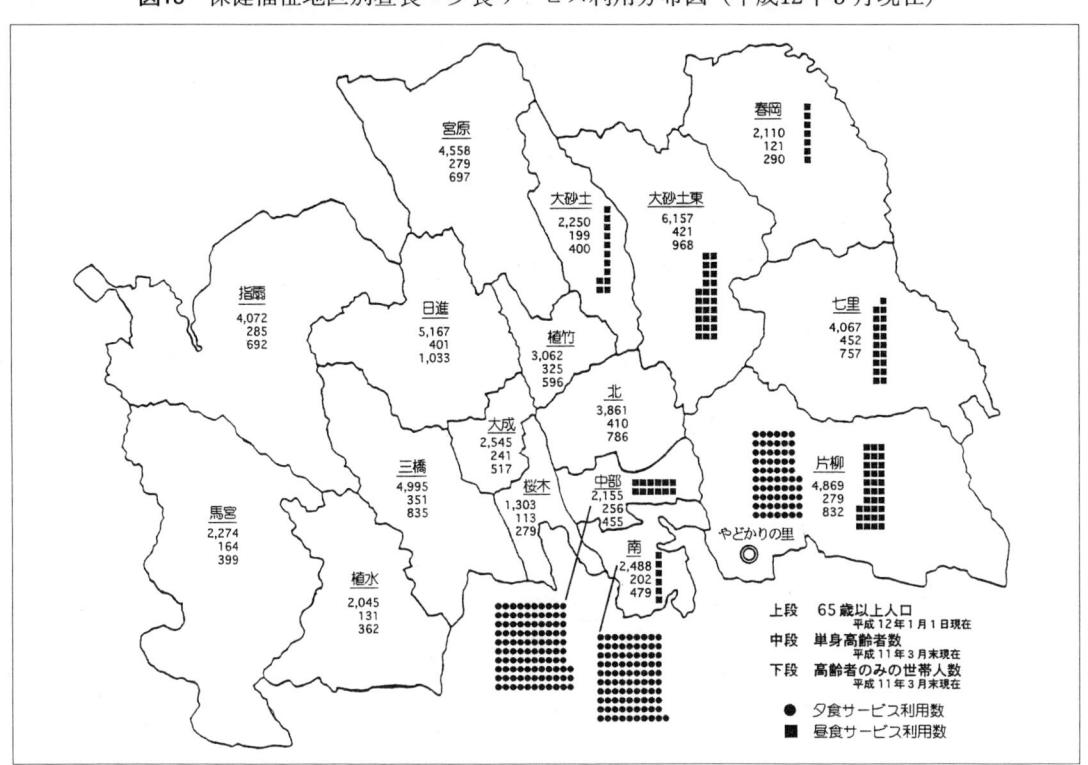

編集委員 『エンジュ』を利用されるようになったきっかけは．

登さん 妻が体調を崩してから私が家事を担当していたのですが，疲労がたまってしまって．その時に来てもらっていたホームヘルパーさんから紹介を受けて利用するようになったんです．

編集委員 『エンジュ』を利用されていかがですか．

百合子さん 生活で一番大切な食事を栄養の高いお弁当でとることができてありがたいです．季節の行事ごとにカードが入っていたり，メニューが変化する，その気配りが嬉しい．それにホームヘルパーの方もそうですが，「エンジュ」の方ともいい出会いができました．

登さん 天候に関係なく配達してもらえるのがいいね．栄養食のおかげで長生きできます．

また，いつも配達に伺っている彼（峯野さん）が，百合子さんに，
「慣れてきたのかなあ，明るくなったよね」
という言葉をいただき，私たちも利用者の方々に見守られているのだなあと改めて実感いたしました．（「エンジュ通信」第2号より）

この記事を読んだ他の利用者は，
「私と同じように利用している人がいるんだなあと思い，安心しました」
と語ってくれた．利用者と「エンジュ」の対話だけでなく，利用者同士の交流の場，対話の場となっている．

また，メンバーから，
「ぼくたちも経験してるけど，一人暮らしで孤独だと，だれも誕生日のお祝いなんてしてくれないよね．でもやどかりの里に来て『お誕生日おめでとう』と言ってくれてお祝いしてくれた時はとても嬉しかった．だからお年寄りにもお誕生日のお祝いをカードか何かでお渡ししたらとても嬉しいと思うよ」
という提案があった．そこで大宮市内の絵手紙サークルの協力を得て，利用者の方々にきれいな絵手紙に誕生日のお祝いのメッセージを沿えて渡している．そして，さらに絵手紙サークルのグループと交流する機会を持ち始めている．

また，3年目を迎え利用者への要望に沿えるようなサービスにしていくために，食事サービス内容についてのアンケートを初めて実施した．その結果，ほとんどの方々に喜んでいただいていることがわかった．要望として上がった献立は，カレーライスや麺類であった．また，デザートの回数を増やすことなど1つ1つの要望を実現させてきた．このアンケートは利用者の要望に応えていくためにも毎年継続していこうと考えている．

どうしたらもっと利用者の方々と交流できるのか，毎日の事業の中でできることは何か，メンバーとともに検討している．あるメンバーからは，
「利用者のお年寄りから学ぶということでお話しをじっくり聞きたい」
という声があがった．この発想はすごいと思った．交流＝会食や交流会といっ

たイベントにとらわれがちであるが，お年寄りの人生から学ぶという視点は深いところでの対話が生まれるものだと思う．

3．メンバーと職員を分けないで会議を持つ

　毎日食事を提供する事業は，日々時間との戦いである．そこで働くメンバーも配達，調理，洗浄等働いている部署と働く時間が個々バラバラである．そこで，週に1度メンバーと職員の全員で，働く中で感じていることを共有したり，仕事の内容や工賃，バザー等のやどかりの里全体の活動等を検討する場として全体ミーティングを行っている．その場は，日常的に1人1人が感じた問題点や改善点などを提案し，検討する場である．参加できないメンバーにも情報が共有できるように，記録を作成した．メンバーも職員も「エンジュ」の活動を主体的に担うという意識を培う重要な場となっている．そのためなるべく多くのメンバーが参加しやすいようにと，開始時間を早めたり，開設当初はミーティングの時間の工賃は支払っていなかったが，事業が安定したことと，「エンジュ」の活動に関するものはできるだけ工賃を支払うことにしたので，この時間にも工賃が支払われている．

　開設当初は，職員会議を別に設けて事業展開の方向性やメンバーの援助計画等を検討する場を設けていた．しかし，事業を展開する中でなかなか時間が取れないでいたことと，メンバーのミーティングで検討している内容と職員会議で検討することとが重なってきたことから，特に職員だけの会議も必要なくなった経緯がある．

　メンバーと職員とを分けないで会議をしようと意識転換されたのは，やどかり情報館の情報の共有化を意識した全体会議のあり方が，「エンジュ」の活動のモデルとなった．そして会議の記録も「エンジュ」のメンバーや職員だけのものではなくなってきた．やどかり情報館の館長の増田さんより，

　「エンジュの会議の記録は，とてもおもしろいので情報館のメンバーにも回覧してもよいかしら．そして，ぜひ情報館の会議の記録もエンジュのメンバーに回覧してほしい」

と言われ，うれしい提案とともに今まであまり意識していなかったことに気づかされた．今まで会議の記録はその場に参加できないメンバーへの情報の共有化と，他の部署の職員との情報の共有化だけに留まっていた．しかし，自分たちの会議の記録がの他の部署の活動の学びになっていくとしたら，また他の部署のからの学びを自分たちの活動に活かしていくことができるとしたら，日常の実践活動が相互研修の場にもなっていくだろう．

4．メンバー，職員の協働を意識した活動づくり

1）職員主導の活動展開の見直し

　1998（平成10）年の人づくりセミナーの時に，「エンジュ」の活動について報告をした．その時に参加した杉山さんがエンジュの職員たちをモグラに例えてイラスト（図19）を書いていた．イラストを見て気づいたことは，そこには，後ろを振り向かずわき目も振らずに穴を掘っている私というモグラがいて，迷ったら後ろを振り返り，みんなに「穴掘り計画」について相談しているのである．当時は，まだ安定した事業となっていなかったこともあり，私自身が事業化するために奔走していた頃であった．当時の活動の進め方を振り返ると，事業の方向性や内容について，職員会議であらかたの枠組

図19　穴堀りモグラ

みを検討し，その後メンバーのミーティングで「こんなふうに考えているのだけど，どうだろうか」と投げかけ，メンバーからの意見を聞きながら修正していくという方法であった．さまざまな活動の企画も職員が大枠を提案してから，メンバーと検討するという方法であった．これは，「メンバーのニーズや思いを尊重してはいるが，それに沿った活動づくりの内容は職員が考えるもの」ということであり，メンバーはあくまでもお客様としての参加でしかなかったことに気づかされたのである．

2）活動を動かしている実感を持つ

　これまでの職員主導の活動の進め方を見直し，どのようにしたらメンバーと職員が協働していけるのだろうか，このような意識転換を迫られた大きな学びが2つあった．1つは「援助関係」を持ちこまない労働の場としてのやどかり情報館のあり方からの学びであった．「エンジュ」は利用施設であり，生活支援活動の中の働く場の1つであることから，「援助関係」を前提とした働く場になっている．「援助関係」が前提としてあるからこそ，多くのメンバーの働く場を保障できるのである．しかし，一方で「エンジュ」からやどかり情報館へと巣立っていった塩原妙子さんは，「エンジュ」で働いていた時のことを，

「疲れたら休めるという甘さがあった．自分が休んでも職員がいるから大丈夫だろう」
と言っていた．これは，「援助関係」が前提にあれば安心できるが，自らが事業を動かしているという実感がないということではないだろうか．自らの意見が事業に反映されたり，自らの働きが事業を動かしているということが日常的に目に見えて実感できることが「やりがい」や「生きがい」を生み出すのである．よく考えると私自身もそうなのである．

2つには，やどかりの里全体で取り組んだ30周年記念国際セミナー「新しい支援の枠組みとコンシューマーのイニシアティブ　明日の精神保健福祉活動を描き出すために　学び合い，話し合い，創り合おう～カナダとやどかりの里の活動を素材として～」の企画から当日の運営，そして評価までメンバーと職員とで協働で学習してきた過程から見えてきたことである．それは「メンバーと職員との協働を活動にどう活かしていくのか」ということであった．

このセミナーの企画や運営を主に担っていたやどかりの里の各部署から職員とメンバーが参加して「新しいコンシューマー主導の活動づくりを考える会（NCAA）」というチームが作られた．そのチームに加わり，当日の「コンシューマーによる公開討論会」に討論者となった峯野さんは，
「日々の自分の『エンジュの活動』があったからこそ，このセミナーでの学びが大きかったんだなあと思う．自信がついたよ」
とセミナーの感想を「全体ミーティング」で語っていた．

職員だけが活動を見直し，見通して創っていくのではなく，メンバーもともに学習できる場を得て，ともに創り合うことがいかに価値のあることかを気づかせられた．

3）学びを活動に活かす

そこからの学びを活かした3つの工夫がある．

1つは職員3名とメンバーから3～4名との構成で月1回程度「エンジュの今後を考える検討委員会」（以下「検討委員会」と略）を1999（平成11）年11月から始めた．そこでは，メンバーと職員がともに話し合う内容を1つ1つ時間をかけて検討し，「エンジュ」の今後の方向性を考える場とした．そこで話し合われた内容は，また全体ミーティングで検討され決定されるのである．これまでは，職員の中でいろんなことが決まっていて，メンバーが知らないうちに進んでいたり，決まっていくことが多かった．しかし，「検討委員会」を設けたことにより，1つ1つの課題について話し合うことができることと，メンバーとともに検討して決まっていくというプロセスが見えることが重要なのである．

2つには，週1回の全体ミーティングの他に，職員もメンバーも日常担っている仕事以外に全員が「エンジュ」の活動の内容を検討できるように，献

IV 食事サービスセンター「エンジュ」の開設過程と3年間の活動の中で大切にしてきたこと

食事サービスセンター エンジュ 献立表 2000年(平成12年) 2月第5週分

※材料の都合により変更することがあります。

日/曜	献立	材料	カロリー/たんぱく質
2/28 (月)	鮭のみそチーズ焼き キャベツの中華風サラダ さつま芋のマッシュ ホーレン草のソテー	鮭 みそ チーズ 大葉 白ゴマ キャベツ 胡瓜 もやし ハム さつま芋 バター 生クリーム ホーレン草 コーン	592 Kcal 26.8 g
29 (火)	鶏の治部煮 インゲン豆のサラダ 小松菜の塩炒め カブの浅漬け	鶏 ネギ 白菜 絹さや 生椎茸 インゲン豆 きゅうり 人参 ハム 小松菜 干エビ カブ	592 Kcal 27.8 g
3/1 (水)	松風焼き あげジャガ わかめサラダ ブロッコリーの昆布あえ	鶏ひき肉 人参 卵 けしの実 じゃが芋 玉ネギ 油あげ 白滝 わかめ えのき茸 カニカマ きゅうり ブロッコリー 佃煮昆布	581 Kcal 27.6 g
2 (木)	ごぼうと牛肉のみそ煮 チンゲン菜のクリーム煮 白玉だんご 白菜の柚香漬け	牛肉 ごぼう つきこん 万能ネギ チンゲン菜 絹さや 生椎茸 ハム 白玉粉 ねりゴマ 白菜 ゆず	560 Kcal 26.5 g
3 (金)	こぎつね寿司 えびと三ッ葉のかきあげ 野菜と鶏肉の煮物 厚焼卵 牛乳かん	油あげ 干椎茸 白いりゴマ 卵 ムキエビ しらす 糸三ッ葉 玉ネギ 里芋 鶏肉 人参 竹の子 いんげん ひじき 卵 フルーツ缶 牛乳	632 Kcal 25.2 g

今週のケーキ 1コ ¥300
- ベイクドチーズケーキ
- レアチーズケーキ

◎ご注文いただければ、お弁当と一緒にお届け致します。(売り切れの時はごめんなさい)

食中毒などの事故を防ぐために… ご注意！
- お弁当は、午後2時までに食べて下さい。
- 配達された後、すぐ食べない時は、冷蔵庫や保冷剤の入った箱などに入れて下さい。
- 残ったごはんやおかずは捨てて下さい。
- お弁当箱は、水洗いの上、お返し下さい。

◎保冷剤とクーラーボックスを2000円で提供致します。必要な方は申しつけ下さい。

キャンセルや追加にされる場合は、必ず前日までにご連絡下さいネ！

エンジュは…
◎高齢の方、障害を持つ方、介護をされている方、ひとり親家庭など食事づくりに困ってらっしゃる方に昼食(お弁当)の宅配サービスを行っています(希望された曜日に継続して頂くサービスです)。

◎月曜～金曜のうち希望された曜日に毎週お届けします。

◎お値段→1食 500円 です。

喫茶「槐くエンジュ>」もぜひご利用下さい。
Am11:30～ランチタイム
pm2:00～ティータイム
(ランチには数に限りがございます。当日10:00までご予約下さい)

食事サービスセンター エンジュ
(お問合せ) 048-686-7875 (直通)
(受付時間→土・日・祝日をのぞく、午前9時～午後4時)
(社)やどかりの里 〒330 大宮市中川562番地
TEL.048-686-0494(代表)、FAX.048-686-9761

立，衛生，地域交流，内部交流等，活動内容に分けて小さなグループで検討する時間を2000（平成12）年2月より設けた．そして，そこで出された内容を全体ミーティングで検討するようにしている．当初，そのような提案を「検討委員会」でしてみたところ，峯野さんは，
「献立は山本さんや杉山さんが考え立てているのに文句を言うような感じがして悪いよ」
すかさず山本さんは，
「そんなことないよ．献立は立てているけれど，峯野さんも食べているのだから，また配達もしていて利用者からの声を一番聞くところにいるのだから，気づいたことを出してもらえると献立に反映できるのよ」
と返した．峯野さんは，
「そうか，自分たちが気づいたことを言えばいいのか，わかった」
と答えてくれた．
　自分の小さな気づきや意見が，事業に反映されていく過程は今始まったばかりである．それは今までの活動の進め方に比べて時間がかかる．しかし，何よりも「自分が活動を動かしているんだ」という実感が持てるのではないだろうか．その積み重ねが1人1人の主体化の歩みにつながるように思う．
　3点目は，2000（平成12）年4月に採用する常勤職員の採用試験は，メンバーと職員とで人事採用委員会を設け，試験や面接の内容，採用の基準等について話し合ったことである．これまでは，人事採用については職員が試験内容を決め，面接も実施していた．メンバーには，実習期間等で「あの人はどうか」と意見を聞くことだけに留まっていた．
　採用委員になったメンバーの末吉俊一さんは，
「面接で大学時代にどんなサークル活動をやっていて，役員をやっていたか聞いてみたい」
と言った．私が，
「仕事に直接関係ないけれど，どうして」
と聞くと，
「サークルのリーダーとしてやっていたかどうかを聞いて，その人がリーダーシップを持っている人がどうかで評価したい」
とのことだった．私は，「なるほど鋭いなあ」と感心した．
　面接の時に採用委員の1人小山牧男さんは，就職希望者に「ぼくたちは，なまじ精神障害について知識を持って関わられるよりも，一緒に働くことを通してぼくらから学んでほしい」とメッセージを送った．それにも，脱帽である．
　この採用委員会の体験は，メンバーにとってどのような意味があったのだろうか．末吉さんは，
「初めての体験だった．聞きたいことが質問できてよかった」
小山さんは，
「人事権を持つって気持ちいいよね」

峯野さんは,
「ぼくは人間性を見るからね」
と,それぞれの思いを語ってくれた.1年前は職員の採用に1か月ほどもかけて,面接試験を行ったり,私を中心とする職員で大変な思いをしていたことを思い出す.それに比べて今年はなんと楽なことか.今までいかに職員だけで抱え込んでいた仕事が多かったかと思う.1つ1つの仕事に対して意識を転換して,いかに協働してできるかという視点で見直していく必要があるのではないだろうか.それは,メンバーの力を信じることを基本にしながら,障害を持ちつつ生きてきた彼らの考え方や視点から学ぶことが重要であることを示唆している.

5.夢をもって働くこと

よく精神障害者の人々から「一般就労したい」という声を聞くことは多い.「どうしてそう思うの」と詳しく聞いてみると,その裏側に素敵な夢を持っている.末吉さんは,
「生活保護を切って,香野英勇さんのような結婚（1998年,やどかりの里のメンバーでやどかり情報館で働く香野英勇さんと「エンジュ」の職員の恵美子さんが結婚され,生き生きとした暮らしぶりから周囲の人々を感動させている）をして,県営住宅で暮らし,子供は2人ほしい.次の世代を担う子供たちだから育ててみたいと思う.また大学があと1単位を残して卒業できなかったから,もう一度大学へ行って卒業したい」
と人生設計を語ってくれた.
峯野さんは,
「生活保護を切って,障害年金と給料で生活し,結婚したい.また今までの人間関係はお金があっての友達だったが,やどかりの里に来てからは損得なしの人間関係である.やどかり情報館の香野英勇さんは,病気になっても自信を持って生きており,今までと考え方の違う人であった.今までは病気を隠して生きてきたけれど,病気を隠さない生き方があることを知った」
と思いを語り,今では「エンジュ」で働きながら,やどかり情報館に講師派遣登録をし,「自分の体験を語る」講演の仕事も始めている.
彼は当初は「エンジュ」のお弁当の配達の仕事をしながら,車の中でよく「どうして病気になってしまったんだろう.つらい」と何度も話していた.私はその彼の痛みの前にただ一緒に,
「つらいよね」
とうなづくことが精一杯であった.そんな彼が3年を経て,
「坂本さん,講演に行ってきたよ,成功したよ,『エンジュ』のこと話してきたよ」
と,とても生き生きと語ってくれたのである.こうした彼らの生きざまから,夢を持って働くことが人間を生き生きさせ,成長させること,そして前向き

に，積極的に生きることができるようになることを示している．

　やどかりの里は，やどかり情報館の開設に始まり，働く場が増え，充実してきた．通所授産施設である「エンジュ」も今や28名のメンバーが働いている．

　一方，通所授産施設の精神保健福祉法に謳われている目的は，「相当程度の作業能力を有する精神障害者に利用させ，自活することができるように必要な訓練及び指導を行い，もってその者の社会復帰の促進を図ること」となっている．つまり，一般事業所への就労に向けた段階的な訓練の場としての位置付けである．そこには，前提として「自活できて一人前」としての思想があるように思えてならない．目指さなければならないゴールは「一般就労」なのである．

　「エンジュ」で働く彼らもまぎれもなく「一般就労」を目指していた．しかし，それは，彼らの心の底から発せられたものではなく，専門家や社会や世間の期待が言わせているのではないだろうか．彼らにとって，「働く場」の位置付けは，1人1人の夢の実現に向けて「力をつける場」であったり，「生きがいややりがいを見つける場」なのではないだろうか．

　だからといって「就労のための訓練」を否定しているのでない．「訓練」という縦軸の前提として1人1人の「夢を持って働く」ことを保障した考え方が横軸に必要なのだということである．

　また，そうした彼らの生き方は私には，
「あなたはどんな夢を持って働いていますか」
という問いかけにも感じられる．
「人間らしく生き生きと働いていますか．自分の思いをなくして機械のように働いていませんか」
という社会への問いかけのようにも思うのである．

6．働く価値への新たな提言

　最近，NPO^{Com}団体やワーカーズコレクティブ^{Com}の働き方の運動が広がってきている．それは，これまでの日本の高度経済社会を支えてきた雇われて組織の一部として働く働き方へのアンチテーゼとして，生活協同組合等の女性労働者から産まれてきた運動である．具体的には，やりたいと思う仕事を共通の価値を持っている仲間と展開すること，自分が活動を動かしている実感を持って仕事ができる環境をつくることに価値を置いているのである．

　2000（平成12）年3月に県民活動総合センターでNPOセミナーが開かれ，その中で食事サービス事業を展開している団体が交流する機会を得た．参加した末吉さんは，
「エンジュの活動や価値観，働き方の考え方に似ていて，おもしろかった．パワーを感じた」
と語っている．「主体的に働く，協働して働く」という考え方が，3年経っ

Commentary

NPO（Non Profit Organization）

価値観が多様化した現代社会では，行政や企業だけでは，市民の要求にこたえられなくなっている．福祉・環境・国際協力・まちづくり等自発的に取り組む市民活動が活発になってきた．非営利な民間組織であって，法人格の有無にかかわらず，独立した組織として，政府や他の組織に支配されない自律的な活動を行う組織をいう．
1995年1月の阪神淡路大震災におけるボランティア団体の活躍をきっかけにして市民活動団体を支援するための立法の必要性が高まり，1998年3月に民法上の公益法人よりも法人格取得の要件を緩和し，市民が自発的に行う社会貢献活動を促進することを目的とした特定非営利活動促進法（NPO法）が成立した．

ワーカーズコレクティブ

働くものの協同組合のことを言う．その構成員は圧倒的に女性，主婦が多く，主婦の新しい働き方として始まった．1人1人が同額の出資

た「エンジュ」の展望と重なる.

「これまでのモノ中心の産業社会の価値が崩れ,大きいことからスモールイズビューティフルの価値へと転換してきている」(第4回ワーカーズコレクティブ全国会議記録集,2000年2月)と言われるように,大きいこと,量が多いことに価値を置くのではなく,小さくても自分で主体的に関わっていくことに価値を置くように意識転換されようとしている.このような働くことの新たな価値から,「エンジュ」の活動も学ぶ時期がきているのであろう.

おわりに

「エンジュ」の準備過程も含めて6年間の歩みから,思いもかけないくらい大きな学びがあった.それは,「エンジュ」の活動だけに捉われていれば気づかなかったであろう.やどかりの里のこれからの展望を見通していく中で得た学びであった.

本稿をまとめるにあたり,改めて「エンジュ」の活動の中で大切にしてきたことを確認することができた.まだ現在進行形の活動だけに言い尽くせないこともあったが,「1人1人が主役になり,事業を動かしているという実感が持てるような活動づくり」というこれからの「エンジュ」の活動の課題が見えたことが大きな収穫であった. (坂本智代枝)

Commentary

〆を行い,同時に労働者であることから,全員が平等であり,全責任も持つ.業種はさまざまであるが,共通する特徴として,自主管理型の民主的な運営事業内容が住民の生活に役に立つものであり,かつメンバーが仕事を通して自己実現できること,使われる技術が公害などの発生原因にならないことなどがあげられる.
日本でワーカーズコレクティブの活動が始まったのは,1982年神奈川県,埼玉県は1983年で,1995年7月現在は,全国に約270団体,7,000名が参加している.

第　章

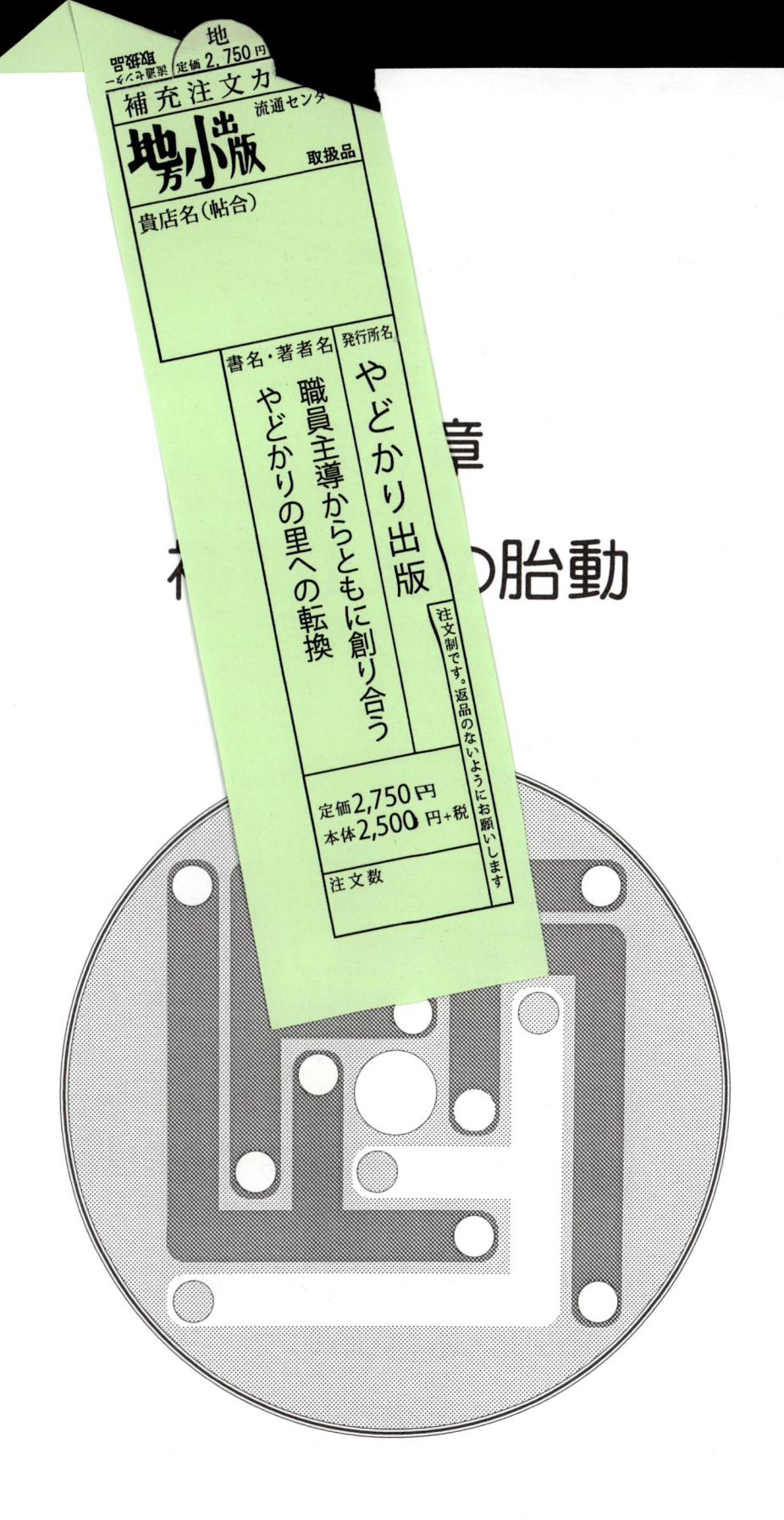

私　の胎動

補充注文カ 流通センター

地方小版 取扱品

貴店名（帖合）

書名・著者名： やどかり出版　職員主導からともに創り合う　やどかりの里への転換

発行所名： やどかり出版

定価 2,750 円
本体 2,500 円+税

注文数

注文制です。返品のないようにお願いします

Ⅰ やどかり情報館設立の過程と 3年間の実践から見えてきたこと

はじめに

　1997（平成9）年4月，やどかり情報館（精神障害者福祉工場）が活動を開始し，間もなく3年が経とうとしている．この間，精神障害者と専門技術を持った職員が，ともに労働者として働き始めたことで見えてきたことがある．やどかり情報館での活動からの気づきが，2000（平成12）年以降のやどかりの里のあり方を考える際の大きな指標となってきている．しかし，やどかり情報館開設の準備期には，活動の意味やあり方が内部的になかなか共感が得られず，難産の末の誕生であった．

　本稿ではやどかり情報館開設までの経緯と，やどかり情報館での活動の実際と，そこから見えてきたことを明らかにしていきたい．私自身はやどかり出版を基盤とした活動を行っているため，出版活動を中心にして述べていきたい．印刷活動については次節で宗野が印刷事業の歴史も含めて述べているので，詳しくはそちらに譲りたい．

Ⅰ 福祉工場設立までの過程

1．福祉工場設立に至るいくつかの要因

1）病気を隠さず働ける場がほしい

　やどかりの里の生活支援活動の態勢が整いつつある1993（平成5）年，やどかりの里には働く場として5か所の作業所と通所授産施設，福祉バンクシーズという事業所（1995年よりやどかりの里より独立）があった．作業所の作業内容はそれぞれ工夫が凝らされ，働きたいと希望する人の選択肢を

Commentary

集団アルバイト

数人のメンバーと職員でグループを作り、短期間のアルバイト体験をする。あゆみ舎では7月と12月にお中元とお歳暮の配送の仕事を行った。目的は自分の実力を知ること、働く経験をすること、お金を得ることなどさまざまであった。現在は浦和生活支援センターの1つの事業として行われている。

多様にするよう努力されていた。その中で時給300円～400円程度の工賃が支払えるところも出てきていた。そんな状況の中で、メンバー（やどかりの里では活動の利用者をメンバーと呼んでいる）から障害年金と働いて得られる賃金で生活したい、病気を隠さず働ける場所がほしい、という声が上がってくるようになった。

そうした希望を受けて、一般事業所で働きたいというメンバーの何人かと職員の大澤美紀さんで、1992（平成4）年に一般就労を目指す作業所「あゆみ舎」の活動を開始した。「あゆみ舎」では集団アルバイト[Com]等の取り組みを行ってきた。集団アルバイトを経て、一般事業所での就労を試みるが、継続するメンバーは少なかった[1]。

2）調査研究の取り組みから

通所授産施設では印刷事業を作業種目とした活動も行われていたが、サークル活動やグループ活動も合わせて行われており、働く場としての機能は一部分でしかなかった。印刷事業自体も長年活動を担ってきた職員の退職後、活動に行き詰まりが見え、今後のあり方が問われていた。

精神障害者とともに地域で生きていこうと実践してきたやどかりの里が、ほとんど手つかずであった「精神障害者の就労を支援する」ことを意識し出した時期でもあった。

こうしたやどかりの里の状況の中で職員による調査研究が取り組まれ、私もその1人であった。「精神障害者の就労をめぐって〜やどかりの里における就労支援を考える〜（1）（2）」[2,3]というテーマで、やどかりの里が1977（昭和52）年から手懸けてきた印刷事業、前述のあゆみ舎の活動を記録化し、その取り組みからの学びを整理した。そして、東京コロニー（結核による障害者の社会復帰の条件を作る運動から始まった事業であり、障害者と健常者が同じ条件で雇用され、長年印刷事業に取り組んでいる）中野工場の視察、大阪府箕面市障害者事業団（障害者の雇用と雇用促進を目的にした公益法人）の視察からの学びをもとに、精神障害者が働くということについて考察してきた。

この調査研究が、やどかりの里で福祉工場を設立するに当たっての基盤に

やどかり情報館の全景

なっている．その中で精神障害者が働くための工夫としては，以下のことが上げられている．

① 精神障害者の疲れやすさに着目した労働時間の短縮
② 就労の期限，短期間のゴールが提示されたほうが働きやすい
③ 仕事上の責任は徐々に担っていく
④ 安心感を持って働ける場

また，働く場における職員の役割としては以下のことが上げられている．

① 安心感を与えること
② ハード，ソフト両面にわたった働くための工夫を行う．
③ 企業的な視点を持つ．働く場である程度の賃金を保障するためには，事業収益を上げていかなくてはならない．

また，精神障害者が働こうとする時に圧倒的な資源の不足があり，資源の拡充，資源の種類が多様であることの大切さも指摘されている．また，民間機関の限界性もあり，厚生省および労働省の公的機関との連携の必要性も明らかになった．さらに，障害者が働くことによって，社会に姿を現わし，常にサービスの受け手であった障害者がサービスの送り手になっていくことの意味についても言及されている．

3）出版・印刷・研修事業の将来展望

一方で，私自身が長年携わってきた出版や研修事業をメンバーと一緒に担うことができないだろうか，と私は考えるようになってきていた．しかし，収益を目的にした事業というよりも運動的な側面の強いやどかりの里における出版や研修の活動では，1～2人分の人件費を捻出するのが精一杯で，メンバーの働く場として成り立たせていくだけの力がないことは明白だった．当時「あゆみ舎」のメンバーが担当職員の大澤さんと出版物の発送作業に来ており，大澤さんとメンバーの働きぶりから，福祉工場のあり方を具体的に考えるヒントを私はもらっていた．

前述のように印刷事業は，通所授産施設の一種目であったが，長年印刷事業を支えてきた職員が退職し，その後の展望をどう描くか，決断を迫られていた．数人のメンバーは働いていたが，専門の技術者の定着が悪く，じり貧の状況が続いていた．印刷事業を止めてしまうという選択肢もあったが，印刷という活動がやどかりの里の中で果たしてきた役割は大きく，また築いてきた財産もあり，その財産を引き継ぐためにも，なんとか印刷事業を継続させたいという思いもあった．

研修センターは，当時やどかりの里の実際を知りたい，体験したいという方々の受け入れ，各地からの講演や研修会への派遣の窓口業務，セミナーや講座の開催等を業務にしていた．いずれもやどかりの里の精神保健運動[Com]を進めていくためには重要な仕事ではあったが，1人分の人件費を捻出するのが精一杯であった．研修の仕事を確立するためにも福祉工場の1種目とし

やどかりの里の精神保健運動
やどかりの里の実践をもとに地域における精神障害者の活動の活発化を図ろうと意図して全国に向けて展開されていた活動．研修の事業のほか，出版や研究の事業等も行われていた．

ていこうという方針を持った．また，メンバーが各地に講師として出向くことは，メンバーの体験を生かせる重要な仕事であると考えたのだ．やどかりの里の福祉工場らしさを盛り込むためにも，研修の事業を福祉工場の種目にと考えていた．

こうした事業部門（出版，印刷，研修）をどう展開させていくのか，検討が迫られる時期でもあった．精神障害者への就労支援活動をどう展開していくかという時期に，生活支援活動と両輪の活動としてやどかりの里の中では位置づけられながらも，運営基盤の弱さが明確になってきていた事業部門を，福祉工場の事業種目にという考え方が生まれていったのである．

2．福祉工場の産みの苦しみ

1994（平成6）年4月の第23回定期総会で福祉工場を設立することが決定し，福祉工場建設準備委員会が結成され，10月から通所授産施設の中に福祉工場準備室が設置されることになった．福祉工場は精神障害者に最低賃金を保障し雇用する事業所として，精神保健法に1994（平成6）年に盛り込まれた社会復帰施設である．労働の場でありながら，社会復帰施設として位置づけられている活動である．

準備室の態勢は図20のとおりである．1997（平成9）年3月まで活動が行われた．印刷部門を中心にやどかり出版，やどかり研修センターの一部の業務を準備室で行うようになった．

そして，1995（平成7）年度～1996（平成8）年度にかけて，福祉工場建設に向けた準備が進められ，まさに産みの苦しみを味わったのである．

1）建設用地の確保とお金の問題

（1）難航した建設用地の選定

福祉工場建設をめぐって，いくつかの障壁があった．1つは，土地の確保

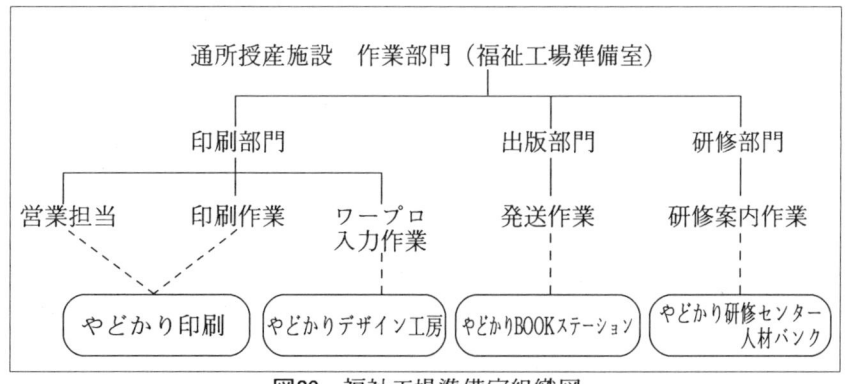

図20　福祉工場準備室組織図

とお金の問題であった．何しろ法人で土地を確保しなければ建設できないのである．土地探しと土地購入のための資金獲得がまず大きな障壁であった．少なくとも150坪は必要であろうと考え，なるべく地価の安いところを探すことにしたが，それでも4,000万円は必要であろうと想定した．バザーやコンサートでの資金を集め，印刷，研修，出版での事業収益を蓄積する等を考えたが，それでも4,000万円はかなり厳しい金額であった．また150坪，4,000万円という条件は，土地探しには厳しく，やどかりの里の近くで安い土地があると言われて調べると，もともと湿地帯で，地盤がゆるく杭が打てないという状態で，その後2年がかりの土地探しとなった．

　児玉洋子（現在鴻巣済生会病院），宗野政美（現在やどかり印刷代表），そして私の3人で土地を探し始めた．3人とも土地探しは初めての経験であった．なかなか思うように土地が決まらず，土地が決まらないと資金集めにももう1つ力が入らず，気持ちばかり焦る日が続いた．1995（平成7）年10月には埼玉県衛生部保健予防課（現在は健康福祉部障害福祉課）に事業計画書を提出したが，この時点では土地は決まっておらず，この時期準備に当たった私たちはそれぞれの業務を抱えつつ，不動産屋回りを続けていた．そして，現在地289坪，7,000万円という土地に出会ったのである．

（2）7,000万円の土地購入を決意

　この土地との出会いは，大げさに言えば，私の人生の1つの転換点であった．その時のやどかりの里の自己資金は700万円，土地代金は7,000万円，今決めなければ来年度の福祉工場建設は難しい．これ以上準備期間を延ばすのは，準備室を進めている職員やメンバーにもしんどいことだし，私自身も福祉工場建設に向けての緊張感を保ち続けることの難しさを感じていた．今土地を決めなくては福祉工場建設は実現しないのではないか．しかし，残りの6,300万円については目処もなく，土地購入にまつわるさまざまな経費も土地代金が高ければ高いほどかかるわけで，先行きが見えず，不安な思いでいっぱいだった．そんな私に谷中理事長が決断を迫った．2人だけの時に，
「どうする」
と問われ，
「買いましょう」
と答えた私がいた．理事長に肩をぽんと押されて，思わず1歩前に進んだという瞬間であった．

　決めたからには後戻りはできない．前に進むしかない．私自身が福祉工場建設の重みをずっしりと受け止めた瞬間であった．

　私の肩を押してくれた理事長は，私と湯浅和子常務理事がなけなしの700万円の土地の手付金を持って，地主さんと契約を結んだころ，かねてより予定されていたアメリカへの研修ツアーの団長として，また児玉さんもツアーの責任者としてアメリカに飛び立って行った．理事長たちも海の向こうで，ツアー参加者に借金のお願いを始めていた．

（3）なりふり構わず借金のお願い

　それから，私は電話を握り締め，これまでやどかりの里を応援してくださっていた全国の人々に電話で借金のお願いを始めた．同時に趣意書を作成し，手紙を書いて送り始めた．宗野さんはやどかりの里の家族へのお願いを始めた．必死だった．

　「福祉工場を建設します．土地を購入するのですが，6年間無利子で貸してください．30万円，50万円，100万円，そのどれかでお願いしたいのです」

それぞれにその時々の事情もあるだろうに，本当に不躾な依頼だった．

　1990（平成2）年に開設した社会復帰施設建設の時に，土地購入のために一坪運動として寄付をお願いしてきた経過があり，2度目の寄付はお願いできないという判断で，借入金の依頼ということになった．

　やどかり出版で発行した本の著者にもお願いをした．なりふり構わずというところだった．福祉工場建設準備委員会の責任者として資金集めは当然の責任であったが，やどかりの里の中ではとても孤独だった．社会復帰施設建設の時には，寄付集めもやどかりの里全体で行ってきたが，福祉工場建設の時には，職員は多くなっていたが，福祉工場はそこを担当する人たちがやることだという雰囲気があった．

　そうした私の心細さと孤独感を支えてくれたのは，私が借金のお願いのために電話をしたり，手紙を書いた方々だった．

　「あなたが大切なことと信じてやることで，そのために必要な借金の申し入れなら，堂々とお願いをしたらいい」

と言ってくださった方．

　「お金を貸してあげるのもいいけれど，返すのも大変でしょ．たくさんはできないけれど寄付にするわ」

と言っていただくこともあった．

　「麦の郷の福祉工場のことをテレビで見てね，精神障害者の働く場はとても大切だと思う．だから協力したい」

　「やどかりの里も頑張ってきたからね．福祉工場を建てるというのなら，やってみたらいいではないか」

という応援にも思えたのである．

　その時のことを今になって思い出してもじわっと涙が出てくる．その時に励まして応援してくださった方々の気持ちが，この福祉工場にはいっぱい詰まっているのだと思う．

　そうしたお願いをくり返している間に，やどかりの里の後援会の会員の方から，まとまった金額の借入ができることになった．そして，社会福祉医療事業団[Com]から土地購入に際しての借入ができることになり，取り敢えず土地代金の目処はつき，ずいぶんたくさんの方のお申し出を断ることになった．

　借りることは借りたものの6年間で返済するというもう1つの約束を守るという大きな課題がのしかかってきた．湯浅常務理事や会計を担当していた

Commentary

社会福祉・医療事業団

平成元年12月に策定された「ゴールドプラン」の一環として，昭和63年政府出資による「長寿社会福祉基金」の創設により開始された特殊法人．社会福祉を振興するための事業に対する助成を行う．

Commentary

人たちは，お金が集まるのかという心配と同時に，出版や印刷で本当に返済できるのかとずいぶんはらはらしていた．当然返済計画を立てたわけだが，計画が遂行されるか危惧していた．

短期借入の協力者	98名
短期借入総額	3,605万円
寄付件数	149件
寄付金総額	2,501万円（遺産の贈与がやどかりの里にあり，そのうちの1,289万円が福祉工場の土地購入資金に回された）
社会福祉医療事業団	3,000万円（長期借入，土地購入分として）

2）内部のコンセンサスが得られず

　もう1つの障壁は，やどかりの里の内部のコンセンサスが得られないことであった．総会での決定事項ではあっても，職員の思いはまた別であった．1つはやはりお金の問題であった．1990（平成2）年に建設した社会復帰施設もかなり無理をして建設した．そしてその後も補助金対象になっていなかった生活支援センターの開設に向けて，経済的にもかなり苦しい状況にあった．この上なぜ福祉工場を建てなくてはならないのか，という意見がほとんどであった．また，活動が広がっていく中で，これ以上活動を広げずに補助金事業をコツコツと行い，現状を維持するだけでいいのではないかという保守的な意見もあった．

　また，生活支援活動に従事する職員は若い職員が多く，それぞれの活動に手いっぱいという状況であり，福祉工場の必要性について疑問を持つ職員も多かったようだ．職員間では何度も話し合いを重ねていったが，もう1つしっくりしていかなかった．

　また，職員の反発を受けたのは，メンバーが労働者として働く場である福祉工場には援助する人，援助される人の関係性を持ち込まない，という考え方を打ち出したことであった．これまでやどかりの里は1人1人の暮らしを支えるという活動を中心に展開してきており，福祉工場ではそうした「支え」の要素を持ち込まないという私たちの主張に，そういう考え方で働ける障害者はいるのか，という反発だった．また，メンバーからも，

　「ケアをしない福祉工場で働くのは不安だ」

という声も上がった．

　私はこれだけ生活支援の態勢が整っているのだから，必要があればそういう活動を利用すればいい．私たちが働く人の健康を管理しながら一緒に働くのでは，働く場の意味がなくなってしまうと主張し続けた．私は障害を持っていたとしてもまずは労働者として，福祉工場で働く人と出会いたいと思っていた．福祉工場で働く職員を募集する際にもソーシャルワーカー[Com]を目

ソーシャルワーカー

社会福祉を学び，社会で生きづらさを抱える人々に専門的な援助を行う人．精神保健福祉領域に働く福祉専門職として精神保健福祉士が国家資格化された．この中には社会福祉を専門分野としない人も含まれており，精神保健福祉領域に働くソーシャルワーカーと精神保健福祉士は別の専門職として考える必要性がある．

指す人は採用しなかった．1996（平成8）年に新規採用した日野陽子さんは，やどかり出版が初めて編集者として採用した職員であった．これまでのやどかりの里ではソーシャルワーカー養成については，経験を重ね，人材養成についての方法も豊かに持っていたが，編集スタッフの養成については，やどかり出版独自で考えていくしかなかった．

　私は，ソーシャルワークよりもまずは印刷や出版でいい仕事をできる人を求めていた．そうした専門技術者が障害者と一緒に働き，同僚としての関わりをしていってほしいと考えていた．

3．準備段階で見えてきたこと

1）福祉工場の構想づくり

　前段の準備段階では，上述のように職員数人でチームを作り「やどかりの里における就労支援を考える」というテーマで調査研究を行った．

　しかし，具体的に福祉工場となった時に，どのような活動形態にしていったらよいのかはなかなか明確にならなかった．

　1つのヒントはここ10年ほど，理事長と一緒に各地の講演に出向き，講師を務めるようになっていったメンバーの働きであった．メンバーの講演は各地で好評であり，短時間で高い収入を得ることができる仕事であった．メンバーの体験を生かすことができ，こうした仕事によって話をした人自身も勇気づけられて帰って来る．これこそ福祉工場の大切な仕事になっていくのではないかと考えるようになった．

　そして授産施設の中では限界が明確になってきた印刷事業，それに出版事業と研修事業を3つの柱にした福祉工場という構想を立てた．

2）働く態勢づくり

　通所授産施設の中に福祉工場準備室を置き，メンバーとともに働き始めた．手探りであった．メンバーと共有できる仕事は何かを考え，まず出版では発送作業を準備室で行うことにした．そこに職員を1人配置し，3～4人のメンバーと働き始めた．職員が段取りし，その段取りに従ってメンバーが働くというやり方であった．その職員が1996（平成8）年の途中で急遽退職することになった．職員がいないと回転していかない形になっていたので，すぐに困ることになった．しかし，この職員の退職が私自身が福祉工場のあり方をさらに明確に考えるきっかけとなった．とても困った私は，2つの手立てを講じた．1つは大宮市社会福祉協議会に駆け込み，3か月だけ助けてもらえるボランティアをお願いした．何人かの方が交代で来てくださった．そのうちの1人土井理恵子さんは，それ以来週に1回，半日来てくださっている．

もう1つは，私のやどかりの里の同期であり，ある時期ともに爽風会というグループ活動を体験し，長年のつき合いがあるメンバーの星野文男さんに助けを求めた．

「本の発送のところに職員を配置せずにやっていきたい．当面はボランティアにお願いしているが，できれば職員を中心に仕事が回転するという形ではなく，メンバーの人の力でやっていきたい．星野さんが加わってくれればそれが可能だと思うのだけれど，協力してもらえないだろうか」

と話した．私が困っていることが伝わり，別の作業所で働いていた星野さんはそちらを止めて準備室で働き始めてくれた．

このことを通して，準備室の中にメンバーをお世話するという感覚が持ち込まれていたことに改めて気づいたのだった．そうではなく，それぞれが自分の仕事をするという感覚を持てるように仕事を作っていくことが大事であったのだ．こうして準備室が始まり，2年目の後半には，私のいる事務所を尋ねてきて働きたいと申し出てくるメンバーが現われるようになってきた．その1人の秋吉秀敏さんは，

「これまで何回か働いたことはあるが，長くて3か月しか続かない．一般事業所での就職を目指してきたが，福祉工場ができるのなら，継続してそこで働いていきたい」

と申し出てきた．彼はすでに3年以上働き続けている．

3）三菱財団社会福祉助成金「精神障害者の『福祉工場』への基盤づくり，企画・編集・出版・印刷・研修の総合的活用を目指しての準備研究」から見えてきたこと

三菱財団からの6,000,000円の社会福祉助成は福祉工場設立に大きな励みとなった．

印刷と出版が有機的連携に基づいた事業化を図るためには，組版機の導入が先決と考えており，組版機導入も視野に入れた助成金の申請を行った．この助成金申請から決定までの過程が，福祉工場の理念をより鮮明にすることになった．そして，現在展開し始めているさまざまな取り組みの基盤になっているのである．やどかりの里の福祉工場としての独自性は何か，またまだ数少ない福祉工場として先駆的に取り組む意味はどこにあるのかを明らかにすることになった．

助成金申請をして何か月か経ったころ，三菱財団杉山隆一常務理事から連絡をいただき，その後たびたびファクシミリや電話でのやりとりを行うことになった．

杉山さんからは，

「やどかりの里が福祉工場を始めることを応援したいと思うが，この申請書の内容では，やどかりの里の独自性，先駆性が伝わってこない．あなたたちはやどかりの里ならではの福祉工場のあり方をどう考えているのか」

Commentary

三菱財団社会福祉助成金

創業100周年を記念し三菱グループ各社を中心とした基金拠出により1969年に設立された．現行制度上，公の援助を受けがたい開拓的，実験的な社会福祉の民間の事業や科学的調査研究を対象とする．具体性のある開拓的実験的事業，研究に限るが，福祉現場での実践的，草の根的活動に基づくものも評価される．

ということを問われ続けた．これをきっかけに，福祉工場建設に向けて懸命に走り続けていた私たちは，改めて福祉工場の構想について深く考えることになった．私たちの考えを伝えると，それでは伝わってこない，あるいはそれだけなのかと，私たちの甘さを指摘された．この杉山さんとのやりとりは数回以上に及ぶ．しかしこの過程が，私自身の福祉工場への考え方をより鮮明にした．私がどんな福祉工場を作りたいと考えているのか，なぜそういう福祉工場が必要なのか，そしてその考え方をどう伝えていくのかという大きな学習をすることになった．当時の600万円は本当に有り難かったが，杉山さんとのやりとりが，その後の福祉工場の準備の中で生きていったのがなお有り難かった．今思えば，この間の作業は福祉工場を運営することの意味についての仮説を明確にするものであった．そして実際に活動を始めた時に立てた仮説を，その後情報館で働く人々と検証しているのである．

(1) 精神障害者が精神保健福祉運動の担い手になる
　精神障害者が活動（運動）を推進する際の補助的な存在から脱却し，活動（運動）の担い手として，出版・印刷事業を通しての情報の発信者になっていくこと．

(2) 疾病や障害をプラスに変える
　否定的に捉えがちであった疾病による障害を逆手にとって，体験したものこそが企画・運営できる運動のあり方を提示する．そしてそうしたあり方は障害者自身の生きていく価値を高める．

(3) 出版・印刷・研修のプロを目指して
　福祉工場として，そこで働く障害者に最低賃金を保障することを大前提に活動を行うためには，それぞれが事業としての専門性を高める必要がある．専門技術に裏づけされて事業収益を上げていくのである．やどかりの里の福祉工場の専門性とは，編集，印刷，製本，梱包，入力，販売，製品管理の技術を指す．そこで働くメンバーも仕事として従事する以上は，その仕事のプロを目指していかなくてはならない．

　以上の3つがやどかり情報館発足時の基本的な考え方になっていった．この考え方を貫いているのは，精神障害者の持つ力への大きな信頼であった．私にとっては，やどかりの里で働き続けて自分なりに体得してきた考え方を明確にし，そのことを基盤に据えた福祉工場づくりにつなげることができたと言える．やどかりの里の内部の不協和音にめげずに，自分たちの考えを貫くためのバックボーンになっていった．

4）働くための条件整備

　私はやどかりの里で働き始めて20年あまりになるが，やどかりの里では「労働者」としての意識は持ちにくい環境がある．貧しかったやどかりの里では，職員が自分の労働条件を主張すると，やどかりの里自体が存続できなかったからだ．しかし，福祉工場では，精神障害者を労働者として雇用することになる．「労働」ということを考えざるを得なくなったのだ．労働者としての権利を守ることと福祉工場を運営していくことのバランスをどのようにとっていくかということが大きな課題となった．精神分裂病[Com]は慢性疾患[Com]であり，服薬継続が大原則であり，疲れやすさに配慮した労働環境でなくてはならない．そのため週40時間労働ではなく，35時間労働とした．働く日数は週1日から週5日までその人に合わせて契約していくことになった．

　また，雇用契約は最長1年として，契約を更新していくこととした．開設に当たり，福祉工場従業員就業規則（内規）を作り，働きたいと希望している人に提示した．

　また，労働基準法[Com]，労働安全衛生法[Com]が精神障害者を差別・排除する法律であることに気づかされた．精神保健法で精神障害者福祉工場が位置づけられながら，労働法では精神障害者を排除する法律が未だに存在していることに大きな矛盾を感じた．

Commentary

精神分裂病
未だ原因が究明されず，難治性の精神疾患．100人に1人が発症すると言われており，意欲の減退，睡眠障害，幻聴や妄想といった症状を呈することもある．服薬により病状は改善されるが，疲れやすさ等の生活上の不都合を抱えることもある．

慢性疾患
完治するのではなく，その病気の治療を継続する必要がある疾病．精神病に限らず，糖尿病や高血圧なども慢性疾患である．

労働基準法
労使の関係では，常に弱者の立場に立たされる労働者の諸権利を確保するために制定された法律．現憲法の精神を最もよく具現化したものと言える．

労働安全衛生法
職場における労働者の安全と健康を確保するとともに，快適な作業環境の形成を促進することを目的とした法律であるが，労働者の安全と健康を確保するために伝染性の疾患と自傷他害の虞のある精神病者の就業を禁止する義務を事業者に課している．

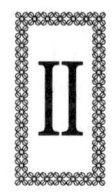

II やどかり情報館の活動の実際

Commentary

1．福祉工場を開設して

　1997（平成9）年4月，3年にわたる準備期間を経て，福祉工場がやどかり情報館としてスタートを切った．やどかり情報館という命名はやどかりの里の全体集会で名称を募集し，いくつかの候補の中から決定された．開所間もなく谷中理事長が病気で倒れ，3回にわたる落成記念式典の2回目以降を欠席するというアクシデントはあったが，順調にスタートを切った．出版は私，印刷は宗野さん，研修は児玉さんと3部門に責任者を配置し，私が全体の責任者となって進めていった．

　立ち上げのこの年，活動を継続する中でいくつかの課題を検討することとなった．

1）やどかり情報館の雇用受け入れの流れ

　開設時に働き始めたのは，準備室の経験を持つ人たちばかりであった．オープン後何人かの人が新たに働き始めたが，やどかり情報館では直接求人の窓口を持たなかった．精神障害者が労働者として働く場合に，本人の働きたいという気持ちだけではなく，労働に耐え得る体力があるか，働き始めたことにより体調を大きく崩すことはないか，その点の見極めが必要とされる．そのため開所に先立ちやどかり相談所[Com]に新たに就労支援部門を設け，受入窓口とし援助付雇用[Com]が必要とされる場合には，担当者がジョブコーチ[Com]として同行する等の方法を試みた．この方法が職場に定着するために有効な場合もあったが，印刷や編集，またコンピュータの操作といった専門技術を要する仕事には，ジョブコーチとしての役割を取ることが難しかった．

　この年の後半からは，やどかりの里生活支援センター本部に就労支援部門が移行した．福祉工場で働きたいという場合にもまず生活支援センターの職員がインテークを行い，働き始める時期を本人と相談したり，やどかりの里の中で福祉工場で働くだけではなく，他の資源も有効に利用できるような助走期間になっている．（現在の雇用受け入れの流れはp149の資料参照）

2）どういう人がここで働くのか

　どういう人が福祉工場で働くのかということは難しい問題であった．1つは，福祉工場で行われているそれぞれの仕事に興味・関心がある人が採用さ

やどかり相談所
やどかりの里の生活支援活動の利用希望者のための相談機能ではなく，より広い相談を行っている．

援助付雇用
働きたいと希望するが，何らかの支援を必要とする人に，就労先にある時期同行して援助することを前提にした雇用関係．

ジョブコーチ
援助を必要とする人に就労先に同行して支援する人．

れる．出版，印刷，研修，それぞれの仕事には特徴があるため選ぶことができるが，それでも選択肢は3つしかない．著しく作業能力が低い人の場合，最低賃金除外申請をする方法があったが，同じ職場で能力による賃金較差を作ることには疑問を感じていた．やどかり情報館の仕事に合っていないと判断された場合には，その旨を率直に伝え，やどかりの里の他の資源の利用等を生活支援の職員とともに考えてもらうようにしていった．

　この時が一番辛い判断であり，その判断を伝えるのもまた辛い仕事であった．福祉工場の職場が多くの人に適したものにしていくことは重要だが，その時々に自分たちの力量もあるので，できないことはできないと気づいたら，なるべく早くに伝えることが，雇用主としての誠意だと今でも考えている．

3）事業収益を上げる

　不況が叫ばれる中，大変忙しく事業が展開した．印刷の責任者の宗野さんは頼まれた仕事は一切断らずに引き受けていった．また，オフセット印刷のオペレーターとしてこの道30年の大ベテラン高木周三さんが前年より加わったため，印刷技術は格段にあがった．

　また，20年にわたりボランティアとしてやどかり出版を支えてくれていた編集者の西村恭彦さんが定年後顧問となり，やどかり出版の事業基盤固めに力を尽くしてくれた．こうしたその道の大ベテランたちの貢献は大きく，船出したばかりのやどかり情報館を支えた．

4）運営の主体的参加を目指して

　3つの部門に分かれていることもあり，週1回全体集会を行い，なるべく働く全員がそこに集まれるようにした．全体に関わることはなるべく話し合いで決定するようにし，情報を共有することを意識し，記録を作成し，会議に参加できなかった場合にも情報が伝達できるように心がけた．話し合いが紛糾することもあり，1つのことを決定するまでに時間がかかることもあったが，やどかり情報館を働く人みんなで運営していこうという方向性を明確にしていくためにも，これは重要な時間であった．

5）職業人としての自覚と責任ある仕事づくり

　仕事には当然ある種の厳しさが伴う．私たちは仕事をしてその対価として賃金を得る．福祉工場だから低い水準でいいという甘えは絶対に許されない．納期があればそれに間に合わせなくてはならないし，ミスがあればやどかり情報館の損失になる．梱包の作業を担当するメンバーがいるが，ある時彼の梱包した出版物を見るととても梱包が汚かった．この時は本を注文したお客様が気持ちよく受け取れる梱包にやり直してもらった．汚い梱包でも本は読

者の手元に届く．しかし，その本はやどかり出版を代表してその読者と出会っているのであり，その梱包もやどかり出版の姿勢を表している．いい加減や面倒臭いの通じない世界，それが職場なのではないか．働くということの経験が少ない場合に，職業人としての責任感がその人の中に育っていくには時間が必要な場合がある．一般の事業所よりも少しだけ余裕を持ってその意識が育つことを待つことができるのがやどかり情報館であろう．それはここで働く人同士がお互いを補い合う関係性を育てているからである．

2．2年目を迎える際の大きな変動

　1998（平成10）年3月で，研修センターを担当していた2人の職員が辞めることになった．後には3人の従業員（障害を持って働く人を従業員と呼び，法人で採用されている人を職員と呼ぶ）が残ることになった．理事長との話し合いで，研修センターの仕事はやどかり情報館から切り離すことになった．3人の従業員は研修センターがなくなっても，やどかり情報館で働きたいと申し出てくれた．

　何度かの話し合いの結果，やどかり出版に文化事業部を新たに設置することになった．3人の従業員は本当に不安な日々を過ごしていた．仕事の中身をどうするかが大きな問題だった．研修センターからの委託業務を引き受けることになったが，それだけで3人の仕事としては不十分であった．

　仕事づくりを考えることになったが，1年目に研修センターの始めた事業で，従業員が中心に行った「体験発表会」がある．この年の研修センターの事業の中で，私が大切にしたいと感じていた取り組みでもあった．開始のきっかけは，講師として各地で体験を語り始めていたやどかりの里のメンバーの研修が大きな目的であった．研修センターの従業員の1人であった香野英勇さんは，

　「自分の体験を語ることを仕事としてやるからには，よりよい講演ができるように研鑽が必要だ」

と考え，始めは内輪での研修目的の集まりであった．そのうちやどかりの里の内部の人だけではなく，外部の人も聞きに来てくれるようになっていた．それぞれの体験に基づく話は，深い共感を呼び，「体験発表会」を大切にしていこうではないかと，考え始めるようになった．

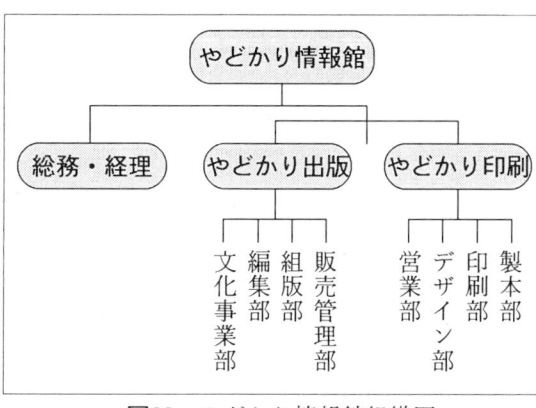

図22　やどかり情報館組織図

情報館は3つの部門でスタートしたが，2年目には印刷，出版の2部門となった．（**図22**）事務所も1階に集中させた．

3．障害体験を生かした仕事づくり

1）やどかりブックレット・障害者からのメッセージの創刊[4~8]

　販売管理部で働いている秋吉さんが，出張販売で出かけていった時に，同じ所で販売していた他社の本を購入してきて，こんな本が欲しかったんだと話してくれた．その話を耳にした西村さんが，みんなが読みたいと思う本づくりの会議を開いたらどうかと提案してくれた．その提案を受けてやどかり出版の販売管理部，文化事業部，編集部の従業員と職員が集まって編集会議が開催された．その編集会議から生まれたのが「やどかりブックレット・障害者からのメッセージ」である．情報の発信基地を目指したやどかり情報館らしい本づくりのスタートであった．多くの人々に読んでもらえる本，手軽に手に取れて読みやすい本にしよう．そして，自分たちの体験について，1人よがりのものではなく，わかりやすく伝える努力をしようということになった．どんな本にするか，企画を練り，原稿を集め，丹念に読み，編集作業が始まった．

　こうしたブックレットの編集会議がおもしろそうだと飛び込んできたのが塩原妙子さんだった．通所授産施設「エンジュ」で働いていた彼女は，あるきっかけで自分の体験を綴った．そのことをきっかけに編集会議に参加するようになり，「エンジュ」を退職し，やどかり出版に飛び込んできた．彼女は働き始めるに当たって，「憩いの場のやどかりの里」の雰囲気を引きずり，働く人としての心構えが確立されるまで，少し時間が必要だった．しかし，経験を積む中で，責任ある仕事の大切さを実感し，自分ならではの仕事づくりを目指し始めている．今年（2000年）の1月には，帯広への取材に同行し，取材先の人たちとの話し合いや，取材先での学びをたくさん得て，編集という仕事に意欲を持ち始めている．自分の体験を伝えることも大切だけれど，多くの仲間の体験や各地の活動を伝える意味を実感しているところだ．

　ブックレットの5冊目はやどかりの里30周年記念出版[8]（4月27日発行）になるが，やどかりの里の30年間をメンバーの目でたどるという企画であり，「爽風会」というグループ活動を素材とすることになった．この本づくりのために，「爽風会」活動についてその時々に活動したメンバーにインタビューすることになった．そのために編集委員会の従業員たちはインタビューの練習を始めた．インタビューは単なるおしゃべりとは違う．その人の持っているものをどれだけ引き出せるか，聞き手の力量が問われる．まずは編集委員同士でインタビューをしてみた．編集顧問の西村さんを囲んでの学習会も行われた．そうしたプロセスを経て，インタビューが行われて，そのテープ起こしを担う従業員も出てきた．こうした本づくりのプロセスを1つ1つ

共同作業で行っていった．編集の仕事っておもしろい，と関わった人たちは感じ始めている．

2）体験発表会の充実に向けて

体験発表会の開催に向けて企画会議を開き，内容を練り上げつつ入念な準備を重ねた．この年はジョイント企画も多く，写真展と体験発表会，クリスマスコンサートと体験発表会など，趣向を凝らした企画を打ち出していった．近隣への案内文の配布も丁寧に行い，やどかり情報館の存在をアピールする機会にもなっている．

つい最近片柳公民館で谷中理事長が講演することになり，やどかり情報館の私たちも同行し，香野さんは片柳地区の住民として自分の体験を語った．このことを1つのチャンスとして，公民館を会場にした体験発表会の企画，いずれ公民館との共催のような体験発表会が運営できていったらいいなと，地域の人々との連携の可能性を強く感じ始めている．

また，体験発表会は常に前述のやどかりブックレットの取材源でもある．話されたことをいずれブックレットに収録していこうという流れができており，1つの事業がいくつもの形で仕事づくりにつがっていくという循環が生まれている．

3）第1回障害者体験発表会の開催

1998（平成10）年度の始めごろ，香野さんから体験発表会も精神障害者だけでなく，いろんな障害者と一緒にできたらいいなという提案があった．ヤマト福祉財団[Com]に助成金の申請を行ったところ，助成金が交付されることになった．障害を越えて交流できたらいいなと思ってはいたものの，大宮，与野，浦和という，自分たちが活動している地域に暮らしている障害者の人たちのことをまったく知らないことに改めて気づかされた．

文化事業部と編集部が合同のチームを作り準備を始めた．まずはやどかりの里と何らかのつながりのある方々に声をかけて協力を要請することとした．企画の趣旨を説明するために各活動に出向き，活動ぶりを見せていただいた．そして，発表者と発表のために何らかの支援を必要する方の場合にはその支援者も同席していただき，準備会を何回か開いた．

車椅子の方，聴覚障害者，知的障害者[Com]，失語症[Com]の方，そして精神障害者，それぞれが顔を合わせて，それぞれの思いを確認し合えるような話し合いを持った．当日の様子は，やどかりブックレット・3障害者からのメッセージ「自然体の自分を見つめて　ありのままの私たちの生き方を語り合おう」[6)]に収められている．こうした取り組みは，この準備に携わる人にとって，大きな学びの場になっていった．頭で考えていたことと，実際に体験することの大きな違い，話し合う中，触れ合う中でお互いに感じ合うことの豊

Commentary

ヤマト福祉財団
ヤマト運輸と前会長からの資金提供により，心身に障害のある人々の自立と社会参加を支援することを目的に設立された．

知的障害者
知的機能の障害が発達期に現われ，日常生活に支障が生じているため，何らかの特別な援助を必要とする状態にある人．

失語症
脳血管障害などで言語機能が低下する．発病前までは，通常の生活を送っていた人であり，人生の途中で障害を負ってしまうことによって，さまざまな問題が生じる．

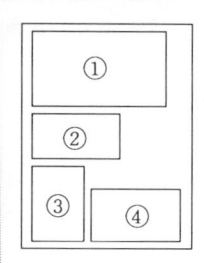

① 体験発表会で参加者に語りかける塩原さん
② やどかりブックレット・障害者からのメッセージ1〜5
③ テープ起こしは根気のいる仕事だ
④ インタビューでどこまで本質に迫れるか．真剣勝負だ

① 香野英勇さんの出版した「マイベストフレンド」の出版記念会
② 菅原和子さん・進さん夫妻の出版した「過去があるから今がある　今があるから未来がある・1　2人の旅人がやどかりの里にたどり着くまでの軌跡」の出版記念会
③ やどかり出版の日常の仕事の様子．広いと思っていた事務所が手狭になってきた
④ やどかりブックレットの編集議会で，レイアウトについて話し合う

かさに感動したのであった．そして，こうした取り組みには，やどかり出版だけではなく，印刷からの協力も大きく，やどかり情報館全体の取り組みになっていった．

4．援助（日常生活支援）を行わない職員の関わりとは

　前述したように働く場である「やどかり情報館」には援助する，援助される関係を持ち込まない，日常生活支援は行わないという大原則に基づき活動を開始した．そのため，やどかり情報館では，やどかりの里の生活支援センターで働く生活支援活動に従事する職員養成とは違う方法論を考えざるを得なかった．それは，援助者としてではなく，編集に従事する職員は編集者としての力量を形成することであった．私自身はソーシャルワーカーとしてのスタートを切り，ある時期までソーシャルワーカーと編集者の2つの仕事を兼務していたが，やどかり情報館で働く職員には兼務ではなく，編集者としての役割を求めた．そしてメンバーとの関わりは援助者ではなく同僚としての関わりを求めた．私と印刷の責任者宗野さんは，メンバーと雇用契約を交わす雇用主の役割があるが，他の職員には同僚であることを求めてきた．また専門技術を持つ職員は，専門技術を伝えていく役割も求められた．

　しかし，同僚といっても，メンバーの働く時間は職員に比べて短いし，働く経験がほとんどなかった人の場合，職業人としての自覚と責任で仕事を行えるようになるまで，何らかのフォローが必要であった．同僚と言いつつも仕事を教えなくてはならないこともあったし，仕事に慣れていない人にはその人が理解できるようにわかりやすく伝える工夫も必要であった．これは一般企業では新人職員を迎えた職場の先輩に要求される役割の1つであり，ごく一般的なこととして展開されているが，生活支援を専らの仕事としてきたやどかりの里の職員間ではなかなか受け入れがたかったことのようで，その辺りの関わりが，やどかりの里の一機関としてのやどかり情報館で働く職員の難しさであった．

　やどかり出版の顧問の西村さんの関わりは1つのモデルを提示していたように思う．編集者としての長年の実績に裏打ちされた技術に関しては，指導者としての役割をきちんととる．しかし，障害を持って生きるという体験については，みんなから教えを乞うという関わりであった．

　また，やどかり出版として採用した初めての職員日野陽子さんは，編集者としての研鑽を積みながら，やどかり情報館の職員としてメンバーとの関係性を作り上げてきた．彼女が徐々に編集者としての力量をつけていった時に，一緒に働くメンバーが編集者としての彼女の力を認め，自分の仕事をよりよく行うために彼女の力を借りるようになっていった．彼女は精一杯それに応えて，メンバーとともにいい仕事をし，実績を上げていった．職場であるやどかり情報館は，それぞれが自分の仕事に自信と責任を持って働く場であり，そのための研鑽がそれぞれに求められているのである．

5．印刷技術の向上に向けて

　やどかり印刷は4つの部門から成り立っている．職員は3人で常にフル回転で動いている．デザイン部では2人の従業員がコンピューターを操作して図表を作成したり，ワープロ入力を行っている．コンピュータでは地図などのかなり細かい図の作成まで引き受けることができ，ワープロ入力ではほとんどまちがいがない正確な仕事ぶりである．

　オフセット印刷は長年の熟練が必要な機械操作であり，すぐに1台の機械を任されて回せるようにはならないが，まず周辺の仕事を覚えることから始まっている．

　製本は，やどかり情報館が立ち上がって初めて整えた部分であり，担当職員も経験がないところから始まった．従業員を配置したのは1999（平成11）年になってからであるが，着実に仕事を覚えている．担当職員が体調を崩し1か月休職した時にも彼は休まず働き続け，慎重に仕事をこなしていった．

　印刷，製本の仕事はほとんど1日中立ち仕事である．立ち仕事に耐えられる体づくりが要求される．疲れやすさを抱える人々が，立ち仕事をこなしながらなんとか機械を操作できるようになりたいと意欲を持つ．そして，少しずつその意欲が形になっていく時，働く人たちの顔が輝き，自信がついていくさまが伝わってくる．仕事の場で得た自信が，その人の日々の暮らしにも反映していっているようである．

　印刷で働き始めて3年目になる大村祐二さんは，何とか機械をマスターしようと意欲を燃やして働いている．その彼が後輩を迎えて，自分が職員から手とり足とり教えられたことを後輩に伝えている．人間働くことが大事だという大村さんは，後輩にも働くことの大切さを体を通して伝えているようだ．

　こうして，従業員の働きなくして仕事が回っていかない状況になりつつある．こういう状況になってくると，体調の変化等で従業員が仕事を休むことがあると，大変痛手である．しかし，休めることが仕事継続の1つの鍵にもなっており，そこをどうバランスをとっていくのかが，福祉工場の運営のポイントであろう．

6．情報の共有化に向けて

　1年目には情報館全員の全体集会と職員だけの会議の2本立てで行っていた．職員だけの会議で仕事の具体的な段取りの打ち合せや，一緒に働いている従業員の体調の変化等を必要に応じて話し合っていた．

　2年目になり，仕事の段取りについては，たとえ自分に直接関係ないことでも，情報館で働く1人1人が情報館がどのように動いているのか知る必要があると考えた．また，1人1人の体調の変化については，職場なのだから，それぞれが自分自身で報告することにしてもらった．そうしていくと職員だ

けの話し合いの必要性がなくなってきた．会議に止むを得ず欠席する場合にも，会議録によって情報が共有できるような努力をしていた．またこの会議録がやどかりの里全体に対しても定期的な情報の発信になっていった．

7．短期借入の返済を終えて

　6年間無利子で貸してくださいという厚かましいお願いでお借りしていた借入金を，約束の半分の3年間で返済することができた．〔1999（平成11年）完済〕何とか短期借入を返したいというそれぞれの思いが，返済を早めたのだと思う．また，この部分の会計を担っていた総務の飯田たか枝さんの頑張りも大きかった．私たちには頑張って早く返済せよと檄を飛ばし，貸してくださっていた方に返済の際には，少しでもいいから寄付をとこれまた厚かましいお願いを重ねてしてくださった．資金集めには本当にしんどい思いをしたけれど，今はお金がないことの重要性も認識している．お金がないことで止める程度のことなのか，何としても実現するべきことなのか，このことに賭ける自分自身の思いが浮ついたものでないか，自分自身の腹が据わっているかと試されたような気がする．潤沢に資金がないということの利点もあるのだと，今は思える．

8．小さな学習の輪を広げる中で

　やどかり研究所が主催してきた事業に地域精神保健・福祉研究会[Com]がある．私自身は研究所の事務局員となり第1回目の研究会から運営を担ってきた．やどかり情報館開設と同時に研究所の事務局から離れたが，事務局態勢がなかなか整わず，1年研究会が開催できず休止していた．その研究会の再開をやどかり出版に事務局を置いて再開することとした．

　1つは研究活動をメンバーとともに行いたいという長年の私自身の思いがあり，今のやどかり出版はメンバーと職員が1つのチームを作っており，このチームなら研究会の企画を練り上げられるという1つの手応えを感じていたからだ．しかし，そう容易なことではなかった．まず，メンバーも職員も研究会自体に参加した経験のある人が少なく，研究会のイメージづくりに苦心をした．ゆっくり時間をかけて歩むことから始まった．病や障害を持つ人たちとの共同運営ということを，どういうところに位置づけ，特徴として打ち出していくか，みんなでさんざん討議したところである．ある時香野さんが，自分の体験をすべて提供するという申し出をしてくれたことが，大きな転機をもたらした．それはやどかりの里の利用者としての香野さんの視点で，やどかりの里の専門職の支援を見直していくという企画になっていった．始めはやどかり出版の数人で準備を始めたが，準備段階からやどかりの里の各部署の職員やメンバーに協力を要請し，やどかりの里全体の学習の場にもなっていった．これまでの研究会に比べメンバーの参加が多く，研究会の中でも

Commentary

地域精神保健・福祉研究会

やどかりの里の事業の1つであるやどかり研究所が主催する研究会．1993年に第1回を開催し，「生活支援」を大きなテーマに据えて取り組んでいる．1998年は1回休止したが，やどかり出版が事務局を担い，再開．当事者の視点で精神保健福祉活動を見直し，新たな学問を作ることを目指している．

メンバーがそれぞれ重要な役割を担っていった．

　内容について厳しい指摘もあったが，これまで当たり前とされていたことを，本当にそうなのかと問い直す意味もあるこの取り組みが始まったこと自体が重要なのであり，時間をかけて考えていくことが重要であると考えている．

　この取り組みの体験はとても大きかった．明確な方向性が見えないことでも，集まった人たちで知恵を出し合い，情報を集めたり，自分たちに足りないところは，そのことの得手な人の手助けをもらったりすることで道が開けていくことを体験したのだった．[9]

　その体験が，その後，2000年1月に開催されたカナダからのゲストを招いて開催された「やどかりの里30周年記念国際セミナー」に生かされることになる．木村真理子（現関西学院大学・当時東海大学）さんによって紹介されたカナダのコンシューマーのイニシアティブの考え方や取り組みに関心はあった．政策や制度の作成や決定に精神障害者自身が関わるのが当たり前だというカナダのオンタリオ州のことを教えてもらったものの，どうしたら自分たちの学びが豊かなセミナーになるのか検討がつかなかった．しかしわからなかったからこそ，一緒に考えたり，迷ったりする中で企画が深まっていったのである．

　実際にはやどかり出版に事務局を置き，やどかりの里の各部署のメンバーと職員で構成された実行委員会を作り，企画・運営を担った．実行委員会には「新しいコンシューマー主導の活動づくりを考える会」という名称がつけられ，略称NCAAと呼ぶことになった．この会は，短期間ではあったが，やどかりの里全体に声をかけ，各部署で学習会を持ち，その結果を持ち寄る全体集会を開き，セミナー開催までにさまざまな事前の学習を行ってきた．大勢のメンバーが最初から参加していたことが特徴であった．その中から，
「病院に入院中は，詰め所にいる看護婦さんが自分たちの様子を見て病状がいいかどうか判断されている．やどかりの里ではどうなのか」
という質問が飛び出した．その質問をきっかけに，
「生活支援活動に従事する職員が一室に集まって自分たちのことを話し合っているのではないか．どんなことを話しているのか気になる．気になっていたけれど，勇気がなくて聞けなかった」
という日頃の思いも話された．職員だけの閉ざされた会議が行われていることの意味や役割について，職員が考えるいい機会になった．1人1人のプライバシーを守ることの大切さと情報の公開の問題をどう考えていくのか，重要な問題提起であった．

　カナダの人たちをお招きしてのセミナーの開催を，やどかりの里のメンバーと職員で考える機会を持ったことは今回が初めてであった．しかし，職員だけが学んでも，メンバーだけが学んでもだめで，ともに学び合い，高め合っていくことが明日の活動を作っていくのだと実感させられた取り組みであった．こうした取り組みを可能にしているのは，やどかり情報館の中で日常的

Commentary

に行われている企画会議や編集会議での蓄積があったからだと自負している．

まさにやどかり情報館が目指してきたことが，形になって現れてきていると言えよう．

しかし，体験発表会や研究会，カナダのセミナーは，それぞれ情報館の収益になる事業ではない．どちらかという持ち出しの事業である．そういう意味では短期の借入を返し終えたやどかり情報館が，先行投資ができるようになったきたとも言えるであろう．やどかり出版としては，こうした取り組みを雑誌に掲載したり，ブックレットを発行したり，単行本の企画に結びつけることで，出版社としての仕事を行うことになる．そしてそれは印刷の仕事にも跳ね返っていく．研究会やセミナーに参加できる人数は限られているが，印刷物になることで，小さな輪をもう少し大きな輪にしていくことができるのである．こうした循環を継続することで，少しずつ活動が広がっていく．この先にどんな夢が描けるのか，わくわくしているところである．

III やどかり情報館の活動から見えてきたこと

1．私が手にしたこと

やどかり情報館が活動を開始して3年が経とうとしている．準備期間を含めると6年，私にとってはずいぶんたくさんのことが詰まった年月だった．当初思っていたよりもずっとたくさんのことをこの活動から学ばせてもらった．

やどかりの里の中で出版や印刷の事業がどういった意味を持つのか，内部では十分に認知されてこなかった．また，そこに十分な人手を割く余裕もなく，1人か2人で細々と継続させてきた．私にとってチームで出版活動ができるということは，やどかり情報館を立ち上げてからの大きな喜びである．突出した才能や能力を持つ人が1人で引っ張っていくよりも，チームで話し合いながら，右に左に揺れつつも作り合っていくことが，いかに力強いかということを実感してきた3年間だった．話し合いを重ね，記録化をしていくことによって，1つ1つの体験がやどかり情報館の実践知[Com]として蓄積されていっていることを感じている．また，仕事の性質上，仕事の成果は出版物や印刷物によって残っていく．これは厳しいことで，失敗も明らかになる．完璧だと満足のいく本はなかなか生まれない．

やどかり出版には精神病という病の体験を持つ人たちがいて，その体験を大切にしながら仕事づくりを始めている．これはやどかり情報館の大いなる強みである．日本に1つしかない出版社であると言ってもいいであろう．零細出版社，印刷所であるために大手企業のようなカラー印刷のきらびやかな

実践知
日々の実践の中で気づいたことを，関係する人々と共有しながら，普遍的な気づきとしていくこと．

出版物は送り出せない．野暮ったいと言われることもある．貧乏ゆえの限界性は確かにある．でも，自分たちらしいものを発信していくことがまず大切なのだと思う．

　やどかり情報館の財産は人である．ここで働く人たちが，やどかり情報館の活動に魂を入れた．

　編集会議や企画会議で話し合う中で，それぞれの人生の見つめ方も変わってきているように思う．前述の星野さんは，

「病気をしたことはいいとは思っていない．でも病気を得たのだから，そのことを生かした生き方ができないかと考え始めている」

と最近語るようになった．

　香野さんは，

「ぼくは目立つことが好きだけれど，でも自分1人でやっていくことではないということを感じている．みんなで作ること，共有することが大切なんだと思うようになった」

と話してくれる．

　塩原さんは，

「人を信頼できなかった私が，主治医との出会いややどかりの里でのさまざまな人との出会いの中で，少しずつ人間が好きになってきた．そしてここで働き始めて，いろいろな経験の中で自分の意見が尊重されたり，企画に反映されていく喜びを知った」

と語る．

　こうした人たちに囲まれて働く私自身は，障害を体験した人たちの多くの可能性に気づかされている．かつて，編集の仕事はメンバーの人たちには向いていないのではないかと考えていたことがあった．しかし，それは大きなまちがいであったことに気づかされている．彼らの力を発揮できるような環境が用意できていなかっただけなのである．もちろん編集のような仕事が好きだ，おもしろいと思ってくれることが大前提になくてはならないけれど，そのスタートラインに立った人たちとは，これまでにない新しい仕事づくりの見通しが見えてくるようになった．始まったばかりの彼らとの仕事づくりは，私がやどかり情報館の中で生き生きと働き続ける原動力になっているのである．

2．やどかり情報館の実践からの学び

　精神障害者とともに働くことを手探りで始めて3年，この3年で私自身が学んだことを少し整理してみたい．

1）働くことは主体化のプロセス

　障害を持っている，持っていないにかかわらず，仕事に対してどれだけ主

Commentary

体的に関わっているのか，社会人として責任を持って働き始める時にだれにでも問われることであろう．ことにチームで仕事をしていく時には，それぞれがどれだけ主体的に関わっているかで，仕事の質が変わってくる．

経験を重ね，専門技術を高めて，仕事の質を上げていくためには，指示を受けて行う仕事だけをこなしているだけでは不十分である．どんな仕事にも創造的な仕事づくりが重要である．

また，精神障害者が働く場合に，自分自身の病気や障害，その時々の体調をどれだけ自分で認識しているかが問われる．最初から高い専門技術を身につけていることよりも，病気や障害への認識，認識に基づく健康管理が仕事を継続させる鍵である．体調が悪い時には，健康管理のために仕事を休んだり，生活支援活動を利用したり，主治医と相談できることが重要である．主体的に自分の人生を生き，その中で働くことを位置づけているからできることなのではないだろうか．

2）情報の共有は運営の主体的参加の入口

やどかり情報館の設立の際に，運営に主体的に参加できることを1つの目標にしていた．しかし，運営に主体的に参加するといっても，一足飛びに実現するわけではない．その時々に起こっていることをきちんと捉えて，判断できなくてはならない．正しい現状認識と判断のためには，情報が提供されなくてはならない．やどかりの里全体を見回すと，職員とメンバーの情報格差はまだ厳然としてある．生活支援活動の場合，プライバシーの問題もあるので，慎重に考えなくてはならないだろう．しかし，働く場であるやどかり情報館では，情報の共有は重要なこととして捉えている．情報の共有から新しい関係性が生まれていく．そして，それぞれが主体的に関わり，ともに運営するということが実現していくのではないだろうか．

3）共同学習の大切さ

前述の研究会やカナダのセミナー等の企画運営のプロセスは，まさに関わる人々の相互の研修であった．1つの目的に向かって話し合いを基盤に置いた学習の中で，これからの活動の展望が開かれていくことをみんなで体験した．やどかり情報館の今後の方向性をどう描くのか，またやどかりの里の将来設計をどう持つのか，などということは，こうした学習のプロセスの中から生まれてくるであろう．そしてそこからさらに，自分たちの暮らす地域のあり方を，その地域の人々とともに学び合いながら考えていくことが，これからの地域づくり，街づくりにつながっていくのではないだろうか．トップダウンの地域づくり[Com]から，草の根の，そこに住む人々の思いを撚り合せながらの地域づくりの時代に，今まさにパラダイム[Com]が大きく変わろうとしているのではないだろうか．情報館での小さな試みが，少しずつ広がって

トップダウンの地域づくり
地域で暮らす住民にわかりにくい形で，住民の声を反映させないで，一方的に作られた法律に基づき進められる地域づくり．また地域の中で主な役職についている人の一部の意見で提案され，実行されようとしている地域づくり．

パラダイム
私たちが暮らしている社会や文化の基盤となるところ．

Commentary

いくことに大きな期待が持てるようになってきている．

4）障害や病の体験に大きな価値がある

　病気にならなかったらもっと違う人生があったはずだという人々も多い．確かにそうであろう．病気や障害は現代社会では大きな社会的なハンディキャップとなっている．しかし，
　「病気をしたからこそ見えてきたことがある」
　「この病気を友達として生涯つき合っていくんだ」
　「あの時にこんな支えがあったら，私はもっと安心して暮らしてこれた．自分と同じ辛さを味わってほしくない．そのために自分のこの体験を役立てることができないだろうか」
という人たちが出てきている．また，
　「人生のどん底を見てきたからね，これ以上落ちることはないと思ったんだ．そこから自分の人生もう1度生き直している」
という人々が，たくましく人生を生き始めている．その生きざまは力強く，やさしい．私はその力強さとやさしさに励まされることが多い．こうした思いを形にしたのが，体験発表会であり，「やどかりブックレット・障害者からのメッセージ」の出版である．自分たちの体験に基づく仕事づくりが，賃金を得られる仕事につながっている．障害や病気の体験に基づく社会への貢献が，少しずつ目に見える形になっていく時，これまでの効率や競争を原則にする価値から，もう1つの価値[Com]の創造につながっていくのではないか．それが，障害者文化の創出につながっていくのではないだろうか．それは，排除の論理ではなく，補い合う関係づくり，共同と連帯の中から生まれるのである．

5）夢を持つことの大切さ

　情報館は働く場であり，収益を上げる事業を推進することが大きな責任である．生活を支える経済保障をきちんと行っていくことができなければ，大切な価値も見出すことはできない．生きがいややりがいといった質的な価値を大切にしつつ，経済保障に基づいた安定した暮らしを打ち立てることが大切である．そして質と量を一体化した価値を見出すことから，新たな夢を描くことができる．
　情報館で働くあるメンバーから，私自身がこれからの展望をどう持っているのかを求められた．確かにやどかり情報館は私たちの活動の途中経過にすぎない．この活動を進めてきてよかったと実感してはいるが，私たちが進めてきたことが完成したとは感じられない．でもここで働き始めたことによって，みんなで夢を描ける楽しさが私には実感できている．
　出版や印刷の仕事は地道な努力の継続で，見えないところの頑張りが大き

もう1つの価値
生産性を重視した効率や競争によってもたらされる価値ではなく，人間を中心にすえて生き生きと暮らしていくために大切なことをいう．

い．でも仕事は楽しく，気持ちよく進めたい．そんな環境の中で，あんなこともしてみたい，こんなこともしてみたいと思いが広がっていくのである．

おわりに

　私たちの活動には，正しい答えは用意されていない．だからこそおもしろいし，だからこそ迷ったり，考え込んだり，止まってしまうこともある．ゆっくり歩く時もあれば，一気に走る時もある．やどかり情報館は準備期間も含めて走り続けてきたというのが，関わり続けてきた私の今の思いである．最初は少人数の職員で走っていたのが，今は横を向くとメンバーが一緒に走っている．走っている道の先に見えてきた山を指差しながら，あの山に登ってみようか，どちらから登ろうか，どのくらいのペースで行こうかと相談しながら，走っている．短距離走ではなく，長距離走である．1人で黙々と走るのではなく，競争でもなく，みんなで声をかけながら走ることの楽しさを私は感じている．そして，あちこちから思いを同じにする人たちが現われてきて，賑やかな長距離走が始まりそうな気配である．

　私たちの歩みがこれからどう進んでいくのか，たくさんのハードルもあるかもしれないけれど，ハードルを飛び越す楽しさも味わいつつ，未来を切り拓いていきたい．　　　　　　　　　　　　　　　　　　（増田　一世）

文　献

1）やどかりの里編：共に担った危険な賭け　泣いて笑った5年間；やどかり出版，1995．
2）大澤美紀・白石直己・増田一世：精神障害者の就労をめぐって（1）；響き合う街でNo, 2，1996．
3）大澤美紀・白石直己・増田一世：精神障害者の就労をめぐって（2）；響き合う街でNo, 3，1996．
4）星野文男・大村祐二・香野英勇：精神障害者にとって働くとは；(やどかりブックレット編集委員会編：やどかりブックレット・障害者からのメッセージ・1)，やどかり出版，1998．
5）菅原和子・菅原進：過去があるから今がある　今があるから未来がある・1　2人の旅人がやどかりの里にたどり着くまでの軌跡；(やどかりブックレット編集委員会編：やどかりブックレット・障害者からのメッセージ・2）やどかり出版，1999．
6）町田圭子・傳田ひろみ他：第1回障害者体験発表会　自然体の自分を見つめて　ありのままの私たちの生き方を語り合おう；(やどかりブックレット編集委員会編：やどかりブックレット・障害者からのメッセージ・3）やどかり出版，1999．
7）香野英勇著：僕のこころに聞いてみる・1　マイ　ベスト　フレンド；

（やどかりブックレット編集委員会編：やどかりブックレット・障害者からのメッセージ・4）やどかり出版，1999．

8）語り手　久津間康志・香野英勇他；やどかりの里におけるグループ活動爽風会；(やどかりブックレット編集委員会編：やどかりブックレット・障害者からのメッセージ・5），やどかり出版，2000．

9）特集　地域で生活を支える・第6回地域精神保健・福祉研究会　援助関係の価値転換を求めて；響き合う街でNo，12

資　料

1）やどかり情報館 雇用までの流れ　　　　　　　　　　　　　　　　平成12年9月現在

	生活支援センター			やどかり情報館	
期　間	就労援助準備期間	就労援助期間		就労期間	
		試験利用期間（おおむね1ヵ月）▼面接	実習生期間（最低2ヵ月）▼受理面接	雇用契約期間（2ヵ月）▼雇用契約	雇用再契約期間（2ヵ月～1年）▼雇用契約
	▼生活支援センター登録				
対象者	就労希望者		実習生	従業員（やどかりの里パート作業員）	
登　録	生活支援センター（大宮東部 or 大宮中部 or 浦和 or 与野）			やどかり情報館（入所届）	
報　酬	無			賃金報酬（時給669円／日給5,330円／日給月給106,600円）	
手　当	無		実習手当金400円／時間	通勤手当金200円／日	
就労支援	アセスメント（ニーズの見定め）		援助計画策定／介入／評価	（モニタリング／評価／介入／援助計画策定）	
構成員	生活支援スタッフ・他	生活支援スタッフ		（現場マネージャー・生活支援スタッフ）	
傷害保険等	入場者傷害保険		準記名式一部付保方式保険	労働災害保険	
制　限	・求人に応ずる求職 ・求職の意思がある者 ・就労支援計画の策定		各種書類の提出 ・雇用契約前に健康診断書 ・医師の意見書 ・履歴書 職場安全教育の実施	・契約期間1年を超えない ・他の会社の業務に従事することの制限 ・労働能力が著しく劣る者については労働基準監督署に最低賃金適用除外申請をする．適用除外の承認が得られない場合次期の雇用を取り止める ・医師の指示に基づく通院及び服薬管理の義務	
社会保障	個人／世帯単位の受給に限る			雇用保険・健康保険・厚生年金保険　注1	

（注）1　雇用保険：雇用期間が1年を見込める者で，20H～30H/Wの者は雇用保険短時間労働保険者として，30H/W以上の者は雇用保険一般被保険者として申請。
　　　社会保険（厚生年金，健康保険）：正職員の3／4以上の労働日数及び労働時間（35H/W以上及び4日／W以上）の者で長期の継続勤務が見込まれる者。
　　　ただし賃金額が10万円以上の者について検討する。

II やどかりの里における印刷事業の意味と役割

先輩からの学び，新たな気づき，そしてこれから

Commentary

授産施設（通所授産施設）

援護寮と同時に精神保健法に盛り込まれた社会復帰施設．働くための訓練や指導を目的としている．やどかりの里では，開設当初は印刷訓練や就労のための訓練と仲間づくりやサークル活動が行われていたが，現在では，地域の高齢者や障害者への配食サービスを行う食事サービスセンター「エンジュ」とサークル活動等が行われている．

はじめに

私が初めてやどかりの里を訪れたのは，1992（平成4）年5月である．当時，私は大学の研究生で，1か月間の現場研修が目的だった．研修期間中，印刷事業にも実習生として参加している．

授産施設[Com]の1階，そこには，分厚い眼鏡に細い体，寡黙に仕事を続けている奥出昌平所長と「はあ～，はあ～」とため息ばかりついている鼓朗氏がいた．お世辞にも綺麗で明るいとは言えない部屋で，めんどくさそうに2人が私を迎え入れてくれた．

初めての印刷作業は，紙を揃えるだけの作業．なんともうまくいかない苛立たしさと，寡黙な2人の陰気臭い空間で，居心地の悪さを感じていた．唯一救われたのは，作業中に流れていた文化放送のラジオの音で，退屈な単純作業を紛らわしてくれた．お昼になると，鼓朗さんが調子が悪いのでと言って帰ってしまった．私は午後から他のプログラムへの参加の予定があったので印刷室を後にしたが，代わりのメンバーが来る様子もなく，奥出所長1人が仕事を続けていた．

当時私は，援護寮に宿泊しながら研修を受けていたので，夕食も援護寮でということになる．夕食は遅番といわれる女性スタッフが作り，当直の男性スタッフとともに，宿泊しているメンバーと一緒に食べるようになっていた．時間になっても当直者の男性の姿がなく，先に食べていてくれとの伝言が入った．午後9時になり遅番の女性スタッフが帰宅するのと入れ代わりに，その日の当直者が現われた．奥出さんであった．私が去った後，1人で営業に出て，帰ってきてからメンバーがやり残した作業をし，今まで印刷機を回していたという．遅番や宿泊しているメンバーにはいつも迷惑をかけて悪いが，いつものことなのだと言っていた．

その夜，奥出さんと遅くまでそのことについて話をした．印刷事業の現状，これからの事業のあり方等々，明らかに奥出さんは疲れている様子であった．今思うと，日々の忙しさで疲れていたというよりも，やどかりの里の中で収益事業をやっていくこと自体に疲れ果てていたようにも思える．「こんなに

頑張っているのに，生活が豊かにならない」という言葉がそれを象徴していたような気がする．機械の消耗と同じように奥出さん自身が消耗しているように感じた．

あれから8年経った今，印刷事業は福祉工場の一種目となり，私はその現場責任者としてやどかりの里にいる．

もともと私は，「働くこと」に関心があった．関心の焦点は，働くことによってもたらされる人間的な利益（生活を支える，働く喜び，生きがい等）である．やどかりの里の職員になったのも，いろんな人たちとともに働くことによって，その関心をより深めたいと思ったからである．

やどかりの里の印刷事業は20数年の歴史がある．振り返ってみると今の印刷事業の前身である「きさらぎ印刷」「NSP印刷」ともに潰れてしまっていて，印刷が，今ここに事業として成り立っていることは不思議な気がする．しかし，継続させてきた裏側には，その時々の関係者の思いと，やどかりの里における活動としての必然性があったはずである．先輩たちから引き継いで，現在印刷事業に携わる私が，印刷事業を支えてきた大切な要素を抽出し，多くの人たちの思いが積み重なってここまできた印刷事業の役割と意味について，やどかりの里の30周年を機に考えてみることにした．

1．印刷事業の歩み

やどかりの里の印刷事業の成り立ちは，1977（昭和52）年2月にメンバー2名とその家族が自宅2階を開放し，自前で印刷所を始めたことに端を発している．

現在は，精神障害者福祉工場として，地域関係者の理解と協力のもとで営み続けられている．まずは，その歩みと組織について紹介する．

1）働くことを求めて
　　＜1977（昭和52）年2月～1978（昭和53）年2月＞

印刷事業は，やどかりの里の事業計画に盛り込まれていなかったが，メンバー2人とその家族が1つの会社を作ることを目標に，家族の自宅2階で「きさらぎ印刷」として始まった．軌道に乗ったら他のメンバーも職員として採用する予定であった．生活を支えるものではなくとも，手内職ではなく，何か張り合いになり，収入になる事業を始めたいという家族とメンバーの思いを実現したものであった．

しかしながら，現実には印刷機を回せばよいだけのことでなく，営業，タイプ打ち依頼，製本等一切の仕事を取りしきることが必要であった．なんとか印刷機を回したり，紙を折ったりはできた．その他はスタッフが手伝った．特に納期に間に合わない時，スタッフはやどかりの里の仕事を終えた後「きさらぎ印刷」の仕事をした．赤字は予想しており，長期的な取り組みを考え

Commentary

てのことでもあったので，2～3年後には企業化できるようにと力をつける計画であった．しかし，メンバーの1人が他へ就職が決ったため，残った1人では荷が重すぎて解散をした．

「きさらぎ印刷」の活動は，たった1年間で，メンバー中心の印刷会社づくりの夢とともに消えた．しかし，生きがいや，生活の張りを「仕事」の中に求め，自ら行動したことと，彼らの思いを尊重し，それを支えた活動は大変意義のあるものであった．このことは現在の活動の原点であり，基本理念でもある．

2）運動と事業の二人三脚，活動と事業の両輪として
<1978（昭和53）年3月～1987（昭和62）年3月>

「きさらぎ印刷」の解散後，印刷事業は，「やどかり出版」が引き継ぎ，その1年後「NSP印刷」という名称とともに，やどかり出版から独立した．NSP印刷の名称は，Nは「なんて」Sは「すごい」Pは「プロみたい」という意味で，まったくの素人から始めたので，少しでもプロに近づくように，またそのように努力していこうという思いが込められていた．出版や印刷事業は，「やどかりの里」の運動を推進し，精神衛生活動[Com]を活発にしていくために欠かせない活動であった．しかしながら，財政問題で緊迫している「やどかりの里」の直接的事業としては荷が重いために，個々の活動を独立させ，それぞれが独立採算制で活動を続けていくように考えられていた．そして，やどかりの里の専従スタッフ，研修生（やどかりの里を実践の現場として，専門職を目指すために研修する人たち）がやどかりの里の業務の傍ら事業に関わっていた．

印刷事業の担当は，当時研修生としてやどかりの里に飛び込んできた奥出昌平さんで，メンバー1人と印刷所を再開していた．関連事業としてそれぞれが独立した機能を発揮するように努めた過程の中には，財政問題があったのであった．文字通り，NSP印刷は，やどかりの里の事業として独立採算性をとり，奥出さんを専従者として，その給与や必要経費は事業収入で賄っていた．

1982（昭和57）年には印刷も含めて精神衛生活動が「関連事業」から「事業」として大きくやどかりの里の活動に位置づけられ，事業と精神障害者の生活や社会参加[Com]を支援する活動がやどかりの里の両輪としてゆっくりと歩み出した．

人手不足，お金不足は，やどかりの里に関わるすべての活動，運動に共通して言えることであった．活動と運動を支えるためには，収益性を指向する事業を展開せざるを得なかったと言える．しかし，名刺や年賀はがき印刷等は，地域住民へのサービスでもあり，収益を求めたものだけではなかった．収益以上に，地域の方々がやどかりの里の活動を認知し，理解することにつながっていった．まさに，やどかりの里が地域に根ざす一翼を担うものでも

精神衛生活動
（やどかりの里の精神保健運動）
やどかりの里の実践をもとに地域における精神障害者の活動の活発化を図ろうと意図して，全国に向けて展開されていた活動．研修の事業のほか，出版や研究の事業等も行われていた．精神衛生法の時代には精神衛生活動，あるいは運動と位置付けていた．

社会参加
人が社会の一員として活動するのは，単に就労するということだけではなく，何らかの形で社会との関連を持ち，社会に関わることを大切なことだと意味づけること．

あった．換言すると「運動と事業の二人三脚」であり，事業と運動はコインの裏と表と捉えることができる．

3）事業化と社会復帰施設づくり
＜1987（昭和62）年4月～1993（平成5）年3月＞

　1988（昭和63）年度は，精神保健法施行の年であり，やどかりの里全体が社会復帰施設づくりを目指して走り続けた年でもあった．
　1990（平成2）年4月に援護寮と通所授産施設の複合施設が建設され，授産施設の中に印刷訓練部門を設けた．奥出さんは，これまでのNSP印刷の所長と授産施設の施設長を兼務することになった．そのため，施設長としての役割や，やどかりの里の行事に時間をとられることが多くなり，印刷の仕事時間の短縮を余儀なくされた．印刷の受注数も減り，地域とのつながりの1つでもある年賀状印刷の注文まで断る必要性が生じていた．独立採算で運営をしてきて，予算の達成を目標にがんばってきたが，奥出さん1人のがんばりでは限界があった．奥出さんに続く職員の確保が現実の問題であった．1991（平成3）年度には，NSP印刷本体を授産施設へ移動させ，印刷所と授産施設の作業訓練部門が同居することになる．しかし，あくまでもNSP印刷は事業所にこだわり，将来的には外に独立させていきたいと願うメンバーのために，施設内の作業訓練部門とは連携を保つという位置付けであった．しかし，所長の人件費を施設の予算で持つことや施設に印刷所の看板を掲げるなど，内からも外からもNSP印刷の位置付けはわかりづらいものであった．そして，1993（平成5）年2月，14年間NSP印刷を引っ張ってきた奥出さんが退職した．体調を崩しての退職であった．
　奥出さんの事業化へのこだわりとメンバーの願いは，ともに，生活の豊かさを求めたものであった．事業化によってもたらされる経済の安定と，働くことの中で，喜びや生きがいを求めたものであった．そして，法的規制にとらわれない自由な発想で，それらの活動を作り上げたいという願いでもあった．法的整備の遅れから，事業化を目指し一直線に進めてきた活動であったからこそ，そのこだわりは一層強かった．しかし，奥出さんは退職し，長い間一緒にやってきた所員の中には動揺を隠しきれず，今後の身の振り方を考える者も出たほどだった．奥出さんのがんばりは敬服すべきものであるが，奥出さんの退職が示したものは，願いや思いを尊重しつつ，1人でがんばることの限界でもあった．

4）存続の危機
＜1993（平成5）年4月～1994（平成6）年10月＞

　奥出さんの退職後，印刷所を継続させるための態勢づくりが急務となった．技術者を導入し，グループ活動を担当し，傍らに印刷事業を兼務していた白

石直己（現・浦和生活支援センター代表）が所長を引き継ぐことになった．昨年度の約2/3の予算額での再スタートであった．

しかしながら，人の入れ替わりによる態勢の変化と，技術力の低さと経営面の弱さが露呈し，決算ではなんとか黒字を示したが，運営を維持するのが精一杯であった．

1994（平成6）年3月，技術者が契約切れに伴い退職することになり，状況は奥出前所長が抜けた時点と同じになった．この時点で印刷事業には3つの選択肢があった．① 印刷事業自体をやめること，② これまで同様，事業所としての発展を目指しつつ事業を継続して展開すること，③ 事業所としてではなく，当時検討が進んでいた福祉工場[Com]内の一事業として活路を見出すこと，の3つであった．

半年経過する中で，「少ない所員で仕事を切り盛りすることの限界，経営面の弱さ，それ故のマンパワー不足」これらを考えた時，先の第3案を採ることが印刷事業を継続発展させるために必要だという結論に達した．福祉工場の一種目とすることにより，人材を確保し，利潤を上げられる仕事のシステムを確立する．そのような環境整備ができたなら，メンバーの働く場としての可能性も広がっていくと考えたのである．

また一方で，福祉工場は単に印刷事業の発展のみでなく，やどかりの里の事業部門全体の底上げを目指すものとして位置付けられた．印刷事業は新たに設置される福祉工場建設準備委員会に運営を，福祉工場準備室に実務をそれぞれ委ねられ，その引継ぎ終了をもってＮＳＰ印刷は役目を終えることになった．

この時期は，存続の危機に見舞われて，将来の方向性が問われた時期であった．事業化の夢は消えたが，印刷部門の存続はやどかりの里にとって大きな意味があった．1つは，日常実践の記録化を出版活動を通して行い，やどかりの里の活動の深まりと広がりを情報化し発信する，これらを可能にする媒体を自前で持つこと，まさに事業と運動の一体化であった．2つは，豊かさを求めたメンバーの働く場としての可能性をつぶさなかったことであった．

関係者の活路を見出す過程には，基本理念となる関係者の思いの尊重と，事業のあり方についての発想の転換があった．福祉工場という新しい制度の活用と導入は，関係者の最善の策として選択された．

5）価値の転換，そして豊かさを求めて
＜1994（平成6）年10月～　＞

1994（平成6）年10月にＮＳＰ印刷が幕を閉じ，福祉工場建設に向けて事業部門の基盤整備に当たっていたやどかり研修センターの児玉洋子（現・済生会鴻巣病院）が福祉工場準備室長として，また，生活支援センター本部に所属していた私が印刷事業の担当者として実務を引き継いだ．それぞれの業務を兼務しながらの出発であった．

Commentary

福祉工場
身体障害者の福祉工場が最も先発で，その後知的障害者の福祉工場ができ，1994（平成6）年に精神障害者の福祉工場が精神保健福祉法に盛り込まれた．障害者を労働者として雇用し，最低賃金を保障することを目標としている．（現在11施設）
やどかりの里の福祉工場は，障害者の手による情報発信基地を目指して，やどかり情報館と命名された．1997（平成9）年4月開設．

そして，1995（平成7）年1月，心機一転「ＮＳＰ印刷」から「やどかり印刷」と名称を変更した．それは，「生活の豊かさ」という「きさらぎ印刷」や「ＮＳＰ印刷」の夢を福祉工場に託し，「私たちが」活動を継承していくとの思いとこだわりを強く持ったからであった．

　福祉工場建設に向けての環境整備は，職員の態勢づくりから始まった．日常的な生活支援と事業の分担を明確化し，これまで生活支援事業を兼務していた私は，この年よりやどかり印刷の責任者として専従となった．さらに，機械操作の技術者を専任オペレーターとして迎えた．次に，福祉工場に関心を寄せるメンバーと家族とともに「福祉工場のあり方を検討する委員会」を設け，収益事業としての展望，経営の側面からの目標とその戦略，現状の課題等を検討し整理した．

　一方，福祉工場でどんな仕事がしたいのか，どんな働き方の工夫が必要なのか，生活支援センターとの連携，利用窓口の設置，利用と雇用の考え方の違い等，家族やメンバー，職員との話し合いを継続しつつ，量と質の2側面からそのあり方について検討を進めた．

　そして1997（平成9）年4月，最低賃金を保障することを目指した福祉工場「やどかり情報館」がオープンした．新たな挑戦として，最低賃金を保障しようというものであった．精神障害者福祉工場は，それまで全国でも3か所しかなく，埼玉県下では初めての試みであった．（全国の福祉工場は，1997年137か所）それは，多くのメンバーが一般就労への困難さから，やどかりの里の中で自分たちの力を発揮できる仕事を中心とした工場をつくり，そこで働きたいという願いを実現したものでもあった．

　福祉工場は，やどかり印刷の他，やどかり出版，やどかり研修センターの3部門を配置し，事業を開始した．それぞれの事業はやどかりの里の中で，長年実績を積んできたものであり，場所や形態が変わっても事業内容の大きな変更はなかった．やどかり印刷では，製本の機械整備が行われ，また印刷機械もすべて新しい機械に入れ替え，事業の幅が広がった．

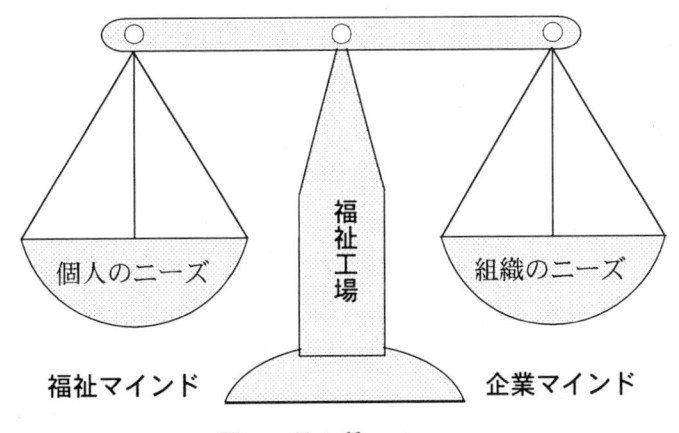

図23　量と質のバランス

156　第3章　福祉工場の胎動

表5　やどかりの里における印刷事業の位置付けとその体制

年度	印刷事業の活動区分	位置付け 事業活動	名称	施設活動	名称	体制 場所	担当者	技術者	利用者	雇用	年度
昭和45											1970
46											1971
47											1972
48											1973
49											1974
50											1975
51											1976
52	働くことを求めて		きさらぎ印刷			志村宅2階	(大久保)		F・泉淳		1977
53	運動と事業の二人三脚	関連事業	やどかり出版(印刷部門)			中川（木造平屋）	奥出		泉淳		1978
54		関連事業	NSP印刷			中川（木造平屋）	奥出		泉淳		1979
55		関連事業	NSP印刷			中川（木造平屋）	奥出		泉淳		1980
56		関連事業	NSP印刷			中川（木造平屋）	奥出		早川次郎・森川浩・千あや子		1981
57		事業	NSP印刷			中川（木造平屋）	奥出		早川次郎・千あや子・堀崎太郎・鼓朗		1982
58	活動と事業の両輪として	特別事業	NSP印刷			中川（木造平屋）	奥出		早川次郎・森川浩・千あや子		1983
59		特別事業	NSP印刷			中川（木造平屋）	奥出		早川次郎・森川浩・千あや子		1984
60		特別事業	NSP印刷			中川（木造平屋）	奥出		早川次郎・千あや子・堀崎太郎・鼓朗		1985
61		特別事業	NSP印刷			中川（木造平屋）	奥出		早川次郎・千あや子・堀崎太郎・鼓朗		1986
62	事業化と社会復帰施設づくり	特別事業	NSP印刷			中川（木造平屋）	奥出・金井		早川次郎・鼓朗・伊達進・志乃めぐみ・篠原ゆかり		1987
63		特別事業	NSP印刷			中川（木造平屋）	奥出・金井		早川次郎・鼓朗・伊達進・志乃めぐみ・篠原ゆかり		1988
平成1		特別事業	NSP印刷			上山口新田（プレハブ1階）	奥出		鼓朗・伊達進（〜11月）		1989
2		特別事業	NSP印刷	授産施設	授産訓練	上山口新田（プレハブ1階）／中川（鉄筋）	奥出		鼓朗・小山牧男（〜9月）		1990
3		特別事業	NSP印刷	授産施設	会館プログラム	上山口新田（プレハブ1階）／中川（鉄筋）	奥出・白石		鼓朗・小池均（5月〜）		1991
4		特別事業	NSP印刷	授産施設	会館プログラム	中川（鉄筋）	奥出・白石		鼓朗・小池均		1992
5	存続の危機	特別事業	NSP印刷	授産施設	作業活動	中川（鉄筋）	白石	西田・小林	鼓朗・小池均（〜7月）		1993
6		特別事業	NSP印刷	授産施設	作業活動	中川（鉄筋）	白石	伊藤	鼓朗		1994
7	価値の転換を求めて			授産施設	福祉工場準備室	中川（鉄筋）	児玉・宗野	伊藤・吉岡	鼓朗・鎌上光子・和田望（〜11月）		1995
8		特別事業	やどかり印刷	授産施設	福祉工場準備室	中川（鉄筋）	宗野	吉岡・白尾・高木	鼓朗・鎌上光子（〜10月）・佐藤勇一郎（11月〜）		1996
9	豊かさを求めて			福祉工場	やどかり印刷	染谷（鉄筋）	宗野	吉岡・白尾・高木	大村祐二・木崎正（6月〜）・K（6月）	佐藤勇一郎	1997

Ⅱ　やどかりの里における印刷事業の意味と役割　157

年度	活動区分	やどかりの里の動き	社会の動き	年度
45	中間宿舎としての活動	8月中間宿舎を開始（やどかりの里創設）	5月　心身障害者対策基本法公布　大阪万国博覧会開催	1970
46	中間宿舎としての活動			1971
47	中間宿舎としての活動／社会復帰施設としての活動	5月法人設立のための総会開催　6月中川に移転	7月　身体障害者福祉工場の創設　沖縄県本土復帰　老人保健福祉法改正（70歳以上の医療費無料化）	1972
48	社会復帰施設としての活動	5月社団法人許可（初代理事長として岩本正次が就任）	第1次石油ショック	1973
49	社会復帰施設としての活動／地域精神衛生活動	3月長期宿舎利用を廃止	原子力船むつ放射能漏れ	1974
50	地域精神衛生活動／いこいの家として	財政難による危機　存続させる会発足	12月　国連「障害者の権利宣言」決議	1975
51	いこいの家として	爽風会の盛り上がり　社会復帰の考え方の変化	ロッキード事件	1976
52	いこいの家として	大宮市より助成30万円決定（年間）		1977
53	いこいの家として	精神衛生活動を関連事業としての独立採算性で開始		1978
54	いこいの家精神衛生運動としての活動	爽風会グループ担当者の交代　出版・印刷の事業に力点	第2次石油ショック　8月　身体障害者通所授産施設の創設	1979
55	いこいの家精神衛生運動としての活動	1年遅れの10周年記念事業　全国交流集会の開催		1980
56	精神衛生運動への基礎工事（転換の第一歩）	全スタッフ参加の第3回内部研修会開催　研修のテーマは「やどかりの里の精神とその伝承」	中国残留日本人孤児初の正式来日	1981
57	精神衛生運動への基礎工事（転換の第一歩）	平屋プレハブから2階建てモルタルづくりへ（中央競馬会助成）　大宮市助成金50万円に（年間）	老人保健法施行	1982
58	精神衛生運動への基礎工事（激動期）	事業の調整（社会復帰事業・精神衛生活動事業・特別事業）	全国精神障害者社会復帰活動連絡協議会（全国の患者会組織）第1回大会開催	1983
59	精神衛生運動への基礎工事（激動期）	創立15周年記念事業　研究所体制の強化	グリコ森永事件　宇都宮病院事件　男女平均寿命世界一　健康保険法改正（本人給付に1割負担の導入）	1984
60	精神衛生運動への基礎工事（自立宣言）	自立宣言	電々公社、専売公社の民営化　5月　精神薄弱者福祉工場の創設	1985
61	精神衛生運動への基礎工事（自立宣言）		男女雇用機会均等法施行　チェルノブイリ原子力発電所の大事故　防衛費がGNPの1％枠突破	1986
62	精神保健法の成立と社会復帰施設づくり（一坪運動）	一坪運動　社会復帰建設準備室発足	国鉄分割民営化　精神障害者小規模作業所設置助成金予算化　社会福祉士介護福祉士法成立　精神保健法成立	1987
63	精神保健法の成立と社会復帰施設づくり（一坪運動）	保健文化賞受賞　みどり作業所始動	リクルート疑惑事件　精神保健法施行	1988
1	精神保健法の成立と社会復帰施設づくり（全力投球）	社会復帰施設建設	天皇崩御　元号が昭和から平成に　精神障害者通所授産施設の創設	1989
2	地域生活支援体制づくり	4月社会復帰施設完成　みどり作業所からクローバー社へ	守山荘事件	1990
3	地域生活支援体制づくり	11月ケア付住居　ドリームカンパニー活動開始　1月あゆみ舎始動　グループホーム開始	南アフリカのアパルトヘイト体制の集結宣言　精神障害者入所授産施設の創設	1991
4	地域生活支援体制づくり	第26回キワニス社会公益賞受賞　生活支援センター活動開始　10月シーズ活動開始	育児休業法施行　国連平和維持活動(PKO)協力法成立	1992
5	地域生活支援体制づくり	作業所の運営費補助の増額請願運動　なす花　与野生活支援センター　まごころ始動	北海道南西沖地震で奥尻島被災　障害者基本法施行　雲仙普賢岳噴火島原市、深江町被災	1993
6	地域生活支援体制づくり	堀の内／南中野生活支援センター設置　本部機能始動　10月福祉工場建設準備委員会　福祉工場準備室始動	湾岸戦争（1994.01.17）　精神障害者福祉工場の創設	1994
7	地域生活支援体制づくり／就労支援体制づくり	食事サービスセンター準備委員会発足	阪神大震災（1995.01.17）　精神保健福祉法施行　精神障害者手帳	1995
8	地域生活支援体制づくり／就労支援体制づくり	ケアセンターから会館へ名称変更　生活支援センターが活動の拠点として	大都市特例の実施　精神障害者地域生活支援事業の創設	1996
9	地域生活支援体制づくり／就労支援体制づくり	4月福祉工場開設　6月食事サービスセンターエンジュ始動		1997

そして，福祉工場開設後，少しずつではあるが雇用関係を結ぶ従業員の数が増えた．1999（平成11）年度には4名の従業員と1名の実習生，そして3名の専従職員が印刷事業に従事している．メンバーとの契約形態が，利用から雇用へと変化し，多くの価値の転換がなされ，生活の豊かさに向けた活動が展開されている．

表5は，各年度のやどかりの里における印刷事業の位置付けとその態勢をまとめたものである．印刷事業の歩みは，やどかりの里の歩みとまさに一体であると言えよう．やどかりの里の活動展開の中で，必然的に生まれ，その継続に多くの努力がはらわれていたことに気づく．多くの努力の割には，今まできちんと光が当てられることが少なかった活動である．

以上，やどかりの里における印刷事業の歩みを凝縮して検討したが，この歩みを辿ると，その時々の様子とそこに関わった人々の思いがはっきりと浮かび上がってくる．この学びの中で，印刷事業の持つ価値と役割が自分の中で極めて明確になってきた．

2．印刷事業が持つ意味と価値

1）企業マインドと福祉マインドの二人三脚（図23）

環境整備がある程度進み，印刷事業は現在福祉工場に位置付けられている．福祉工場でも，それ以前の印刷事業においても，生産工場としての一面と福祉施設としての一面を，車の両輪として運営しなくてはならない．それは，生産性を上げ，利益を上げるといった企業マインドと，個々の思いや個人のニーズに配慮した福祉マインドの，一見矛盾している活動の双方を大切にしながら展開することを意味している．

換言すれば，組織のニーズと個人のニーズを同時に満たす活動だということである．この点は今後の実践を重ねる中で充実を図っていくことでもある．しかし，福祉工場での実践が3年を経過する中で見えてきたことがある．

丁合機に印刷物をセットする　　　　オフセット印刷機を操作する

それは働く場の中で，それぞれが「役割」を果たすことによって充足や満足が得られるということである．印刷事業で言えば，その人の得意な分野で生産工程の一翼を担うとか，印刷機械やパソコンの操作など，新しい能力を身につけ生産活動のパートナーとなることがその「役割」を果たすということになる．

一方，さまざまな環境の条件を個人の特性に応じて調整し，個人の状況に応じて条件そのものを修正したり改善することが組織側の「役割」である．そして，そのお互いの「役割」を果たす時，やりがいや生きがいといった個人のニーズが満たされ，生産活動が活性化し，組織のニーズが充足していく．

事実，雇用関係にあるメンバーの1人は，試験利用の当初，非常に表情が硬かったが，彼の得意とするワープロ入力作業で，その速さと正確さが顧客先より評価され，表情がとても柔らかくなった．今ではとても素敵な笑顔を見せてくれるのである．また，あるメンバーは，職場に後輩のメンバーができると，新たに自分の役割を見つけようと印刷機械の操作を積極的に学習し始めたのである．それぞれが個々に持つ特性と技術で「役割」を担い，それに応じた仕事を創ることによって，自己の尊厳が回復している．

つまり，メンバーが働くことを通し，地域を構成する一員として，また，職業人としての成長と自己の尊厳の高まりが，個々の生活の質の向上をもたらすのである．

2）文化の一翼を担う印刷

私自身は，常に自覚しているわけではないが，やどかり情報館で働く仲間である増田さんとは，「印刷」が果たしてきた文化を築くという役割の大きさについて話し合ってきた．

人間の歴史を辿る時，活字が生まれ，そして印刷技術が発達する中で，人類の歴史は大きく変わってきているのである．そうした文化を担う活動を，障害者とともに推進していくというところにも，印刷事業の持つ大きな役割がある．また，こうした地味な活動に従事する私たちの働きがいや，やりがいが見出せるはずであり，さらにこれを，収益を上げるといった量的な価値

丁合されたものを製本する　　　　　　　　　　　　　　入力原稿の校正

に転換できるという強みを持った活動が，印刷事業と言えるのではなかろうか．

3）社会に貢献するという意識

　生産性を上げ，収益の獲得を目的にする一般企業にも，一企業が社会にどう貢献するのかという意識を持ち，文化活動に出資したり，私たちのような活動に助成金を出すような動きがある．

　私たちのような小さな事業体では，とてもそこまでは手が伸ばせないが，印刷事業を展開する中で，地域社会に貢献したいという意識で活動に従事していることに気づく．

　先輩から引き継いだものとしては，地域住民から依頼を受けて行う年賀状の印刷である．非常に安価で，何枚からでも受け付ける．実は，この仕事の収益率はあまり大きくはないのであるが，やどかりの里の年賀状印刷を待ってくれている人たちへの1年に1度のサービス事業として位置付けている．

　また，1つのポリシーとして貫いていることとして，どんな仕事も断わらないということがある．技術的に無理な場合は仕方がないが，これも仲間の印刷会社に部分的にお願いすることで，引き受けられる場合もある．あるいは，これしか予算がない，この予算内でという場合，利潤はギリギリでも引き受ける用意がある．例えば「いきがい大学伊奈学園」の卒業文集がまさにそれである．いきがい大学は，県民を対象にした生涯教育の一貫として，65歳以上の方ならだれでも入学の資格があり，2年間の学習課程を設けている．なんらかの事情で進学への道が閉ざされた方や，老後の生きがいを見つけるため等々，入学の理由は人それぞれではあるが，皆，生涯学習への動機づけを持って入学されている．その意欲と2年間の学習の集大成となるのが卒業文集である．12月という印刷事業では一番忙しい時期と重なるのだが，人生の先輩として敬意を表し，尊敬の念を持って仕事に取り組んでいる．こうした仕事は，事業所として何か社会に貢献したいという思いを実現していると言えよう．

4）ネットワークづくり

　やどかりの里の運営の一助のために，印刷をやどかりの里に頼もう，これが，これまでのスタイルであった．しかし，最近は，人づてにやどかり印刷のことを聞き，良心的だからと仕事の発注がくる．仕事の大きい小さいは別にして，仕事を誠実に行うことの成果が売上に直結し，印刷を通してやどかりの里を知った人が，やどかりの里の支援者になる，という流れも見えてきている．印刷の顧客マップを作ってみたら，これらの事実は目に見えて迫ってくるであろう．

　一時，行きつけの飲み屋さんのように，行きつけの印刷屋さんとして，や

どかり印刷を「My印刷」と思ってもらえたらと考えたことがあった．印刷という実益のある事業で，やどかりの里を身近に感じていただき，そのサービスの送り手が，障害者も含む私たちであるとお客様が気づいた時，このネットワークはますます価値の高いものになるであろう．事業収益の拡大がネットワークの広がりにつながり，質的な価値と量的な価値の一体化が図られた中にこそ，このネットワークづくりの実現があるのである．その意味でも，常に顧客の開拓，技術力向上，生産性向上の三位一体を意識し，そうした努力が収益やネットワークづくりに有機的につながっていくのである．

次節は，これまでの質的な分析を踏まえつつ，データから見た活動の分析を試みることとしたい．

3．印刷事業の推移を数量的に見る（量の分析）

1）生産活動がもたらすもの

図24，図25，図26は印刷事業の売上，種類別売上，利益率をそれぞれ表したものである．1996（平成8）年度以降の売上の伸びに示されるように，印刷事業は，機械整備とそれを専門に扱う技術者を配置することにより，生産性が飛躍的に向上し，利益を生む．

いずれにしても，設備投資には多大な資金が必要となり，その時代の財政事情と設備設置のための公的助成があるのとないのとでは，比較にならない．

また，事業会計だけを

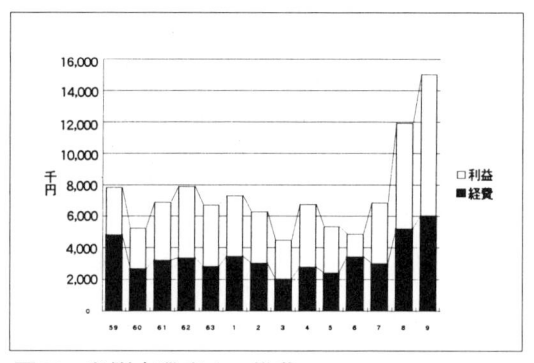

図24　印刷事業売上の推移

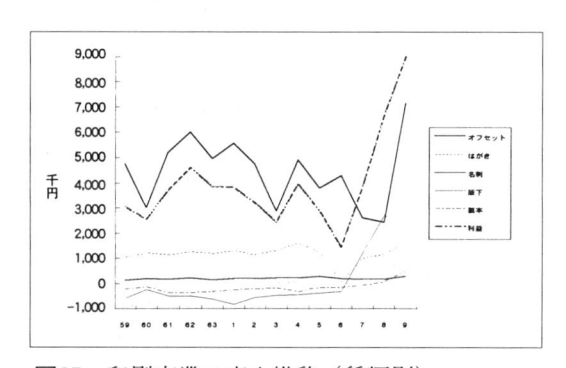

図25　印刷事業の売上推移（種類別）

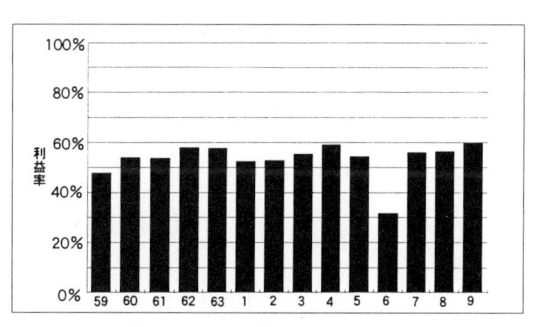

図26　印刷事業の利益率の推移

みても，独立採算とか，売上が伸びたというものの，いわゆる企業とはほど遠く，公的助成があってなんとか事業を維持している状況は変わりない．

しかし，利益率を示す図26は，これからの事業展開に大きな夢を託せるものである．1994（平成6）年度を除けば，ほぼ5割～6割の粗利益を上げている．生産量を上げれば利益も増えるといった単純明快な図式である．

すなわち利益率の向上は，事業に携わって働く人たちの給与に直接的に跳ね返るものである．当面は労働者としての最低賃金の保障にすぎないが，いずれは1人の社会人としての生活を営む基盤づくりにつながっていくことだろう．経済的な生活基盤づくりを支えることは，ある意味では生活支援事業でもある．

図27は，年度別のやどかりの里の法人会計の推移をグラフとして表したものである．社会復帰施設が開所する前年度，前々年度は，建設費補助金や借入金を計上しているため数字が飛び抜けている．

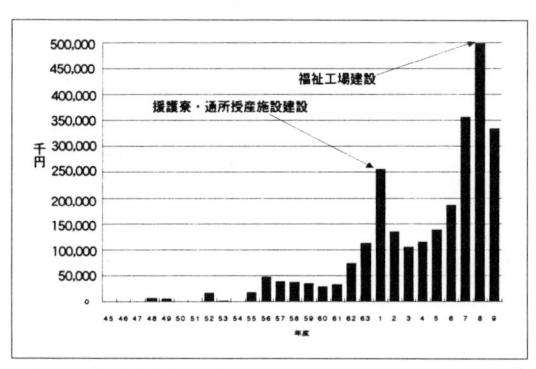

図27　年度別法人会計

いずれにしても，社会復帰施設や作業所，グループホーム，生活支援センター等に運営費補助金が付く時代とそれ以前とでは，財政事情の違いは明白であり，図28のスタッフ数の推移，図29のメンバー数の推移のグラフが表すように，財政の安定は印刷事業のみならず，法人全体の活動の拡がりと利用者の増加に結びついている．

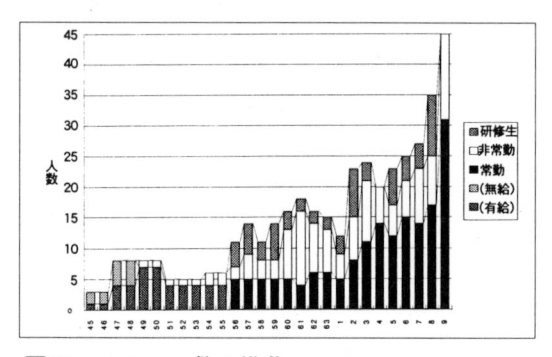

図28　スタッフ数の推移

2）働く環境の整備

1990（平成2）年度より，印刷事業はこれま

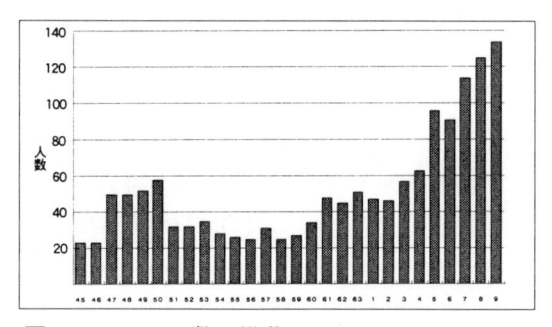

図29　メンバー数の推移

II やどかりの里における印刷事業の意味と役割　163

での木造の建物から冷暖房完備の鉄筋の建物へと移動した．このことにより，機械の調整や，働く場の安全衛生が改善された．

また，1993（平成5）年度より，印刷専門職員の採用を開始した．ソーシャルワーカーが印刷技術を習得するのではなく，既に技術を習得している専門家の活動への参加である．このことは，生活支援担当と事業担当の分業化をもたらした．

事業所として，生産性を向上させる機械の整備と専門の技術者を迎え入れることは，事業を拡大させ多くの利益を産むだけではない．表6は活動区分別に機械の整備状態を示したものである．機械が整備されることにより，メンバーの働く場が生まれ，就労の選択肢を広げることを意味する．

図30，図31，図32は，それぞれ昭和59年度，平成6年度，平成9年度の売上の内訳である．図30は働く環境が未整備の状態，図31は職員態勢が未整備の状態，図32は，ある程度環境が整備された状況での売上内訳である．働く環境を整備することによって作業が効率化され利益が生まれる．さらに職員態勢を整備し，働く場を創造する工夫があれば，メンバーの雇用の可能性を広げることとなる．

表6　印刷事業の機械整備の展開

区分	営業							版下デザイン				印刷			製本			
	営業活動	見積管理	紙管理	外注管理	工程管理	納品管理	経理事務	活字入力	組版	デザイン	写真	製版	印刷	簡易印刷	折り	丁合	断裁	製本
第Ⅰ期 S52												△	△					
第Ⅱ期 S53〜57								△			△	△	△					
第Ⅲ期 S58〜61								△			△	○	○		△			
第Ⅳ期 S62〜H4								△			△	○	○		△		○	
第Ⅴ期 H5〜6												○	○		△		○	
第Ⅵ期 H7〜8								○	○	○	○	○	○		△		○	○
第Ⅶ期 H9〜	◎			◎				◎	◎	◎	◎	◎	◎	◎	◎	◎	◎	◎

◎：すぐれている　○：普通　△：劣っている　空白：整備されていない

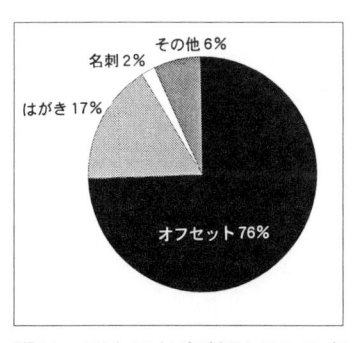

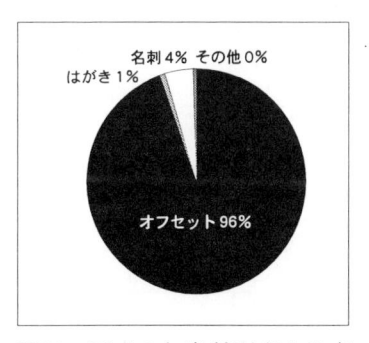

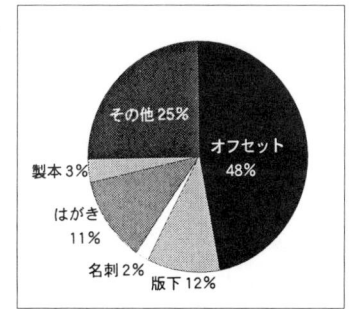

図30　昭和59年度種別売上比率　　図31　平成6年度種別売上比率　　図32　平成9年度種別売上比率

3）職員とメンバーの関係性

　福祉工場が開設され，利用ではなく雇用という新しい契約の出現が，やどかりの里全体を揺るがすことにもなった．その原因は，やどかりの里の全体のシステムが「利用」という形態にあり，「雇用」という新しい契約を受け入れる準備ができていなかったからである．

　一方「利用」から「雇用」という形態の変化は，所得保障のみならず，厚生年金，雇用保険，健康保険に加入することで，メンバーの生活の質の変化をもたらした．

　表7は職員とメンバーの人的配置を示したものである．環境整備がある程度できている現在とそれ以前では，その違いは明確である．現在は，メンバー単独作業（◎印）とメンバーと職員の共同作業（○印）が11工程あり，その工程は広がっている．また，全工程がメンバー単独作業や共同作業になることが理想ではあるが，就労援助の必要なメンバーにとっては，職員としての役割が期待されると推測されるので，メンバーとの役割分担を明確にすることも必要である．一方，メンバーの働く場の選択肢が広がることはよいことだが，最近の機械は，ある程度自動化されている反面，多くの機能が付加されており，逆に操作が複雑で，技術の習得が容易ではなくなっている．メンバー職員ともに外部の技術講習会に参加したり，ＯＪＴ（オンザジョブトレーニング）を意識的に行わないと，技術力の差によってメンバーは職員の補助的作業員になってしまい，その結果，就労の選択肢を狭め，雇用も制限されてしまう．

　しかしながら，この単独作業や共同作業において，職員とメンバーの関係性は，従来の福祉サービスに見られる「援助される側」「援助する側」といった関係性から遠く離れたもので，ともに働くパートナーとして，支えたり，支えられたりする同僚としての関係になっている．事実，雇用関係のあるメンバーの1人は，長期病欠中であった職員に変わり，1人で製本作業をこなしていたし，またあるメンバーは，職員の入力した活字を，一字一句まちがいのない正確な校正を行い，他のあるメンバーは，職員のだれもがうまく使

表7　印刷事業で働く人の配置

区分	営業活動	見積管理	紙管理	外注管理	工程管理	納品管理	経理事務	活字入力	組版	デザイン	写真	製版	印刷	簡易印刷	折り	丁合	断裁	製本
第Ⅰ期 S52												▲	▲					
第Ⅱ期 S53～57	○	⊗	⊗	⊗	⊗	○	⊗	○			⊗	△	△					
第Ⅲ期 S58～61	○	⊗	⊗	⊗	⊗	○	⊗	○			⊗	△	△		○			
第Ⅳ期 S62～H4	○	⊗	⊗	⊗	⊗	○	⊗	○			⊗	△	△		○		△	
第Ⅴ期 H5～6	○	⊗	⊗	⊗	⊗	○	⊗	○			⊗	△	△		○		△	
第Ⅵ期 H7～8	○	⊗	⊗	⊗	⊗	○	⊗	◎	○	○	⊗	△	△		○		△	
第Ⅶ期 H9～	○	⊗	⊗	⊗	⊗	○	⊗	◎	◎	◎	⊗	△	△	◎	△	△	△	△

◎：メンバーの単独作業　○：共同作業　△：メンバーの補完的作業　⊗：職員のみ　▲：職員の補完的作業　空白：作業なし

Commentary

えないでいるコンピューターソフトを駆使し，自在に地図等の複雑な図形を作り上げている．これは，働く人の特性や得意な分野で，職業人としてのパートナーシップを築いていることに他ならない．

4）働くことの価値

福祉工場の一部となった印刷事業は，幸いにも公的補助金によって，財政事情は安定している．独立採算で自分たちの会社を作ろうとしていた時代とは明らかに違う．独立採算という形態は，一見勇ましく，かっこよくも見えるが，やどかりの里の活動を維持させるための1つの方法であったことや，行政の精神障害者の福祉的対応の遅れがその背景にあったことを考えると，その時代には他のやりようがなかったとも捉えられる．表8は，その事実を示す障害別福祉的就労事業[Com]の歴史である．精神障害者の福祉的施策は，他の障害と比べ著しく遅れているのがわかる．やどかりの里，「きさらぎ印刷」や「ＮＳＰ印刷」の孤軍奮闘ぶりはよって知るべしである．

図33は，身体障害者，知的障害者，精神障害者の全国数である．いわゆる精神障害者は全国に約217万人いると推定され，その内34万人が入院している（1999年）．仮に，退院の要件の1つとして経済的な生活保障を考えるのであれば，精神障害者の「働くこと」は無視できないだろう．しかし現実は図34が示すように，一般就労率は0.7％（約11,000人）である．障害の定義や調査先の条件から，雇用精神障害者の数は過小に推計されている可能性はあるが，やどかりの里で見た場合，130名（1998年）のメンバーのうち，就労しているのは1名（パート作業員）であり，ほぼこの数字と合致する．

しかし，精神障害者にとって一般就労だけが働くことではないだろう．1

障害別福祉的就労事業

日本の障害者対策は，障害種別によってその進められ方が大きく違っている．身体障害者への対策が先行し，知的障害者が追随し，大きく遅れて精神障害者対策が始まっている．また，障害者間の対策の格差も大きい．現在三障害統合が叫ばれているが，格差をどう埋めていくのかという課題も未だ大きい．

表8　障害別福祉的就労事業の歴史とやどかりの里の展開

○：自前の活動　●：助成金事業　▲：助成金（一部）　◎：福祉法　△：医療法　□：一部福祉法

人の障害者の「働きたい」という気持ちを大切にし，できれば一緒に「働くこと」を具体化していく．その形態が，作業所や授産施設，福祉工場といった福祉的就労の形態であったとしても，「働くこと」を通して，自己の尊厳を回復することに，その価値がある．

「仕事」を持ったことで気持ちが安定し，自信が生まれ，生活の張りが出てくるだろう．また，自分が生産したものが認められ，役立つことを通して，自己の存在が認められるだろう．そしてそれが，やりがいや生きがいとなり，「仕事」を持つことで，自分を取り戻すということにはならないだろうか．「働くこと」と「労働すること」は，その価値の違いにおいて同義語とはならないのである．そうした意味で，労働すること（生産活動）だけが働くことではない，という提示は「働くこと」の選択肢を硬直化させないためにも重要である．

5）印刷事業の展開から見た二人三脚

印刷事業の展開を見ていくと，その時々に起きた問題や課題を，関係者による二人三脚で少しずつ改善してきたことがわかる．**表9**は印刷事業の展開をまとめたものである．二人三脚のパートナーは，担当者から見ると，その時々に応じて，メンバーであったり，家族であったり，あるいは地域住民であったり，技術者であったりする．また，メンバーから見ると担当者であったり，街の人であったり，他のメンバーであったりする．

それは，時々に応じたパートナーの存在を意識することで，活動目標が設定され，共通基盤となる目的（価値）のもと展開される．いずれの時代においても，目標に向けた活動は，人を中心とした二人三脚で突破口を見出してきた．このように分析してみると，福祉的施策の整備されていない時代に関わってきた関係者への尊敬の念をあらためて自覚するところである．このことは，私なりの活動の創造や新たな価値を見出すことにもつながったのである．

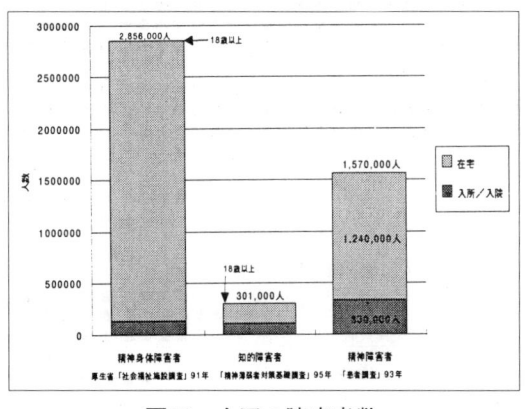

図33　全国の障害者数

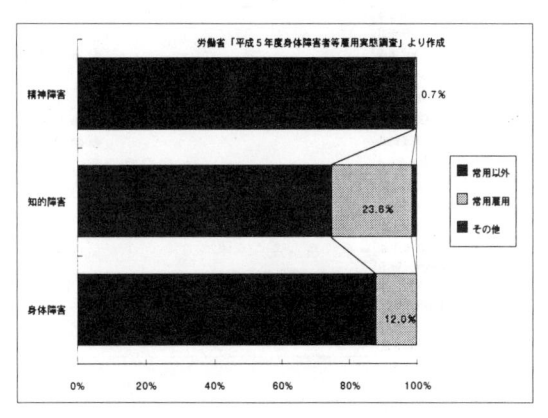

図34　障害別一般就労率（全国）

Ⅱ　やどかりの里における印刷事業の意味と役割　167

次節は，これまでの質的分析と量的分析を踏まえつつ，活動の評価を試みることとしたい．

4．活動の見直しから見通しへ

1）私自身に注目して

私は，以前印刷事業にはまったく関心を寄せていなかった．メンバーの働く場の1つぐらいにしか思っていなかった．それもあんな地味な，めんどくさそうな仕事を，あえて働く場などにしなくても，もっときれいで，容易にお金が稼げそうな仕事がありそうなものなのにとすら思っていた．実は今も少しそう思っている．

印刷物の納品の時，お客さんにお茶を出されて世間話をすることがある．この間もそうであった．そのお客さんは声楽の先生で，自宅を開放してコーラス教室をやっている人であった．昨年初めて印刷物を納品し，そのできを買われての注文であった．お茶を飲みながら世間話をしていると，1枚の絵が眼に入った．それに気づいたその先生は，その絵について話をし始めた．もともと絵とか音楽とかそんな高級な趣味を持たない私には，まったくの関心のない話であった．それを見透かしたようにその先生は，
「今あなたが見ていた絵は，自分では絵を見たつもりになっているけれど，実は何にも見ていないのと同じなのよ」
と言った．一瞬，相づちを打つだけで関心を寄せない私に不愉快になったのかと思ったが，少し違った．
「絵は見る角度によって違うようにも見える．また，見る人の体調なり，見る場所によっても違う．つまり見る人の感性で絵を見て，画家が描いた絵を見ているのではないのです」
「音楽も同じで，作曲家の楽譜を正確になぞるのがすぐれた演奏家ではなくて，音符と音符の間の音符にならない部分をいかに自分の感性で描くかが

表9　印刷事業のビジョンの展開

区分	印刷事業の活動区分	目的	目標	戦略／計画／指標	資源　強み	資源　弱み	突破口
第Ⅰ期 S52	働くことを求めて	生活の質の向上	働く場の確保	家族の思い	明確な目標	計画性と持久性	メンバーの就労
第Ⅱ期 S53〜57	運動と事業二人三脚	生活の質の向上	事業化	独立採算	資金不足	マンパワーと環境	地域住民へのサービス
第Ⅲ期 S58〜61	活動と事業の両輪として	生活の質の向上	事業化	独立採算	メンバーの存在	マンパワーと環境	活動の揺さぶられ
第Ⅳ期 S62〜H4	事業化と社会復帰施設づくり	生活の質の向上	事業化	独立採算	地域住民の支え	マンパワー	所長のがんばり
第Ⅴ期 H5〜6	存続の危機	生活の質の向上	事業の維持	事業の施設化	施設予算の補完	体制の変化	技術者の導入
第Ⅵ期 H7〜8	価値の転換を求めて	生活の質の向上	福祉工場化	生産性の向上	職員の専従化	経験と技術力	環境整備
第Ⅶ期 H9〜	豊かさを求めて	生活の質の向上	生活保障	生産性の向上	機械整備と雇用	経営力と技術力	就労援助機能

勝負なの」
「私は音楽家だからその感性だけで生きているようなもの．でも現実は，その作曲家について勉強もするし，その時代の歴史も勉強する．そして同時に技術的なトレーニングもする．感性とこの2つがなければすぐれた演奏家になれない」
と言われた．

最後に，「この印刷物（パンフレット）だって，あなたの感性と技術が集約されてできたものでしょ」
と言われた．

私にはなんとも刺激的な話であった．それは，感性・技術・学習，どんな仕事においても共通する要素なのだとの気づきであり，学習の大切さへの気づきでもあった．

後になって，「印刷は文化である」との増田さんの言葉を思い出した．どうも私は印刷事業を，過小評価していたことに気がついた．日々の作業をこなすことで精一杯であったかもしれない．印刷事業の意義や価値を見失っていたように思う．いや，印刷事業を先輩からただ引き継ぎ，ただ継続させていただけかもしれない．

印刷事業の歩みを勉強し，その時のその人の思い大切にする，そしてそれをどう受け止めるか，まさに自分が試されているように感じた．

そして今，私は先輩たちの続けてきた印刷事業を継承し，その責任者としてやどかりの里にいる．先輩たちとただ1つ違う点は，今の時代に活動しているということである．そして私は私の感性で仕事をしている．ある場面では，機械に身をまかせることがあっても，機械同様に消耗することなく，ある場面では，トラブルが発生し，投げ出したいといった気持ちになろうとも，私の感性がよりよい仕事を産み出すことを信じている．そして，その感性から利益が生まれ，その利益からメンバーを雇用することによって，ともに働き，ともに働くことによってまた私の感性をより確かなものにするという気持ちがある．その感性とやらが揺らぐ場面が多々あるが，ともに働く目の前のメンバーの感性を信じ，まだ見ぬ数百万人と言われる精神障害者にとっての生活の豊かさのモデルを作りたいと思っている．印刷事業は，その中のモデルの1つにすぎないと思えるようになった．

2）印刷事業の組織に注目して

（1）関係者のニーズの側面から

前節で述べたように，印刷事業は機械化をし，専門の技術者を配置することにより，利益を上げることができた．その利益は，メンバーの生活の質を向上させる1つの要素である雇用を生んだ．利用から雇用への転換は，メン

Commentary

バーの生活の質だけでなく，豊かさを求めて活動しようとする印刷事業の質の改善を示すものである．

印刷事業の福祉工場化はやどかりの里の活動において必然性があり，また，どの時代においてもその時々の活動は関係者のニーズに指向している．

（2）主体的活動の場

その時々において，印刷事業は民主的に運営され，そして，いつの時代もメンバーは運営を担うパートナーであった．さらに，職員とメンバーが，生産工程の中で持ち味を生かした作業を行い，相互の役割を担うことで，労働者としての主体的な活動の場が作られている．

（3）資源の有効活用

精神障害者の福祉的処遇[Com]について法的整備がなされつつあり，精神保健福祉法に精神障害者福祉工場が盛り込まれた．福祉工場は法律に基づき運営することが可能となり，福祉工場の一種目としての印刷事業は，財政と態勢の安定が図られた．そして，就労の場はメンバーの生活の質の変化をもたらした．一方で，法内施設であるという枠組みが，事務処理等のわずらわしさや，活動の展開を狭めてしまう可能性を残している．また，印刷の専門技術者の採用は，印刷事業における重要な役割を担い，確実に作業を遂行している．こうした技術職の職員の採用は，これまでソーシャルワーカー中心の活動を指向していたやどかりの里のあり方を考える上で，極めて重要な示唆を与えている．

福祉工場の開設は，やどかりの里全体を揺るがすことにもなった．メンバーの「利用」から「雇用」への変化[Com]に，全体のシステムがついていけなかったからであった．就労支援については未だ多くの課題を残すが，メンバーにとって就労は大きな意味を持つが，生活の一部分でしかない．そういう意味では，生活支援センターの機能としての就労援助のパートナーと日常生活支援のパートナーの存在が，彼らの生活の質の向上に果たす役割は大きい．メンバーの生活を中心において考えた時に，生活支援活動と福祉工場の2つの活動がワンセットになって展開されることが重要であろう．

精神障害者への就労援助はやどかりの里において未だ整ってはいない．就労支援の機能，役割の重要性について，再度学習することが必要である．

（4）協調と統合

また年賀状印刷に象徴されるように，23年間の活動で築いてきた地域住民との顧客関係は未だに続いている．印刷の顧客関係から，バザーやコンサートの協力者になったり，やどかりの里の支援者となって，ネットワークの広がりを支えている．地域住民のニーズとやどかりの里の活動が協調され，展開されることも重要である．

精神障害者の福祉的処遇

精神障害者は1988（昭和63）年の精神衛生法から精神保健福祉法に改正されるまで，医療法の中で患者としてしかみなされてこなかった．法律が改正され，まだ10年の歴史しかなく，福祉的な処遇も大きく立ち遅れている．

「利用」から「雇用」への変化

やどかりの里は，精神障害者の生活を支えるということを活動の中心に据えて展開してきていた．働くことを中心にした事業所「やどかり情報館」で，精神障害者を労働者として雇用することとなり，初めて「利用者」から働く「労働者」としてのメンバーの位置付けが生まれていった．

2）印刷事業の活動に注目して

（1）働くことに価値を求めて
　印刷事業は，組織の態勢，経済基盤，事業規模等，各時代によってその違いはあるが，「きさらぎ印刷」と「ＮＳＰ印刷」の活動は同軸にあり，その延長線上に「やどかり印刷」がある．いずれの活動も働くことに価値を求め，関係者がその時々において，試行錯誤しながら事業の調整を図ってきたと言える．

（2）新たな試み
　関係者の最善の策として，印刷事業は福祉工場の一種目となった．しかし，精神障害者の福祉工場の試みは少なく，歴史も浅い．印刷事業がやどかりの里と地域住民に果たした役割は大きいが，これからは全国の精神障害者の働く場のモデルとして，そのあり方が問われるだろう．

（3）生活の質の保障
　質的量的な分析により，印刷事業における意味と価値を見出すことができた．さらに，数量的な分析により，印刷事業の歩みが質の改善へと結びついていることを傍証できた．
　その点，生活の質に迫る統計分析までには至っていない．今後，生活の質に注目した個々の活動の評価が課題となる．

おわりに

　精神障害者福祉工場の第1号を和歌山県で作った麦の郷の伊藤静美さんの主張の中に，
　「生活保護を受けていて，税金で暮らしていた彼らが，福祉工場で働き，1人の労働者となり，納税者となった．市長は，彼らに雇われているんだ」という話があった．
　税金で生活を支えられていた人々が納税者となり，大宮市を支える．福祉工場の営みを通して，こうした大きな転換が図られているのである．
　これは，その時々の関係者が無理をしながらも事業化の道を進み，収益を上げてきた活動だからこそできることなのである．
　やどかり印刷の売上は，単なる売上ではなく，関わる人たちの生活を質量共に支えているものなのである．これはまさに質と量が一体になったところで実現される豊かさなのではなかろうか．印刷事業という活動の継続は，単なる継承ではなく，質の改善へと結びついている．
　印刷は文化の一躍を担っている．印刷事業だからできることの強みを手に，これからの活動を創っていきたい．
　　　　　　　　　　　　　　　　　　　　　　　　　　　　（宗野　政美）

第4章

やどかりの里の理念の形成過程

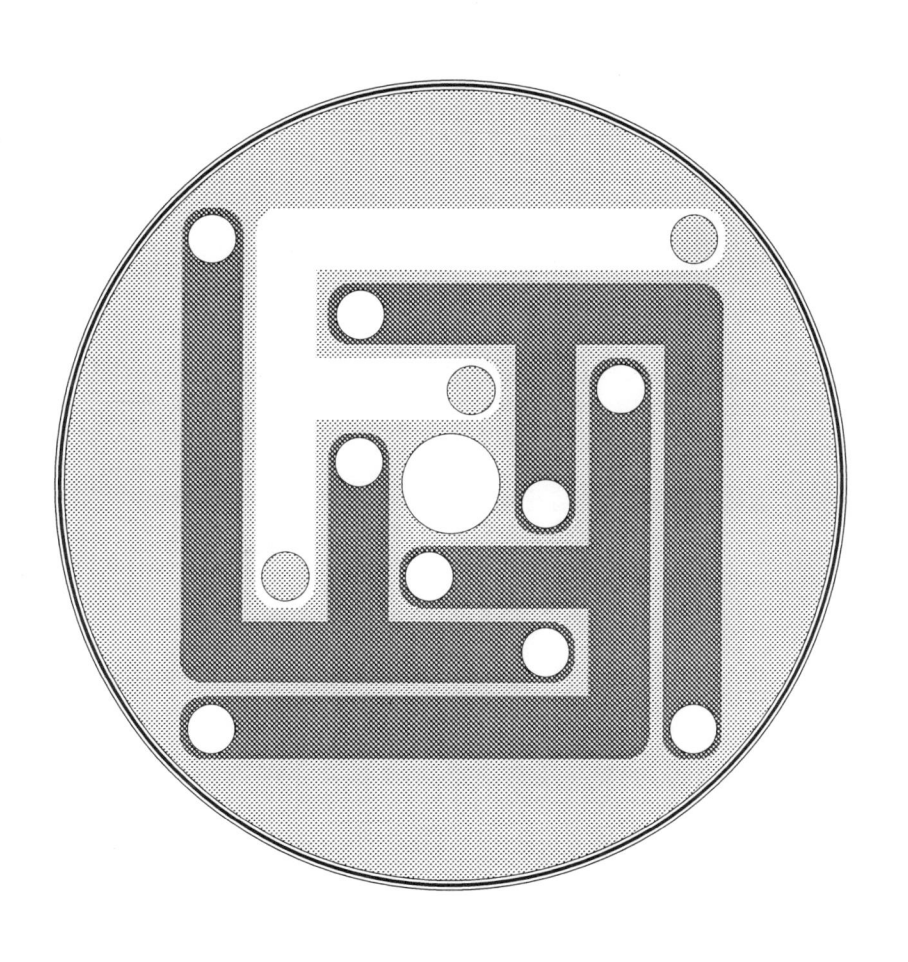

I 理念的な問題を追求した研修，研究，出版活動

はじめに

　本稿では，出版を中心にやどかりの里で働いてきた私が，出版を中心にした活動から何を学び，気づき，考えてきたかを明らかにしつつ，やどかりの里がここ5～6年の間に何を大切にし，どこを目指してきたのかについて，研修・研究活動との関連で考えてみたい．
　私は1978（昭和53）年にやどかりの里でソーシャルワーカーとして働き始め，同時に1979（昭和54）年に創刊された「精神障害と社会復帰」（現在では改題し「響き合う街で」）の編集や販売に従事した．その後柳義子（現・新潟信愛病院，やどかりの里理事）さんの後を引き継ぎ，やどかり出版代表として編集業務だけでなく，小さな出版社の代表を務め，そうした活動の中でやどかり情報館という精神障害者福祉工場を立ち上げてきた．
　やどかりの里の活動の中で，出版や印刷，研修，研究という活動を私自身は大切なことであると考えてきたが，やどかりの里の活動の大きな基盤は精神障害者への生活支援活動であり，それ以外の活動は付属的なものとして見做されがちであった．しかし，ここ数年の活動展開の中で，生活支援活動と両輪をなす活動として出版，印刷，研修，研究の諸活動が少しずつ認識され始めている．
　私は出版活動を主軸に置きつつ，研修や研究といった活動を視野に入れた活動展開をしてきている．そうした活動展開の中で見えてきたことが，やどかりの里の活動を推進する上でどのような役割を果たしてきたのか，私の視点で考えていくことにする．

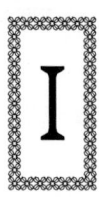

I　出版活動の中での気づきと学び

1．やどかりの里の実践活動を出版する意味

1）記録することの意味

　もともとやどかりの里では「記録のない実践は実践にあらず」と言われ，活動を記録することを大切にし，記録を新たな活動に生かしてきた．私自身のソーシャルワーカーとしての基礎も記録づくりから始まっている．これは，さまざまな実践現場では当たり前のことであろう．やどかりの里の独自性はそうした記録に基づき，活動の節目には必ず実践をまとめた出版を行っていることである．精神障害者の福祉的活動という，まだまだマイナーな分野の1つの民間活動にすぎないやどかりの里の活動を，商業出版がそう頻繁に取り上げることはあり得ない．そこでやどかり出版という小さな出版社を立ち上げ，その小さな出版社がやどかりの里の運動の一環として，やどかりの里の実践活動を発表し続けてきた．最近ではやどかりの里の理事長である谷中輝雄が「生活支援」という本を著し，やどかりの里の実践に基づいた精神障害者への生活支援活動の新たなあり方を提案した．
　精神障害者の地域生活支援活動は，他に先駆的な活動モデルがあるわけではなく，すべて手探りで展開されてきている．やどかりの里でも同様である．だからこそ，実践の中での気づきや学び，時には失敗も明らかにしつつ活動モデルを提示し，そこから何かを伝えたいと考えてきたのである．時には反面教師として捉えられる場合もあったかもしれないが，そうしたことも覚悟の上で，実践を伝え続けてきたのである．
　最近，
「やどかりの里のことをやどかり出版の出版物で知りました」
とか，
「やどかりの里のことはいつも本で読んでいます」
と言ってくださる方にお目にかかることがある．そんな時ちょっぴりうれしくなる．小部数出版ではあるが，本は生まれると1人で歩いて全国を巡っていく．やどかり出版が生み出した小さな本が，全国でだれかの目に触れているのだ．そのことの喜びと責任を感じるのである．

2）本づくりのプロセスを活動に生かす

　編集者としての私は，やどかりの里の職員と同僚でありながら，本づくりの場では著者と編集者として出会うのである．例えば「生活支援　Ⅱ」は1999（平成11）年に出版された本であるが，著者たちはみな同僚で，生活支援センターの職員であった．生活支援活動の実際やそこで暮らしているメンバーや職員のその時々の思いには強い関心がある．私にとってのもっとも身近な取材源であり，彼らの生きざまや実践活動の中で伝えるべきことは何かといつも考えている．

　日頃の取材活動に基づき本づくりがスタートする．まず話し合いである．年表づくり等を手がかりにしながら，それぞれの現場で展開されてきたことを確認し合い，そこに関わった1人1人の思いを出し合い，どんな本にするかを練り上げていくのである．著者たちは地域の中を飛び回り，必要に応じて1人のメンバーとじっくり付き合ったり，常に動きつつある状況の中で働くソーシャルワーカーである多忙な実践家にとって，自分の実践を活字にしていくことは，もう1つの大きな仕事を抱えていくことであり，必要性は理解しつつも気の重いことでもあろう．「書けない」と行き詰まってしまう場合もある．この時には対話しかない．なぜ書けないのか，書きたいことはないのか，あの時の思いは何だったんだろうか，あの時のこの取り組みは大事だったはずだ，そこに何の意味があったのだろうか，丹念に対話を続けるのである．そういう中で少しずつ何かが迸り出ていくのである．著者とどれだけ向き合えたかが勝負である．その著者の思いを引き出し，活動のエネルギー源を探り，活動を描くだけではなく，活動を支えている原点までを描くことを求めていくのである．編集者としての力量が問われる瞬間である．

　こうした作業は，しんどいことではあるが実践家である著者自身の自らへの新たな気づきを生んだり，新たな活動のエネルギーにつながっていくこともある．そうした関わりが生まれていくことは編集者としての1つの醍醐味でもある．

　また，本書のような出版物の場合は，私自身も著者の1人として加わり，編集者と2つの役割を担うことになる．本づくりを進行させつつ，自分自身の原稿執筆も加わり，なかなかしんどい仕事になっていくのである．私の原稿が約束の期日に仕上がらなければ，他の著者たちに原稿を催促することはできない．限られた期日の出版なので出版は不可能になるであろう．だからどんな無理をしてもまずは自分自身の原稿を仕上げなければならない．胃の痛むような思いで原稿を仕上げることもある．

　こうして著者としての役割を果たすことは「編集者は黒子である」というやどかり出版顧問の教えを逸脱する部分である．それは，私が商業出版の代表ではなく，やどかりの里というよりよい社会づくりに向けた活動を展開する1つの運動体の中の出版活動の責任者であるからであろう．しかし30周

年記念の本書に出版活動や印刷活動についての実践記録が，生活支援活動とならび収録されていることが，今後のやどかりの里の活動展開を見通しを表しているとも言えるのである．本づくりは活動の現状と今後の活動展開のあり方を明らかにする過程でもある．

2．障害者の体験を世に問うことの意味

1）雑誌「爽風」からやどかりブックレットへ

　私の先輩であるメンバーや職員の創刊した「爽風」が16号をもって幕を閉じた．廃刊に当たってはいくつかの理由があった．創刊当時の「自ら体験を語らなくては，精神障害者への理解は広がらない．精神障害者として体験を語り続けることは大切なのだ」という思いはその後も引き継がれてきていた．しかし，やどかり出版がバックアップし，編集同人が「爽風」を発行するという関係性が曖昧になってきてしまっていた．編集同人たちの主体性について問いかけた．残念ながら，「爽風」の精神を貫きながら，発行を続けるために編集長を務めようとする人はいなかった．それは，1人1人が作業所などで働き始めており，ボランティアで継続するには負担が大きすぎたのである．そして検討の結果，「爽風」の幕を閉じることになった．幕引きの役割を担わざる得なかった私は先輩たちに申し訳なさを感じつつ，創刊から引き継がれてきた思いを大切にしていかなくてはと考え続けていた．「爽風」で語られた1人1人の精神病の体験や精神障害を抱えつつ生きる姿は，例外なく人間が生きていく上で大切なものを伝えていた．こうした生きざまや思いを伝えていくことはやどかり出版の重要な使命だと考えていた．私のこうした思いとやどかり出版で働き始めた精神病を体験した人たちの思いが結実したのが「やどかりブックレット・障害者からのメッセージ」である．編集者として，著者として，障害者自身が主体的に関わり，本づくりを進めている．私をはじめやどかり出版の編集者も関わり，1冊の本としてどのような形で世の中に送り出していくのか，討議し，作業を分担しつつ進めているのである．「爽風」との大きな違いは編集スタッフはボランタリーな関わりではなく，仕事として従事するということである．これは，やどかり出版がやどかり情報館という福祉工場の一種目となったことにより実現したことである．

2）やどかりの里のメンバーの講演活動

　出版物での体験発表だけではなく，各地からの要請により，やどかりの里のメンバーが自らの体験を語るために全国に出向くようになった．はじめは谷中理事長が講演する際に体験を語る機会が作られていたが，最近ではメンバー自身への依頼が増えている．これには大きな意味がある．職員がメンバー

の思いを代弁する時代は終わりつつあるということ，メンバーが自分の言葉で体験を語り，体験に基づく意見を持ち始めているということ，そして，障害者自身の考えや思いに耳を傾けることの重要性に気づき始めた人々が増えてきているということである．これはこれからますます大きな力を持ち始めるであろう．私は彼らが身をもって体験してきたさまざまなことが，大変大きな価値を持っていると考えている．精神病を体験したということは未だに社会的には大きな障壁になりうる．しかし，そうした障壁をつき壊すようなエネルギーが生まれつつある．病気を体験したからわかることがある，失ったものもあるけれど，新たに手に入れたものもある．そうした障害者の声が同じ障害を持つ人々だけではなく，今の世の中何かおかしいと思い始めている人々に何かを提示しようとしている．

　障害や病気の体験から見えてきたこと，そのことをより鮮明に世の中に発信していくこと，共感の輪を広げていくことが，大きな課題となって見えてきている．

　私もメンバーと一緒に講演に出掛けることがある．やどかりの里の話をして欲しいと言われた時に，私が話の幹にあたる部分を話して，その部分としてメンバーに語ってもらうということが多かった．ある時それでいいのかという問題提起を受けたことがある．それで私ははっとした．メンバーを私の部分にしてはいけない．メンバーと職員に来て語って欲しいと言われた時，お互いが主役になって語ることが大切なのだと考えるようになった．私はメンバーの補佐のために出掛けるのではなく，メンバーが私の話を補佐するために話すのではない．それぞれの実践，体験，生きざまをぶつけ合って，そこで醸し出されていく何かを聴衆に聞いてもらうことが大切なのだと考えるようになった．そのためには私自身の実践活動が常に生きたものでなければ私は語るものがなくなってしまう．人の前で語るということは厳しいものだと思う．

　私がよく一緒に出掛ける香野英勇さんは必ず自分の話をテープに録音している．そしてその日のうちにそのテープを聞き直して，自分の講演を振り返り，次にどう改善していくのかを考えている．彼のプロ意識と責任感を感じるのである．私自身はいまだに真似できずにいる．

3）講師の学習会が作り出していること

　やどかり出版文化事業部はやどかりの里のメンバーが講師として講演に出掛ける登録先であり，1999（平成11）年11月からは派遣の窓口業務を行っている．

　前述の体験発表会はもともと講師の学習の場であったが，回数を重ねるごとに単なる学習の場ではなく，地域交流の場であったり，いくつもの役割を果たすようになっていった．そのため，派遣講師の学習の場を必要と感じた文化事業部のメンバーから学習会の定例化が提案され，1998（平成10）年11

月より定期的に行われている．やどかり出版の職員も自らの学習のために参加しているが，メンバー自身の自発的な学習の場である．ファシリテーターもメンバー自身であり，自らの講演活動の充実を目指すとともに，講演活動を担う仲間を増やそうと企画されている集まりでもある．自分たちの体験には大きな意味があり，多くの人に伝える意味がある体験なのだというメッセージを形にした集まりであるとも言える．自分の体験を語ることが，自らの人生をさらに豊かにしているように，私には思えるのである．私自身が体験を語る時にそこまでの質的な深化があるのか，我が身を振り返らざるをえない．

3．やどかりの里の活動を部分にする

1）保健婦活動や他分野の活動からの学び

　精神障害者の福祉的活動は他障害に比べ立ち遅れていたのは事実であろう．しかし，精神障害者の福祉活動の充実を主張するだけでは，精神障害者の暮らしやすい地域づくりは実現しない．精神障害者は地域に暮らす一住民なのだという捉えで運動を展開することの大切さが明確になってきた．これは，私にとっては，本づくりの中で学習してきたことである．非常に印象的だったことは，やどかり出版が初めて手懸けた保健婦活動の本，「ごうたれ保健婦　マツの活動」の編集の過程でのことであった．新潟県北魚沼郡守門村での保健婦活動の中で，精神障害者は保健婦の住民の命と暮らしを守る活動の中で出会った一住民なのであった．そして大切な住民の1人である精神障害者が胸を張って歩ける村にしようという取り組みに，大きな示唆を得たのである．同時に保健婦の「地域全体を見る」という視点は，地域に根差した活動を展開しようとしていたやどかりの里の活動に取り入れるべき視点であると感じたのだ．原点は「精神障害者」を大切した活動でなくてはならない．しかし，「精神障害者」だけに注目する活動では，すぐに行き詰まる．精神障害者が生きる，また私自身も自分が生きる地域を視野に入れた活動を展開していくことの大切さを自覚させられたのだった．そして，私自身が自分の暮らす街，自分が働く街にどれだけの愛着を持っているのだろうかと考えさせられた．

　その後生活支援活動や高齢者への食事サービスを担う通所授産施設「エンジュ」，そして福祉工場「やどかり情報館」が，地域の人々に支えられるだけではなく，地域に貢献し，地域とともに生きていかれる活動を目指すことが大事だと気づき始めてきた．しかし，その活動は始まったばかりである．まずは自分たちの地域を皮膚感覚で知ることが大切であろう．足で歩くことも大事である．そして隣人たちとの普段の付き合いがどれだけできているのか，足元ををみつめた活動づくりを意識し始めている．

2）ネットワークづくりから，新たな仕事づくりへ

　やどかりの里の実践を伝えることは，やどかり出版の大きな使命であることは前述したが，事業として成り立たせるためにはやどかりの里の実践を伝えるだけでは不十分であった．少しずつ本づくりの輪を広げる努力が行われている．ことに「響き合う街で」では，「精神障害と社会復帰」から改題し，精神障害の問題も大切にしつつ，「街で生き生きと生きる」ということを主題に据えた雑誌づくりを鮮明に意識するようになった．当然精神障害者の問題から，視野を広げた雑誌になりつつある．

　また，単行本は1冊の本が生まれるまで長い時間がかかるが，その間編者や著者との付き合いも継続し，かなり踏み込んだ関わりが生まれる．小さな出版社ならではの手づくりの本づくりである．

　例えば「インターフェースの地域ケア」は1995（平成7）年に7年がかりで出版されたものである．著者たちのさまざまな状況の変化に右に左に揺れつつ，著者たちの生きざまを表している．この本では私自身は編集者として，のちには著者としても関わり，1冊の本を生み出すことに力を尽くしてきた．こうした本づくりのプロセスは私にとってはまさに学習の場であり，人づくり，ネットワークづくりのプロセスであった．こうしたがっちりと四つに組んだ本づくりでできたネットワークは，また新たな何かを生み出す基盤となっていくのであった．

3）各地の活動から学ぶこと

　やどかりの里は，精神障害者の地域福祉活動では日本の中での草分け的存在の1つであろう．当然全国から多くの人々がやどかりの里の活動に関心を持ち，出掛けてきてくださる．私たちはついやどかりの里の活動を伝えることに汲々となってしまう．高い交通費と研修費を負担して訪れるのであるから，自分たちの精一杯を伝えることは当然であるが，出版活動に従事する私にとっては，来てくださる方々から，各地の活動を教えていただくことは大きな財産となる．現在そうした取材活動が十分にできないことが残念である．私は全国でやどかりの里が学ぶべき活動がたくさん展開されていることを実感している．これは取材のためにあちこちを歩いていて見えてくることである．取材して出版活動につなげていくのであるが，こうした取材活動がやどかりの里のこれからの方向性を考える時に大きな示唆を与えてくれることがある．私が見て，聞いて，感じてきたことをやどかりの里の同僚たちに伝えることも大切にしていることの1つである．しかし，それだけではなく，私の取材活動に同行し，一緒に各地の活動を見てもらうことを意識している．そして必ず，どう見えてきたのか，他の活動を鏡にして，自分たちの活動がどう自分たちの目に映るのかを話し合っている．最近では北海道のべてるの

第4章　やどかりの里の理念の形成過程

Commentary

家を訪れた際の座談会が「響き合う街で」13号に掲載されている．

日常の活動が忙しければ忙しいほど，少し突き放して自分の実践活動を眺めて，見通しを持つ必要がある．それなしの活動は燃えつき症候群の実践家を生み出すことになってしまう危険性がある．

やどかり研修センターで行っているビレッジセミナーツアーなどは，アメリカの活動から学ぶという一方でそうした役割を担っているのかもしれない．

4）出会いから広がり，膨らみにつながった

やどかり出版が保健婦活動の出版物を手掛けることになり，保健婦の集まりに参加する機会が増えていった．そういう機会に出会ったのが労働者の状態調査や保健婦活動での生活状態調査の指導者でもある南信州地域問題研究所の鈴木文熹所長である．その地域で暮らす人々の生きる姿に真正面から向き合い，地域の課題や活動のあり方を探る生活状態調査[Com]は，私にとってとても新鮮なものであった．こうした取り組みをやどかりの里でも行えないか，やどかりの里の30年の活動の総括と今後の方向性を導き出すために重要な取り組みになるのではないかと考えたのだ．

また同時に鈴木先生もやどかりの里の実践に関心を持っていただき，研究所が主催する研究交流集会で，私自身の実践ややどかりの里の活動について発表する機会を得たのだ．これは私にとってとても大きな学習の場であった．やどかりの里での実践の中での思い「21世紀は障害者の文化である[Com]」という私の話を深い共感を持って聞いていただいた．精神保健に関する講演会などでは共感を得られないことが，この機会に共感を得たことは私自身には大きな励ましとなり，その後の活動展開にも弾みとなっていった．

やどかりの里で生活状態調査について話をすると，多くの職員が前向きに考え始めてくれた．その結果1999（平成11）年11月には鈴木先生の協力を得，生活状態調査を行った．その調査を通じて改めて精神障害者の生きざまに対する感動を覚え，やどかりの里の今後の方向性もかなり明確になってきたのである．

23名のメンバーに語ってもらった人生に，調査に当たった職員は圧倒された．病気を得るまでの人生に起こっていたこと，病気を得て入院した精神病院の処遇，そしてやどかりの里で自分の人生を歩み出している人たち．働いて働いて日本の経済成長を支えていた人たちが，病気になった途端精神病院に隔離収容されていた事実，しかし，そうした人生の中でも前向きな生きざまを見せてくれた人たちに感動したのだった．この人たちとこれからどう生きていくのか，彼らが人生の中で摑んできたことを大切にしていきたい，大切なことを私たちに語りかけているのだと心の深いところで感じたのだった．

3月に開かれた報告集会で胸がつまって発言できない職員が何人もいた．この思いをどんな言葉に乗せて伝えていったらいいのか，言葉が軽すぎても

生活状態調査

話し合い形式による調査で，調査票や設問を持たずに，調査対象者が聞いてほしいと思っている心の底にある思いを話し合いを通して洞察する．

やどかりの里の30周年に当たり，メンバーへの生活状態調査を行い，やどかりの里の活動の総括を行い，今後の方向性を導き出すことを目的とした．

21世紀は障害者の文化である

今の日本の社会は経済の発展の上に成り立っており，いかに効率的に収益を上げるかということが大きな目的になっていた．精神障害者をはじめ，何らかの疾病や障害や社会的不利を抱えるようになると，とても生きにくい社会である．しかし，生きにくさを体験した人たちが，社会の中で生きていく時に何が大切かということを示している．障害や病気などを体験したからこ↗

I 理念的な問題を追求した研修，研究，出版活動   181

どかしかったのだ．
　この調査から見えてきたことをやどかりの里だけの学びにしてしまってはいけない．さまざまな機会にこの調査から見えてきたことを全国に発信していかなくてはならない責任を感じている．
　調査報告については，「響き合う街で」に掲載予定である．また鈴木先生からの提案もあり，職員に対する状態調査を行う予定となっており，その2つを踏まえて，今後の方向性を打ち出すことになる．

4．企画が命，命の源を求めて

1）研究所会議^{Com}，やどかりサロンの充実

　出版活動，研修活動，研究活動，それぞれに共通して重要なものは企画である．視野の広がりの中で企画が検討されているか，練り上げられた企画であるかが問われる．
　私は，研究所会議の前身の合同会議^{Com}に出席し，その記録づくりを担うことで学習をさせてもらい，自分自身の視点を持てるきっかけとしていった経験がある．普段のやどかりの里の会議とは違った話し合いが行われていた．それは精神障害者の福祉活動について話されるだけではなく，保健学や社会学といった他分野の研究者との会議の場であったからであろう．精神障害者の問題について深める視点も大切だが，危険性も伴う．また，やどかりの里の活動の報告についても他分野で活躍する人たちに理解を得られるように伝えられているかという課題もある．目の前に起こっていることを普遍化して考える訓練や，他分野で展開されていることの共通項を探し出していくような訓練を，その会議で行っていたような気がする．
　そうした場をやどかりの里の中で持つことの大切さを感じていたのは，私自身は出版の担当者であったからであろう．そうした問題の捉え方を身に付けなくては，仕事にならなかったからだ．長い期間研究所や研修センターの事務局を兼務していた私は，合同会議を大切に考えてきた．また，谷中理事長から研究所の主任研究員を中心に研究報告を行ってもらって，その後食事会をしながら対話が行えるような集まりを持とうという提案があり研究所サロン（現在のやどかりサロン）の場が，合同会議の後にもたれるようになった．しかし，活動が広がり，職員も多くなる中で，1人の人間が多くの業務を兼務しないことにしようという谷中理事長の考えのもと，合同会議や研究所サロン（現在のやどかりサロン）の運営を新たに配置された研究所の事務局員に委ねることになった．その結果，残念ながら合同会議や研究所サロンは弱体化してしまった．私にとっては非常に辛い時期であった．これまで努力してきたことがこういう形でなし崩しに台無しにされることに危機感と怒りを覚えていた．
　事務局員退職後，平成11年度より改めてやどかり出版で研究所会議とや

Commentary

↗そ気づいたことを大切にしていくことで，これからの社会のあり方を変えていくことができる．障害を体験した人が得た価値観を多くの人の価値観としていこうということである．

研究所会議
やどかり研究所が主催する会議．毎月1回開催．研究所の主任研究員の出席のもと，保健，医療，福祉に関する動向について話し合ったり，そうした流れの中でやどかりの里の活動の方向性を検討する会．

合同会議
やどかりの里で精神保健運動を担ってきた出版・研修・研究事業で展開する活動についての企画を検討する会議．
精神保健従事者だけではなく，他分野の研究者との話し合いから活動展開を検討する機会であった．

どかりサロンの事務局を引き受けることになった．何よりも必要性を感じている部署が引き受けたということであろう．

やどかりサロンでは，主任研究員を中心にしながら，さまざまな分野で活躍される方をお招きして，話をしていただき，交流を図ってきた．このような学習の場を活用するやどかりの里の職員はまだ数少なく，残念なことであるが，こうした場を継続していくことで，職員やメンバーに学習の場が開かれていることが重要なのではないかと考えている．私たちが生き生きとした実践を継続していくためにも，社会で展開されているさまざまな事柄に関心を持ち，そこから本質的なことを摑む努力をしていかなくてはならない．精神保健のことだけで社会は動いているわけではない．精神保健活動にだけ注目していては何も見えてこない．

2）地域精神保健・福祉研究会のスタート，再スタート

「生活支援」という言葉が，精神保健活動でも流行語になった感があり，さらに平成8年度に制度化されると，生活支援センターが各地に設置され，活動が展開されるようになってきた．これは，新たな精神障害者の地域生活を支える大きな力ともなるが，私は新たな危惧を持つようになっていった．

「生活支援センターをどう運営すればいいのか」

「どんなプログラムを持ったらいいのか」

「生活支援センターは病院の外来機能の延長ですね」

という声を各地を歩くと聞くようになった．

何か違う，という気がしてならなかった．「生活を支える」とはどういうことなのか，その原点をきちんと押さえる必要があるのではないか……その思いが1993（平成5）年に始まった「地域精神保健・福祉研究会」の主要なテーマとなっていった．研究会は研究所会員の研究発表の場という役割もあったが，テーマは「生活を支える」ということで貫いてきた．阪神淡路の大震災があり，その後生活の復興の中から生活を支える根源的な意味を探ろ

第6回地域精神保健福祉研究会で発表する菅原進さん

うと企画した年もあった．そしてこの研究会も先述した研究所の事務局態勢の問題で１年休止し，平成11年度にやどかり出版で事務局を担って再開させた．

　再開に当たり，私には１つの思いがあった．研究的な活動をメンバーとの共同作業で行うことにより，新たに見えてくるものがあるのではないかということである．これはやどかり情報館の中で病気を経験した人たちと一緒に働く中で大きく膨らんできたことである．私が職員として感じてきたこととは少し違う視点で，メンバーの人たちは考えたり，感じたりしている．この違いをぶつけ合ってみたい，一緒に考えてみたいという思いである．しかし，具体的なビジョンがあまり明確になっていたわけではなく，一緒に働いているメンバーに私の考えを伝えることから始まった．そして，この企画に他の部署のメンバーや職員の協力を要請し，運営を進めていった．結果は「響き合う街で」12号に掲載されている．

　この研究会には，これまでになくメンバーの参加があった．また，ほとんどの職員が通常業務をやりくりしながら参加した．こんな集まりならまた参加したいと言ってくれたメンバーもいた．今年度さまざまな学習の機会があったが，研究会がいちばん印象が強く，自分の学習になった気がするという職員もいた．

　新たな取り組みであり，たくさんの課題を感じているが，障害者とともに新たな学問を作っていきたいという私の夢は広がりつつある．まさに障害者文化席巻の第１歩である．この取り組みから何か見えてくる大切なものがありそうだと私は手応えを感じている．

5．活動の危機から生まれたこと

1）民主的な運営を目指して

　小さな活動が急激に広がっていった時，当然のように起こってきたのは，

第６回地域精神保健福祉研究会で発表に聞きいる参加者

やどかりの里の組織の内部の不協和音である．谷中理事長が１人でリーダーシップをとることが限界に近づき，一方次なる態勢づくりが間に合わなかったのである．若く，経験の浅い職員が部署の責任者を任され，同じく若い職員と精一杯日々の活動を行ってきた数年間があった．自分の部署しか見えない職員が増える中で，責任者の集まりであるチーフ会議では，そうした内部的な危機感を共有する話し合いが行われるようになってきた．このままではいけない，何とかしなければ……という危機感が共有され始めた時に，丸地信弘教授（信州大学公衆衛生学教室）の力を借りて，やどかりの里の職員を対象にしたセミナーを開催することになった．（本書：佐々木千夏：みんなで創り合うセミナーで，生き生きとした活動を広げよう；p190）丸地教授は，谷中理事長とは長いつき合いで，やどかりの里の活動をずっと応援してきてくださった１人である．私にとっては前述の「インターフェースの地域ケア」の著者の１人で，あの時の７年間のつき合いの中で，自分たちの活動にとって得ることがありそうだという思いを持っていた．どんなものになるか明確な見通しがない中で不安はあったが，チーフ職員に声を掛けたら，みんなの危機感の高まりの中で，

「よしやってみよう」

ということになった．チーフ職員が少しずつ思いを共有できるようになっていた時期だった．

このセミナーで私たちが手にしたものは大きかった．活動を長く継続する中では，その時々の活動のうねりがある．そうしたうねりをどう見るか，どこに問題があるのか，その問題を前向きに解決していくためには，具体的にどう行動していけばいいのか，等々についてチーフ会議の中で話し合う素地ができてきたのである．活動が始まって20年間は，谷中理事長のリーダーシップでやどかりの里は舵取りされてきた．しかし，20年目をすぎたころから，どう舵取りをしていくのかが混沌とし始め，ここ５年間のさまざまな出来事の中で共同の運営，話し合いに基づく民主的な運営が１つの方向性として導かれてきた．

社会復帰施設が法律に盛り込まれ，生活支援事業も制度化され，その過程にやどかりの里が１つの活動モデルを提示し，政策に提言してきた．その道筋をつけたのは谷中理事長の力であった．しかし，現場で活動を作ってきたのは若い職員たちであった．そして，これからは国の制度や法律は大切だけれど，それだけではなく，自分たちの地域を見つめて，その地域に必要なことを，もっと身近な自治体に政策提言することが必要になっていくのではないか，ということがそれら若い職員たちの間で語られ始めている昨今である．

2）チーフ会議

チーフ会議とはやどかりの里の各部署の責任者が集まる月に１回の会議である．自分の部署の問題や課題を出し合って検討したり，問題の解決のため

Commentary

には他の部署との調整が必要なこともあり，そうした調整を行う場として機能している．この会議が行われるようになったのは，1990（平成2）年，社会復帰施設が開設されたころであったと思うが，この会議が機能するようになるまでには，ずいぶん長い時間が必要であった．やどかりの里で生活支援活動が急激に広がったにもかかわらず，それぞれの活動の責任者は経験も浅く，自分の活動を展開することで精一杯であった．

やどかりの里の活動の全体の舵取りを行っているのは，現在はこのチーフ会議であるが，こうなるまでにはそれぞれのチーフの自覚と成長が必要だった．やはり谷中理事長に依存している時代には，この会議は十分機能を果たさなかった．ことに人事の問題については，理事長の判断で進む場合が多く，自分の部署の職員の研修や仕事づくりに各チーフが責任を持って行えるようになるまでには時間が必要だった．谷中理事長への依存を脱却するために必要だったのは，各チーフ職員の話し合いであった．チーフ会議ではかなり厳しい討論も行われるようになった．お互いが率直に話し合えるようになって，谷中理事長の考え方や進め方に疑問を持つ場合にも，話し合うことによってお互いの考え方，活動の進め方を確認し合い，軌道修正できるようになってきた．それぞれの現場はまだまだゆとりを持って展開されているわけではなく，不測の事態が起こると，活動展開に支障が起こる．そうした場合にも協力態勢が速やかに取れるようになってきた．

また，話し合いの中から新たな活動を創造していこうという勢いも生まれてきた．年に1回から2回はチーフ合宿と称して，泊り込みでの話し合いを行うようにもなり，目の前のことだけではなく，長期的な展望を持った話し合いも行われるようになってきた．こうした話し合いは相互の学習の場であり，新たな活動展開を創り出す創造の場にもなっている．

3）研修会の企画を共同で行う

ここ数年課題となっていることの1つが研修センターのあり方である．各地からの研修生の受け入れについて，海外からの来客の対応について，内部的な調整がうまくいかず，常に不協和音が響いていた．研修生の受け入れや海外からの来客の対応を1つの部署で引き受けていくには，やどかりの里全体の業務が大きくなってきたことも一因であろう．そうした背景の中，2000年1月に開催されたやどかりの里30周年記念国際セミナー「新しい支援の枠組みとコンシューマーのイニシアティブ[Com] あすの精神保健福祉活動を描き出すために〜カナダとやどかりの里の活動を素材として〜」では，チーフ会議で開催について討議され，その結果やどかり出版に事務局を置きつつ，生活支援活動の職員と通所授産施設のメンバー，やどかり出版の職員とメンバーによる実行委員会が形成され，企画が練り上げられた．また，「カナダで展開されているコンシューマーのイニシアティブ」という考え方を知りつつ，自分たちの活動に引きつけてどう考えていくのかという意味で，職員と

**コンシューマーの
イニシアティブ**

精神保健サービスの利用者をコンシューマーと捉え，コンシューマーが主体的に自分の必要なサービスについて提案したり，サービスの担い手となること．カナダではオンタリオ州と他の2州で政策化されている．

メンバーが共同の学習会を持った．従来の職員全体会議，職員の研修会として行ってきたものを，職員だけの会議でなくていいのではないかと考え，方向性を変えていったのである．

この取り組みは，やどかりの里のこれからの活動展開に大きな意味を持つことになった．具体的には情報の開示の問題があり，情報開示の先には活動の共同運営をどう考えるかということがある．

一般に専門職がメンバーの力を測って，その力に合った仕事や分担を提供するという方法でメンバーとの共同作業を行うことがある．一見メンバーと職員の共同という形をとっているように見えるが，この両者は本質的にはまったく違う．共同と言った時には，自分の力量は自分で判断し，自分自身で選ぶということが前提になくてはならない．専門職は，共同していくパートナーが自分自身の力を自覚し，選ぶ力がある人だという視点で関わりを始めるのである．そうした関わりが前提にあってこそ，パートナーシップで活動の共同運営が実現するのである．

II 私に見えてきたこと

私を育ててくれた人は大勢いる．「インターフェースの地域ケア」の中で，私は「谷中のコピーと言われる中での主体性の確立」という原稿を書いているが，やはり谷中理事長からの影響を大きく受けて育ってきた．そして，少しずつ自分自身の主体性が明確になっていく中で，私なりの仕事の作り方，チームワークのとり方が生まれてきたような気がしている．ことに出版活動ややどかり情報館の活動を展開する中での学びは大きかった．出版活動ややどかり情報館の責任者として働く中で，谷中理事長がどれだけ孤独の中で，自分自身の決断で活動を展開しなくてはならなかったのか，そのことの重みを感じるようになった．まだやどかりの里が今にもつぶれそうだったころ，

カナダからのゲストを迎えて開催したセミナー

「昨夜眠れなくてね，それでやどかりの里のことについてこんなふうに考えてきたよ」
とよく話されたことがある．自分のことに精一杯だった私は，ただただ聞くだけであった．

「やどかりの里」の方向性は，谷中理事長の舵取りに大きな責任がかかっていた．しかし，この30年という節目の時を迎え，1人の責任者が全体を引っ張る時代は終わったことが明らかになった．よく谷中さんが倒れたらやどかりの里はどうなってしまうのかと問われたり，谷中理事長が倒れた時に不安が強くなり，やどかりの里を去る職員もいた．

ようやくその質問に自信を持って応えられる時が来たように思う．キーワーズは「協働と連帯」である．そして，それを支えるのは1人1人の主体化であろう．谷中理事長はやどかりの里に命を賭けていた．私はずいぶんと長い時間をかけて自分自身の主体性を育ててきた．そしてやどかりの里の活動に自分を賭けることができるようになってきたのだと思う．そして同時に仲間たちの1人1人の可能性を信じることの大切さも学んできた．1人の人の人生の主役は自分自身であるように，やどかりの里の主役はそこに関わる1人1人なのである．何か問題にぶつかった時，チームで問題解決が図られていく素地が出来上がりつつある．話し合い，知恵を出し合うことで，先の展望が見えてくることに自信が持てるようになってきたのである．

谷中理事長が命を賭けて作り上げてきた「やどかりの里」を，今はそこに主体的に関わるメンバーや職員たちがさらに大きく育て上げようとしている．1人1人の力は小さいかもしれない．でもその力を撚り合せることを知った．撚り合せられた力は，力強い．谷中理事長が倒れたら消滅したり，質的に変化してしまうやどかりの里ではない．そして，やどかりの里で展開される人と人との関係性が，さまざまな歪みを持つ現代社会に対して，何か問題提起をすることができるのではないかと感じ始めている．

III 私たちが大切にしてきたこと

この5年間，私たちのさまざまな取り組みの中で明確になってきたことについて整理してみよう．

1．主体的な学習の場を作り出すこと

編集会議，講師学習会，研究所会議ややどかりサロン，セミナー開催に向けた実行委員会，人づくりセミナーなど，これらは主体化を原則とした学習

の場である．この5〜6年間，こうした学習の場をいかに多様に作り出すかということに私はエネルギーを費やしてきた．大きな活動の転換点を迎えていることを自覚的に捉える中で行ってきたことである．転換点にあるからこそ，後向きではなく，前向きに活動を展開させていくために，学習を重ね，方向性を導き出してきたのである．

2．学習の場を支えたのは話し合い

主体化を原則とした学習の場を支えるのは，話し合いであろう．知識や情報を一方的に受け取るのではなく，受け取った知識や情報を自分の中で一旦受け止め，そのことをもとに話し合いをすることにより，生きた学びをすることになる．お互いを尊重することからよりよい話し合いが展開され，新たな気づきも生まれるのである．

3．情報の開示の重要性

情報は持っている人には何でもないことだが，持っていない人には，持っていないことでとても格差を感じさせることがある．情報を得る場所にいる人は，常に自分の持っている情報が抱え込まれずに，必要なところに開示されているかを確認する必要がある．どれだけ情報が開示されているかで，民主的な運営が行われているかが計れる．

4．基本は民主的な運営

話し合いや情報の共有を基盤にして導き出されることは，民主的な運営であろう．1人1人が大切にされ，生きていてよかった，ここで働けてよかった，ここで仲間と出会えてよかったと思えるような活動づくりは，その組織がどれだけ民主的に運営されているかにかかっている．

5．横につながる仲間づくり

日本の社会は縦割りに構成されてきた．しかし，横のつながりを作っていくことが，重要であることに気づかされてきた．今はまだ小さなつながりでしかないが，そのつながりが重層的に広がっていく時，私たちが生きていてよかったと思える社会が実現していくのではないだろうか．まだまだ道程は遠いが，すでにその実現に向けて歩き始めている．

おわりに

ここで述べてきたことは，私の仲間たちとのさまざまな作り合いの中から

I 理念的な問題を追求した研修，研究，出版活動

見えてきたことである．1つはやどかり出版を基盤としたチームの中で見えてきたこと，そしてやどかり情報館という1つの活動展開を多くの人々の協力のもと行ってきて見えてきたこと，そしてチーフ職員とのさまざまな協同や取り組みの中で見えてきたことである．

　1つ1つのチームの凝集性が高まれば高まるほど，排除が行われる危険性がある．その危険性に気づき，排除しない組織づくりに向けての努力も一方で行ってきたと思う．まだまだ課題は山積みであるが，課題に向かって協同していくことが新たな展開をもたらすことも実感してきた．やどかりの里ならではの活動を丁寧に展開しつつ，共感の輪を広げる運動を進めていきたいものである．今，本書の刊行を期に，やどかりキャラバンを企画し，私たちが実践で摑んできたことを，全国の多くの方々と協働して確かめたいと思っている．共鳴してくださる方はぜひ，やどかり出版までご一報いただきたいと切望している次第である．　　　　　　　　　　　　　　　（増田　一世）

II みんなで創り合うセミナーで，生き生きとした活動を広げよう

やどかりの里・人づくりセミナーと私

Commentary

I　1999（平成11）年の人づくりセミナーに向けて

　1998（平成10）年に入ると，1999（平成11）年度から，やどかりの里では4つある生活支援センターのそれぞれの区割りを明確にし，各々が担当する地域を強く意識して活動を展開していく態勢を取る準備を始めた．私も地域で暮らす精神障害者にとって，身近な地域に必要な資源やサービスを開拓し，支援していくことがいかに重要か，小さな単位での街づくりを考えていく視点の大切さを実感していたのでこれらに賛同した．これまでも共生の街づくりを目指して活動に取り組んできたし，私なりの思いや，やってきたことへの自負心もある．やどかりの里は与野市でグループホームの活動，小規模作業所「まごころ」の活動を展開し，それらを支援する拠点として与野生活支援センターを設置して6年が経っている．この6年，私の活動拠点は与野生活支援センターにあり，「まごころ」やグループホームの開設，与野市障害者団体協議会等に関わりながら，与野市の生活支援活動のあり方を模索してきた．

　しかし，与野市には補助金対象事業である生活支援センターを他団体が設置している．何も補助金事業にすることが活動の目標ではないし，補助金を得ることが活動の良し悪しに必ずしも関係することではない．そのことが必要であれば活動に取り組んでいくつもりだ，と原則論としては肯定できても，現実にビジョンを描こうとすればするほど私の感情の部分が悶々としてくるのを止めることはできなかった．今まで必要に合わせて作ってきた活動だったから，責任分担地域の不確定要素が，将来に向けた活動の展開を不明確なものにされた気分であった．このような状態にあった私が第3回人づくりセミナーの素材提供者に指名されたが，とうてい引き受ける気分ではなく，逃げ腰だった．

　この「人づくりセミナー」で学んだ「健康文化の創出」[Com]の理念が私は

健康文化の創出

疾病や障害に注目し，その対策について充実を図ることと，すべての人の健康増進を図る活動をワンセットとして捉え，そうした総合的な捉え方を基盤に据えた社会を創り出していくこと．

Commentary

日本健康福祉政策学会

1997（平成9）年に発足した学会．住民の身近なところで活動する保健，医療，福祉の関係者の実践にもとづく政策提言の方法の研究を行ったり，住民の主体的参加を呼びかけ，「くらし」と「こころ」と「いのち」を支えていくことを大きな目標にしている．

とても好きである．悶々としながら過ごしていたある日の車の運転中にふと私の心に浮かんだことがある．

「私が求めているのは人が心豊かに暮らしていけることで，何かに縛られるものではない．こういう私が書いてみるのもいいかな」

と思えたのである．感情に流されるのではない，もっと広い視野で私に何らかの示唆を与えてくれるのではないか，という期待が芽生えてきたのである．

本稿は，2回の「人づくりセミナー」のプロセスを辿り，私たちが何に気づき，何を得たのか，そして，なぜ共生の街づくりを目指そうとしているのかを提示していく．図35は，人づくりセミナーのプロセスを5段階の梯子段で表したもので，全体像を伝えるものである．

私たちはこの「人づくりセミナー」や日本健康福祉政策学会[Com]での気づきを通して，今「共生の街づくり」の実現に大きな夢を描き始めている．本書はその夢の実現に向けて歩み始めたここ5，6年の具体的な実践例をもとに作られている．

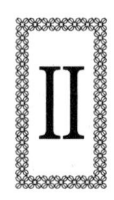

II 第1回人づくりセミナーをめぐって

1．やどかりの里人づくりセミナーの概要

人づくりセミナーは信州大学医学部公衆衛生学教室丸地信弘教授の協力を得て，やどかりの里の活動の危機（本書：坂本智代枝：新しい組織としての成長を求められた6年間の歩み；p16）を乗り越えるために，1997（平成9）年に第1回を開催した職員対象の研修会である．やどかりの里の実践活動を

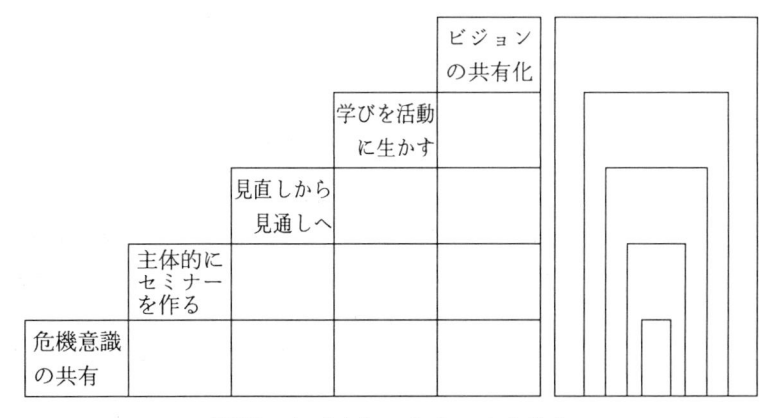

図35　人づくりセミナーの自然史

（階段図：危機意識の共有 → 主体的にセミナーを作る → 見直しから見通しへ → 学びを活動に生かす → ビジョンの共有化）

Commentary

素材として討論し，精神保健に限らず，あらゆる地域活動を展開していく上で起こり得るさまざまな問題を総合的に捉え，その問題改善に向けて取り組んでいく前向きな姿勢を身に着けていくことを目指した研修会である．そのために，やどかりの里の職員に加え，外部からの参加者も募って参加していただき，生き生きとした活動を継続するための人づくりの場を目指している．講義を聴くだけの一方通行の受け身の研修会ではなく，参加型の主体的な取り組みを中心とした研修会を志している．

2．第1回人づくりセミナーに至るまで

1）組織の拡大に伴うやどかりの里の危機

1990（平成2）年にやどかりの里に社会復帰施設が開設され，3年が経過した1993（平成5）年に私はやどかりの里で働き始め，その後7年が過ぎている．その間に補助金対象外の事業であった生活支援センターが設置され，グループホームや地域作業所ができていった．精神障害者が地域でその人らしく暮らすために必要なサービスを必要に応じて作ってきた．

こうした資源の開拓が，生活支援活動のモデルを全国に向けて提示することにもつながり，やがて生活支援センターが制度化されて結実した．谷中輝雄理事長の長年の努力や各地の先駆的な活動実践の展開などにより，私が就職してからも精神保健福祉に関わる制度は大きく進展した．

1996（平成8）年度より地域生活支援事業が制度化され，生活支援センターに補助金が付くようになった．やどかりの里では生活支援センター本部が補助金対象事業となり，各生活支援センターは本部のブランチ[Com]として機能することになった．

そのころ浦和のグループホーム入居者から，近くに生活支援センターがほしいという声を受けて，新たに浦和（上木崎）に生活支援センターを設置した．

こうして地域に暮らす人々の声に応えながら生活支援センターの充実が図られてきた．そして，次の目標は就労支援であった．作業所での収入の限界も見えてきた．福祉工場準備室が1995（平成7）年から設けられ，開設に向けて準備が進められた．（本書：増田一世：やどかり情報館設立の過程と3年間の実践から見えてきたこと；p121）

同じ時期に，高齢者や障害を持った人などへの食事サービスの提供として新しい活動が通所授産施設「エンジュ」で始まった．（本書：坂本智代枝：食事サービスセンター「エンジュ」開設の過程と3年間の活動の中で大切にしてきたこと；p91）

こうしてやどかりの里の活動は多岐にわたり，組織も大きくなった．そのため同じやどかりの里の活動にもかかわらず，お互いの活動への理解や理念の共有が非常に困難になってきていた．1人1人の職員がやどかりの里全体

ブランチ
各地域に支部のような形で設定された拠点．生活支援センターは，広域に1か所設けるのではなく，それぞれの居住地の近くに気軽に行かれる距離に小規模なものを点在させることに重要性がある．

を見る視点を持ちにくくなり，思いを共有し合えるコミュニケーションが取りにくくなっていった．活動拠点があちこちに散らばっていったため，お互いを知り合う機会が少なくなってきたのである．やどかりの里の各活動に配置されている責任者（以下チーフと略）はそれぞれに混沌とした思いを抱えるようになった．そうして，

「このままではやどかりの里が危ない」

「何とかしなければならない」

と各チーフが問題意識を持ち，信州大学医学部公衆衛生学教室の丸地信弘先生の協力を得て，やどかりの里・人づくりセミナーへと辿り着いたのである．

2）混沌とした思いから研修会に取り組んだ私

　社会状況の変化も追い風となり，活動を広げていったやどかりの里では，職員の新規採用が増え，年々若い職員が増えていった．私自身は就職して2年目の終わりに先輩職員が産休に入ったことにより，経験の浅い私が与野生活支援センターの責任者となった．「さあ，やるぞ」という張り切った思いは抱いたものの，活動をずっと引っ張ってきた先輩職員がいなくなった不安も強かった．急激に活動を展開してきたやどかりの里で，2年目の私が1つの活動の責任者とならざるを得なかったという状況は，やどかりの里で中堅職員の層がいかに薄くなっていたかを表している．普通だったら先輩のもとで自分なりの研鑽を積んでいく時期に，実力以上の責任を負わざるを得ないこととなった．

　それぞれが活動を充実させていく中で，私自身は混沌としていた．やどかりの里の中でどういった役割を取っていったらよいのか，そこにエネルギーを使っていたように思う．

　活動が広がると組織化されていくのは当然だが，後輩たちから上司という言葉が聞かれるようになったことに私はとても驚いた．活動を導いてくれる人を先輩職員と思っていたが，上司という感覚は私にはなかったからだ．また，法人内の各活動を「うちの活動」「よその活動」といった感覚を後輩たちが持ってきたことに，同じやどかりの里なのに何かおかしいという思いを持つようになってきていた．

　やどかりの里の中で混沌とした思いを持っていたのは私だけではなかった．広がっていくやどかりの里の危機をそれぞれの価値観の中で感じていた．

「チーフを対象とした研修会がほしい」

「お互いの活動をもっと知り合えるような研修会をしよう」

とチーフ職員の間で話が出るようになった．しかし，どうすれば有効にできるのか，自分たちだけでは堂々巡りをしてしまうのではないかという危惧もあり，世界的に保健分野での専門家の研修に取り組まれている，信州大学医学部公衆衛生学教室の丸地先生の協力を仰ぐことになった．先生は私たちの研修会を一緒に作ってくださることになった．そして，

「松本で開かれる長野県農村医学会にいらっしゃい」
と私たちを誘った．

ほとんどのチーフが参加することになった．やどかりの里が危機にさらされているという認識からか，こうした結集が図れる自分たちにちょっぴり安心した．これは研修会の時だけでなく，バザーやキャンプでも，目標が共有できている時には，お互いに助け合う土壌が培われている．こうしたことの根底にあるものは何なのだろうか．

農村医学会では，病院や市民の取り組みなど各地域での活動が紹介された．特に市民の取り組みは，私にもよい活動だと感じられた．それぞれに影響を受け，みんなよく理解したようだ．私は，松本での丸地先生との話し合いをすべて理解できたわけではなかったので，とても不安な気持ちになってしまった．丸地先生の話や農村医学会での発表をやどかりの里の活動にどう結びつけていったらよいのか，実は今１つピンときていなかったのだ．ただ，何か大切なことを問われていることは感じていた．

やどかりの里に帰って来て，チーフ間でも，職員間でも話し合いが何度も持たれた．研修会はチーフだけでなく全員で取り組むことになり，何か生まれそうだ，その時に感じたことを大切にしていけばよい，という気持ちで私は臨んだ．

素材の提供者は増田さん，三石さん，大澤さんの３人である．日が近づくにつれ，毎日毎晩素材づくりに苦労を重ねていることが伝わってきた．長野の農村医学会での学びをより生かそう，みんなのものにしようと物凄い意気込みを感じた．

３．第１回人づくりセミナーを実施して

１）３日間のセミナーのあらまし（図36）

場所　やどかり情報館
日時　1997年８月23日（土）
　　　　〜25日（月）
参加者　32名　やどかりの里
　　　　　　　職員24名
　　　　　外部からの参加　８名

図36は，第１回人づくりセミナーの全体的なイメージをイラストで表現したものである．

この研修会は各チーフが主体的に取り組み，丸地先生との打ち合わせを重ねながら企画された．丸地先生の研修会は中級者

図36　第１回人づくりセミナーのイメージ

向けで新人職員には難しいかもしれない，チーフ中心の取り組みでもいいのではないかという意見もあり，参加者をどう規定するかで議論された．しかし，多くのチーフには，

「危機の中にあるやどかりの里にとって大事な研修会だから皆で取り組もう」

という強い思いがあり，何が何でも皆でやるんだとの意気込みで，目的を他の職員にも伝えていった．その結果，常勤職員はほぼ全員参加となった．企画者であるチーフにもどんな研修会になるのか予測が立たず，緊張と不安と期待とでチーフ自身も肩に力が入った研修会だった．

丸地先生がテキストの中に提示した論文は言葉が難しく，受け止めがたいという参加者が多かった．「沖縄・宮古島におけるフィラリア対策活動の総合評価」の論文は，ほとんどの人が理解できず，困難なスタートになった．やどかりの里の事例の発表で少しずつ話し合いが進み，イラストやモデルを使って身近な活動に置き換えていった．全体討議の時間はかなり緊張が高かったが，食事の準備やアフターミーティングなどの時間を有効に使い，コミュニケーションが図られていった．プログラム終了後のアフターミーティングも自然にグループごとに集まることができ，まとまりがないと危惧されていたやどかりの里の職員に，自然に集まれる土台があると再確認できた．

また，参加者の中にはセミナーの内容を実感できた人と，理解が進まず悶々としてしまった人に分かれていた．その気持ちのギャップを埋め合わせる作業がこの時には不十分で，参加者同士で補い合えない弱点が見えた．

しかし，3日間が終わり，1人1人の見直しをした時，印象に残ることがそれぞれにあった研修会であり，開催の意味は確認された．

2）私が感じた3日間のセミナー

与野市上峰に生活支援センターがあった時，地域作業所「まごころ」で作った仕出し弁当を通して，知的障害者地域作業所「かやの木作業所」のメンバーとの交流が始まった．「まごころ」で精神障害者が作ったお弁当を「かやの木作業所」のメンバーが「まごころ」に食べに来ていた．精神障害者が知的障害者にサービスを提供するということが始まり，障害を越えたおつき合いができていった．その頃メンバーからも，

「弁当屋みたいのやりたいね」

という声が聞かれるようになっていった．

一方で，私自身が障害者団体協議会の理事や障害者計画策定委員になり，さまざまな団体とのおつき合いが深まる中で，障害を持っても生き生きと暮らせる街づくりを考えるようになっていた．しかし，本当にやってよいのか，またやれるのか，自信もなく行動に移せない自分にジレンマを感じていた．そんな時，人づくりセミナーがあったのである．この人づくりセミナーは，

私に大きな影響を与えてくれた．ものの見方が広がったと思う．そして，
「何だ，思いはずれていなかったのだ」
ということがわかった．のどに詰まっていた骨がご飯を食べたら取れてすっきりした感覚に似ていた．
　それは，
「全体の中に部分があり，部分の中に全体の本質がある」
という捉え方が私に本質を伝えてくれたからだ．やどかりの里から見れば生活支援センターは部分である．しかし，地域から見ればやどかりの里もまた部分である．視野が広がると，今まで見えなかった部分も見え，見えない部分も何となく想定できる．全体像を描きながら部分を大切にすることを，何度も何度もイラストに描いて目に見えるものとして，この関係性を示唆してくれたのである．
　私たちの強みは食事である．精神障害者であってもサービスの担い手になれる，やどかりの里のメンバーを中心に行っていた食事サービスをもっと地域の人たちにも活かせるものにしたい，そんな思いが深まっていった．しかし，それには営業許可を取れる場所が必要でそれが私を躊躇させた．しかし，あるメンバーから，
「どんな人でも食べながら生きている．そんなところでみんなつながっているんだよ，俺たちの仕事はつながっている」
と言われ，その言葉に後押しされて生活支援センターと地域作業所を移転したのである．

4．第1回人づくりセミナーの見直しから，見通しへ

1）KDD研修センターで行ったチーフ研修会，そこで話し合われたこと

　人づくりセミナーを通じてやどかりの里の理念が明確になり，活動の拡大からくる危機やその思いを共有するところまでは辿り着いた．しかし，やどかりの里の今後の見通し，共通のビジョンを描くまでには至らなかった．やり残したままではすっきりしない．まずは1人1人が活動の本質を捉えて，普遍化させることを目的とした研修会をチーフ職員全員で開くことにした．

人づくりセミナー，全体討議，OHPを使って発表する

場所はKDD研修センター，日常の活動から切り離して1泊2日の合宿を持った．
　この時には，人づくりセミナーで活動を見直したところでどんなことが見えるかといったことに着目し，
　＜何をするつもりなのか＞
　＜何が求められているのか＞
　＜何をする能力があるのか（強み，弱み）＞
を図示することにした．また，長期，中期，短期という目標を上げて，それぞれのビジョンの共有化を図った．理事長からは，国の施策の大きな流れや精神保健福祉の動向などと重ね合わせながら，理事長の描くやどかりの里のビジョンについても語ってもらった．

2）私が描いた活動の見直し

　私自身，顔の見える街づくりをかなり意識していた時だったので，ほかの人の意見を聞いて，自分の活動の独自性や他との共通項がよりはっきり見えてきて，頭の中にある具体的な形ができあがってきた．
　KDD研修センターで行った研修会は，人づくりセミナーによって受け入れる土壌ができていたことで実現したのである．そして，その時を思い出しながら，またやってみたいという気持ちになっている．

5．第1回人づくりセミナーの評価

　第1回人づくりセミナーづくりから私たちが得たものは何か，また，やってよかったのはなぜかを明らかにしたい．

① 配属や職種に関わりなく，やどかりの里の全職員がほぼ参加し，じっくり話し合う機会が持て，やどかりの里の危機感の共有ができた．
② チーフ間でコミュニケーションが深まったことで，討論できる関係性が再構築できた．
③ 研修会後，やどかりの里のビジョンを創り合う意識が生まれた．

人づくりセミナー，グループ討議

Commentary

相互研修，自己研修，生涯研修

研修とは教える，教えられるという関係ではなく，お互いに学び合うことである．その学び合いの中で自己に気づき，主体性の確立がある．そしてその循環は私たちが協力し合って生きる時に絶えず求められることなのである．

④ 精神障害者とともに作る街づくりを意識化した．
⑤ 地域住民とともに作る街づくりを意識化した．

障害があるとか高齢であるとかに関わらず，心豊かに暮らしたいという願いはだれも共通である．このことを目指しているならば，活動は独自なものであっても，セミナーで学んだ必須の質（中心的な課題）は共通である．共通の理念を持ちながら，日々の活動を大切にしていきたい．そして，主体的に活動を作っていく時，常に二人三脚をすることが基盤にあれば，そこに対話と共感を基盤にしたコミュニケーションが生まれていくことが明確になった．

相互研修[Com]，自己研修[Com]，生涯研修[Com]の重要性が認識された．

III 第2回人づくりセミナーをめぐって

1．第2回人づくりセミナーに至るまで

1）その時のやどかりの里の動き

第1回人づくりセミナーの振り返りで，一旦活動を止め，振り返る研修の重要性が認識されており，継続してセミナーを開催されることに異論はなかった．

レポーターの選出にはかなりエネルギーを使った．丸地先生からは質量一体を表わせるものをという課題が出され，どの素材を使って描くかということが今回のポイントになった．

そこで長年やどかりの里の活動が地域に根づくまでの縁の下の力持ちであった「印刷事業」にスポットを当てて宗野さんが描いてみてはどうか，という提案がなされた．また，与野生活支援センターやまごころの活動は担当地域が明確で，与野市に住む人のニーズに合わせて活動を展開し，ネットワークを広げてきた．その実践がやどかりの里の生活支援の本質を伝えられる素材であると話し合われ，生活支援センター本部の三石さんがレポート作成者となった．坂本さんは，「エンジュ」の活動を素材にしてみたいという思いがあり，レポート作成を自ら買って出た．そして，やどかりの里の活動全体を伝えるために，1回目のレポートを土台にしつつ増田さんがレポートを作成することになった．

多くの職員が2回目の参加になり，初めて参加する職員への事前学習を企画した．事前学習では1回目の経験をした若手職員が，感じたことをそのま

ま伝え，素材提供者でもある坂本さんがサポートした．

　レポート作成はとても大変で，セミナー開催前の数か月で，丸地先生とチーフ間でも何度もレポートのやりとりがあり，書き替えの作業をくり返した．丸地先生から全体像を表わす論文が送られてきた時は理解しがたく，読みこなすまでにはかなり時間を費やした．ことに宗野さんが描かなくてはならない仮説検証や，予防疫学（人間を扱う新しい学問体系）に当たる内容については，もう一歩のところにいきながら描ききれず苦戦した．

2）活動ビジョンを仲間と共有できずにもやもやしていた私

　1998（平成10）年2月，「まごころ」が移転し，店舗つきの物件を借りてお弁当屋さんを開業した．このことによってこれまでにない地域とのつながりが増え，今まで顔を合わせることのなかった人たちとも顔の見えるお付き合いが始まった．やどかりの里のメンバーへの食事の宅配サービスから始まった地域作業所「まごころ」の活動が，やどかりの里の中のお弁当屋から地域の中のお弁当屋として歩き出したのである．

　私は，「まごころ」で精神障害者が働くことにより，自分の働きが地域に生かされ，自分自身が生かされているという醍醐味を感じ，自己の存在価値を高めることを願っていた．実際に食事サービスを通じて地域のことやそこに暮らしている人が以前よりよく見えるようになってきた．

　お弁当屋を始めたことで生活支援活動と事業の両輪が回り始めた．私は，生活支援活動は時には車輪を止める必要がある活動だと思っている．しかし，お弁当を作り，待っているお客様に届けるという事業は，待っている消費者がいる以上止めることはできない．2つの要素が活動に入ってきた．

　調理の現場は時間に追われて非常に忙しい．お弁当屋を始めるに当たって調理師の人に来てもらった．「まごころ」の活動に込めた私の思いを伝えたが，調理現場を中心に担っている職員からは，

「体調に変化のあるメンバーと一緒に作り合うのは難しい」

「やろうとしていることはいいことだと思うけど……」

という反応が返ってきた．私が目指す顔の見える街づくりは，理想論のように捉えられた．調理担当者の目標は，

「お金をもらって売るのだから，きちんとしたものでないといけない．見栄えよく仕上げることは大事」

ということである．それは私も共感する．生活支援活動に従事する職員も人手不足の調理現場に入り，今この瞬間が忙しく，今を乗り越えることに手いっぱいであった．私は他職種の人や仲間とどう共有していったらいいのか，そのギャップに悩んでしまった．

　1998（平成10）年4月，同じ与野市で活動している鴻沼福祉会の運営する精神障害者通所授産施設が，精神障害者の生活支援センターを旗揚げし，生活支援事業としての補助金が交付された．人口8万3千人の与野市で，や

Commentary

補助金
本来は国や自治体の責任で行わなくてはならない事業を民間団体が代わりに行っていく場合に，国や自治体から運営についての補助金が交付される．

どかりの里の与野生活支援センターに補助金[Com]を交付される可能性は薄くなってしまった．補助金事業として国や自治体から認知された活動が新たに生まれたことで，与野市の精神障害者の地域生活支援のビジョンを描くのは私たちの責任ではなくなってしまった，という活動展開の先行きを阻まれた気分であった．1回目の研修から見えてきたものは大きく，私の夢も広がった．私の描いたビジョンと現実との突き合わせが私にとってはとてもきつい仕事であった．

　私自身はこんな気持ちを抱えながら，着々と進められていく第2回人づくりセミナーの準備の渦の中にいた．素材の提供者は，増田さん，三石さん，坂本さん，宗野さんの4人である．三石さんは与野生活支援センターを素材に生活支援の本質について描くということで，自分自身の活動の足跡を客観視する機会となり，何か見出せるかもしれないという期待を寄せていた．

2．第2回人づくりセミナーを実施して

1）第2回人づくりセミナーのあらまし

場所　やどかり情報館
日時　1998年8月8日（土）～10日（月）
参加者　40名　　やどかりの里職員　26名
　　　　　　　　外部からの参加者　14名

　今回のセミナーでは早々に丸地先生から画家と絵画のイラスト（**図37**）が提示された．このイラストは今回のセミナーを象徴しているもので，やど

図37　画家と絵画

かりの里の素材を通して本質を捉え，参加者が画家となり自分の活動を描いていくということを示唆していた．

発表者が4人だったので，窮屈なプログラムとなったが，1回目の研修会の経験があったので，企画側のチーフ職員にとっては，1回目よりは肩の力の抜けた研修会だった．

4人の発表内容は，増田さんが「価値転換」に注目したやどかりの里の総論，三石さんが主客一体，坂本さんが質量一体，宗野さんが主客一体，質量一体を合わせた視点から，各々の活動の仮説検証について描こうとしていた．（宗野さんのこの視点を丸地先生は「予防疫学」という造成語で表現していた）「価値転換」は過去の活動を否定するものでなく，視野を広げて新しい活動を創ろうという考え方で多くの参加者にわかりやすく，受け入れられた．一方，宗野さんの論文は受け止め方がさまざまで，職種によって受け止めやすかった人と理解に苦しんだ人がいた．やどかりの里の職員の多くはなかなか理解できなかった．それは，これまでのやどかりの里の活動の中に予防疫学がどういうことなのか理解しづらかったこと，また，今まで質を高めることに力点を置いてきたために，質と量を一体化させた評価[Com]は，やどかりの里ではあまりなされてこなかった．

1回目のセミナーの経験から，参加者によって理解の仕方に差が出てくるだろうと予測され，グループ討議もかなり配慮したものにした．その結果，セミナーのプログラム終了後のアフターミーティング[Com]でお互いに補い合える関係性を生み出した．加えて，外部からの参加者がグループ討議の中でさまざまなモデルを使って，自分の活動に重ね合わせて見直すことができた．

結果として，参加者各々が自分たちの考える街づくりに立ち向かおうというところまで辿り着いた．

2）私が感じた第2回人づくりセミナー

やどかりの里のほとんどの人が2回目の参加であり，人づくりセミナーの進め方があらかじめわかっていたこともあって，前回と比べ運営上の不安は少なかった．そして，やどかりの里における危機や本質を多くの人が共有し，共通基盤を意識したところからこのセミナーはスタートした．

第1回目と大きく違ったのは，アフターミーティングの持ち方である．1回目の時は私自身もレポートを作成することで精一杯だったが，今回はいろいろな思いを出し合って形にしていく，「グループディスカッションのおもしろさや大切さ」を身をもって体験することができた．この中で私の大きな収穫は「健康文化の創出」という理念がすーっと体内に入り込んだということである．今回は一瞬のひらめきではなく，研修会の学びがジリッジリッと私のからだの中に入ってきたという感覚である．それだけに深いところで私に力を与えてくれたのは確かである．

地球の中の核を「健康文化の理念」と表現するとしよう．活動がその核心

Commentary

質量一体化させた評価
生きがいややりがいといったような質的な価値と数字で表せるような量的な価値を一体にして捉え，独り善がりにならないような価値観を持ち，バランスの取れた価値観で活動を評価していくこと．

アフターミーティング
あらかじめ設定されていたプログラムを終了したあとに，参加者が主体的に学び合う時間．プログラム時間内に十分話し尽くせなかった思いなども話すことができて，お互いを知り合う機会となる．

を目指しているならば，場所や方法はどうあってもよいということ，当たり前のことが今さらながら胸に突き刺さった．私はやどかりの里の中で，与野生活支援センターでの活動がどう位置付くのか困惑していたが，私たちの活動は健康文化の創出を目指していることに気づいたところで，もっと広い視野で地域を見ていこうという思いが湧き上がってきた．今でも迷った時，この時に描いた想いが浮かんでくる．グループで行われたコミュニケーションやディスカッションを体験し，対話と共感の重要性を実感し，そこから生まれてくるものは大きいと感じた．

　私自身の日常の活動にこの学びをどう生かすか，ということが次に問われている．さまざまな価値観を持って生きている人が世の中にはたくさんいて，それが当たり前である．もちろん与野生活支援センターのチームにもいろいろな人がいて当たり前なのだと思えるようになった．これは研修会で学んできたことと，規模は違ってもその有り様は同じであることが認識できた．考え方はさまざまであっても，できるだけ大きな目標は共通に持てるようにしていこう．共通の思いを持ちつつ，1人1人が独自の役割を果たしていく，それはセミナーで学んできたことである．

　私の試みとしては，将来のビジョンに向けての長期目標，この1年間の目標，今取り組むことに分けて示し，意見をもらうことにした．対話と共感をくり返しつつ共通の思いを膨らませていくことで，共通の価値を創り出していきたいと強く思った．

3．第2回人づくりセミナーの見直しから見通しへ

1）活動の見通しを共有して

　今回のセミナーでは健康文化の創出という大きなテーマを柱にすることで，私たちの共通のビジョンが見えてきた．私たちはやどかりの里で働く1人の職員であり，1人の地域住民である．私たちが自らの健康の大切さに気づき，さらに，ともに生きている人々と健康文化を創り出していくことが重要なのである．各地で活動を独自に作っても，健康文化の創出を柱にするならば，目指すところや本質は共通である．

　一方，セミナーの中で活動の全体像が見えてきた．同時に私たちの活動の不得手なところが明らかになった．やどかりの里では，よりよい活動を展開しようと長年努力してきた．私たちの小さな活動をモデルにして，各地の活動の参考にされてきたこともある．しかし，やどかりの里の活動のどこの部分が，どういう意味でよい活動と言えるのか，また，どういう成果を挙げてきたかということをきちんと説得できる根拠が明確でないことが明らかにされた．

　毎年のように計画を立て，その計画が遂行できたのか，関わる人々の思いはどうだったのかという振り返りは必ず行ってきた．しかし，仮説を立てて

検証を行うという考え方が，活動に位置づいていないことに気づかされた．目標を共有し，価値を共有した上で活動を振り返らないと，目の前のことしか見えなくなり，本質を見失うことになる．私たちは，大目標である仮説がはっきりしていないことが明確になり，頭を抱えてしまった．それが共有できていなかったため，活動が広がった時にコミュニケーションがうまくいかないという危機を招いたのである．そういう意味では，第2回のセミナーでは共通のビジョンを描こうというところに立ったところである．

　私たちはどんな仮説を持って活動し，そこに私はどんな気持ちで関わっているのか，そして地域やメンバーとどう影響し合っているのかを，常に確認する必要があることを痛感させられた．日々動きのある活動を展開する中で，時間を止めて検証することはなかなか難しい．しかし，こうした視点を一方で持つことによって，活動が生き生きと継続できることを改めて確認することになった．

　これは2回にわたる人づくりセミナーでの対話の中で見えたことであり，それが大きいことを実感した．実践，研修，研究の三位一体の重要性と自己査定，組織査定，集団評価の必要性が意識されるようになった．

2）健康文化が私のからだと心に染み込んできた

　私の活動づくりの思いは，圧迫されない世の中を創りたいということである．病気であっても，障害があっても普通に暮らせる．そんな街にしたいという思いでこつこつと与野で活動してきた．そんな自分の思いを時に見失ってしまうこともあり，目の前の忙しさやしんどさに圧倒され，何でこんなことをしているのだろうと思う時もある．

　でも，そんな私が戻って行くところを見つけた思いがした．それが「健康文化」ということだった．ああ私の思いと同じ，私の思いを的確に表現できる言葉や考え方と出会えたという喜びが生まれた．

　与野とか，浦和とか，大宮というのは地球の表面のことだ．その地球の表面だけを見るのではいけない．私が共感した「健康文化」は地球の核心に当たるものだ．だからこそ，そこを核にしながらじわじわと広がっていくものだと納得した．そして，街づくりは箱庭づくりとはまったく違う．建物を街の中に配置することではなく，そこで暮らす私自身もそこに暮らしながら，地域の人たちと作り合うものなのだ．

　私は幼いころに参加した夏祭りのお神輿担ぎを思い出した．子供会や婦人会のお母さん，近所のおじさんが集まり，お化粧したり，ジュースを飲んだり，とても楽しかった．身近にさまざまな人や団体があり，大人も子供も障害者も生き生きとしていた．街づくりも同じである．さまざまな人たちがそこで暮らし，それぞれの暮らしを大切にしていく．街は共通の空間であり，さまざまな人たちがそこに暮らしていることは当たり前のことなのだ．

4．第2回人づくりセミナーの評価

第2回人づくりセミナーから見えてきたものは何かを明らかにしよう．

① チーフ職員は共通基盤に立つことの大切さを自覚した．
② 的確な表現で自分たちの活動を伝えることの重要さを認識した．
③ 精神障害者に注目しがちな自分たちの活動への気づきから複眼で活動を見ていくことの大切さを認識した．
④ 仮説と検証の重要性を認識したが，やどかりの里の活動の中で不十分な部分であることにも気づいた．
⑤ 健康文化の創出をより意識化し，顔の見える街づくりを身近に捉えることになった．

第1回目，第2回目，ともにコミュニケーションの重要性を実感し，考え方（パターン認識）を学んだ研修であった．殊に今回の研修はさらに1つ1つを深く探求していく感じだった．

障害があるとか年を取っているとかに関係なく，心豊かに暮らしたいという願いはだれも同じである．「健康文化の創出」の理念は，やどかりの里が目指す共生の街づくりの背骨に当たる部分であろう．

5．第2回人づくりセミナー後に参加した日本健康福祉政策学会での気づき

第2回セミナー後，第2回日本健康福祉政策学会で，この研修会で見えてきたものを「実践活動から政策提言へ」という表題で示説発表することになり，秋までその準備に追われた．その準備の中で，発表者には「共生の街づくり」が意識された．学会での発表に先立って職員全体会議で発表し，第1回，第2回のセミナーでの気づきや「共生の街づくり」が意識されたことを示した．しかし全職員で共有するには大きすぎる内容であり，まだまだ具体性に欠けていた．チーフ職員も，健康文化の創出という考え方に共感することはあっても，自分たちの活動の中で具体的にどう活動していくかということまで共有するには至らなかった．

示説発表の演題は次のとおりである．
① 「実践活動から政策提言へ1－やどかりの里生活支援活動」発表者三石麻友美
② 「実践活動から政策提言へ2－共生の街づくり」発表者　大澤美紀
③ 「実践活動から政策提言へ3－やどかりの里の30年の活動を辿って」発表者　増田一世

政策学会の発表でも提示しているように，街を見渡すと精神障害者も1人

の市民であり，1人1人の市民の暮らしやすさを意識することになる．これはやどかりの里の活動を振り返る中で明らかになったことであり，私たちの目指すところは共生の街づくりであることがはっきりしてきた．

この時の気づきが第3回のテーマにうたわれている「共生の街づくり」につながっていったのである．

しかし，その後は昨年度行ったKDD研修センターで行ったような集会を開くことができず，報告集の発行も遅れてしまい，事後の振り返りが甘かったという反省を残した．

IV 2つのセミナーから私たちが手にしたものは

やどかりの活動は30年が過ぎ，健康文化の創出というグローバルな視点を持ち（Think Globally），その地域に根ざした新しい社会の創出を目指し（Act Locally）活動を続けている．この30年間，いくつもの危機が訪れ，いつの時代も生き生きとした街になるようにという願いを持っていた．しかし，思いや価値を共有することは大前提であるが，実際に行っていくのは大変である．

私たちはやどかりの里の活動を素材にし，対話と共感（二人三脚）に基づく振り返りを2回のセミナーを通して行った．すべての活動は二人三脚が基本だという丸地先生の話が，自分たちの活動を見直す中で実感できるようになっていった．共感を基盤にした対話を重ねていくことで，ズレていた認識に気づいたり，共通基盤に立つことで，将来の夢も語り合えるようになっていった．そこからやどかりの里の活動を振り返り，過去の取り組みを再学習

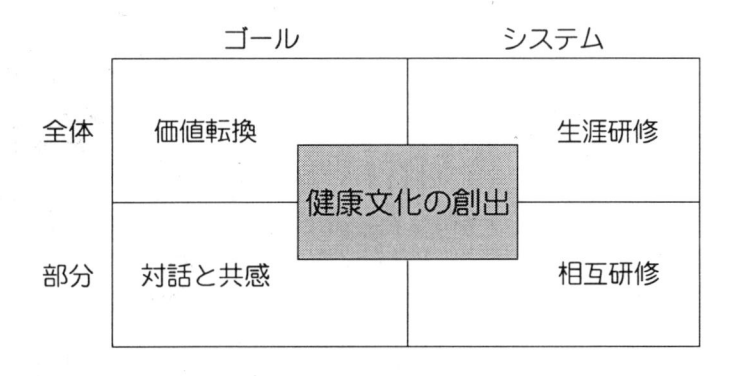

	ゴール	システム
全体	価値転換	生涯研修
	健康文化の創出	
部分	対話と共感	相互研修

図38　健康文化の創出をトータルに捉える

Commentary

温故知新
先輩たちの築いてきた実践活動の積み重ねから学び，その蓄積の上に新たな実践を構築していく．

することにより，お互いの思いや価値を共有した．そして，過去からの学びを土台に将来のビジョンを描くところまで辿り着いた．（温故知新）[Com] これは日々の活動でも同じことだ．職員と，メンバーと，地域住民とが三位一体になって学び合う．常にだれかと二人三脚を組んでいる．何か変だと思う時はもう1人のことを忘れているのである．

活動は常に動いているから，目の前が開けている時と見えなくなる時がある．現場で活動している人はそういう経験をすることがあるだろう．私たちは昨年のセミナーで仮説を持ち，そのことを検証していくことの大切さに気づいた．私たちは日頃からよりよい活動をしていくことを目指している．しかし，よりよい活動が独り善がりなものになってはいないか，ということを検証していくことが大切であるにもかかわらず，つい忘れがちになることに気づいてきた．だから，一旦時を止めて見直す作業を丹念に継続していく必要があるのである（実践－研修－研究の三位一体）．

以上の学びから見えてきたことは，トータルに物事を見ていく視点を持つことである．第2回のセミナーで，物事を複眼で見ていくことの大切さを学んだが，目の前に起こっていることを一面的にしか見られないことがある．そういう時に，以下の3点に注目して活動を見直すことによって，トータルに捉える視点を身につけることができる．（図38，39）

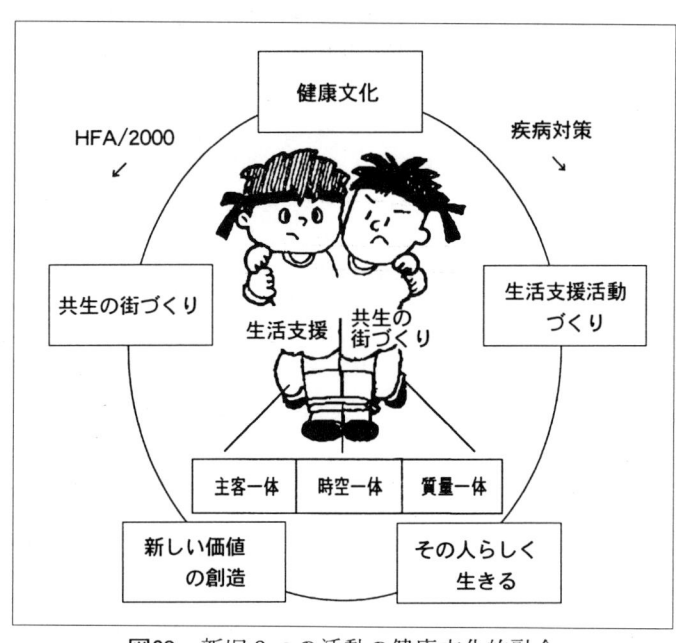

図39 新旧2つの活動の健康文化的融合
　　　人づくりセミナーを基盤として

Ⅱ みんなで創り合うセミナーで，生き生きとした活動を広げよう　207

Commentary

時空一体
活動には時間的な経過とともに変遷する過程があるが，時間的な変遷とその全体像を捉えること．

主客一体
主体的に何かに取り組むことと，その取り組みをさめた目で見直すことをワンセットにすること．

質量一体
生きがいややりがいといったような質的な価値と数字で表せるような量的な価値を一体にして捉えること．独り善がりにならないような価値観を作ることを意味する．

時空一体，主客一体，質量一体
こうした考え方を活動の中に総合的に位置付けて，活動の見直しを行いつつ，これからの方向性を導き出す必要性がある．

① 時空一体^{Com}

やどかりの里で活動していくと，将来のビジョンをどう描くかということが大変重要な課題となる．その時にまず大切なことは，温故知新であった．私たちの活動を形成してきた歴史を辿り，整頓していくと，梯子段を1段1段登って行くように活動を積み上げてきたことに気づいた．そして梯子段の5段目まで登って行くと，全体像が見えてくるのである．時間を辿りつつ，全体を見る思考がまさに時空一体であった．

② 主客一体^{Com}

私たちの目の前に現われた障害者は，それぞれ何らかの問題を抱えている．私たちはついその人の個別の問題として捉えがちである．しかし，その問題の本質を見つめていくと，そこには必ず普遍的な問題が見えてくる．そして，そこで見えてきた問題は，「その人」の特有の問題ではなく，私たち共通の課題になっていくのである．相手を対象化して見る視点から，共通基盤に立って向き合えた時，主客一体の世界が創られていくのである．

③ 質量一体^{Com}

精神障害者の問題を考える時，1人1人が「いかに生きるか」という点に注目し，思いを大切に活動づくりをしている．物事の価値を計る時に，さまざまな計り方がある．私たちは第1回セミナーで必須の質について学んだ．人間の質，生活の質，組織の質，質の分析，質の保証である．（いずれも質的な面が重要であることを強調するための造語である）自分たちの作ってきた活動の見直しをする時に，5つの質がバランスよく配置されていることが大切なことに気づいた．しかし，それは活動を見る時に，大切だけれども一面的な見方であることがわかってきた．

やどかりの里では軽視されがちであった量的な評価がある．活動の効率，効果，有効性を示すことの大切さを学び，質と量を一体化させて活動を捉えていくことにより，バランスのよい，生き生きとした活動が展開できていくのである．

Ⅴ　今後の展望を描く

活動の本質をどう捉えて，どう伝えるかが第1回，第2回のセミナーの目標であった．第2回セミナーでは生き生きとした活動展開のための考え方や，活動の組立方について学んできた．この学びが，いかに私たちの学びになっているのかが，第3回のセミナーで問われるところであろうし，日常の実践に生かされているかが明らかになるであろう．セミナーでの学びが生かされた実践は，さらに深まりと広がりを持つことになるだろう．生かしきれなかっ

た場合には，なぜ生かせなかったかを，もう1度検証する場となるであろう．そして，共通のビジョンを，参加者の共同作業で描くことができるかどうかは，参加者で創り合うセミナーが実現できるかどうかにかかっている．このセミナーは正しい答えがあらかじめ用意されているのではない．今ここで出会った人々と，よりよい将来のビジョンを創り出すことが大切なのだ．この経験が，まさに語り合い，響き合い，創り合うプロセスそのものであり，この経験を再び自分の実践の現場に持ち帰り，生かしていくことが大切である．

　最後に丸地先生との話し合いの中で気づいたことを付け加えて終わりとしたい．WHOが1946年に，
「健康とは，身体的および精神的，社会的に完全に良好な状態であって，単に病気や虚弱でないだけではない」
という健康の概念を採択した．そして，50年の歴史を経て，これにSpiritual well-being（日本語の適訳はない）を加えた健康の4要素になるところである．このSpiritual well-beingは，人間の尊厳や人の力の及ばない何か，自己を越えた何ものかだと言われている．そこから，その人の人生をいかに終えるかという，生きていくことの意味のような大きなものが感じられる．桜の花は咲いている時はとても美しいが，花びらはやがて散っていく．しかし，花びらは土に戻り，新しい土壌を作っていく．私はSpiritual well-beingはすべての人に共通しているものであり，「健康文化の創出」の向こうにつながっているものだと思う．

　私たちはこの2回の研修会で「価値の転換」を意識した．価値の転換はこれまでの活動の思いを他の価値に変えようとすることではなく，これまでの思いに視野を広げることで新しい価値を生み出そうということである．「健康文化の創出」の概念は価値転換によって見えたのである．これまでのものに新しい考えが加わったというこの発想は，WHOもやどかりの里も同じであり，注目すべきことだと思う．

　前述のように政策学会で共通のゴールとして見えてきた「共生の街づくり」を地球的規模で考えつつ，自分たちが活動する地域を基盤に据えて，具体的に展開していくことが大切である．そのビジョンをどう描き，共有のものとしていくかが第3回の人づくりセミナーの大きな課題となったのである．私はやどかりの里に出会い，精神障害者に出会い，彼らとの活動を通して与野の人たちに出会った．やどかりの里のメンバーや地域に住む人たちとの出会いによって育てられてきた．そして今，地域に住む人たちの生き生きとした顔の見える街にしたい，この街で暮らしてよかったと思える街づくりの一端を担いたいと思っている．こうした思いは研修会で得た健康文化の概念が私に示唆したものだ．文化はその土地によって育まれ，培われてきたものである．その土地の文化を大事にすることは，その土地のそのままを受け入れ，私たちの活動をそこに調和させていくことだと思う．私たちが根を下ろしつつある地域に，私たちの活動を根づかせていくことが新しい社会を生み出す

ことにつながると信じている． 　　　　　　　　　　　（佐々木千夏）

文　献

1）社団法人やどかりの里・信州大学医学部公衆衛生学教室編：実践活動の見直しから見通しへ，転換点にあるやどかりの里を素材にして；社団法人やどかりの里，1998.
2）社団法人やどかりの里・信州大学医学部公衆衛生学教室編：活動の拡大と危機を質的転換で乗り切ろう，やどかりの里の実践活動を素材として；社団法人やどかりの里，1999.
3）社団法人やどかりの里・信州大学医学部公衆衛生学教室編：やどかりの里30周年を活動の転機として，共生の街づくりを目指した地域づくり；社団法人やどかりの里，2000.
4）谷中輝雄：生活支援，精神障害者生活支援の理念と方法；やどかり出版，1996.
5）谷中輝雄他・生活支援Ⅱ，生活支援活動を創り上げていく過程；やどかり出版，1999.

資料篇

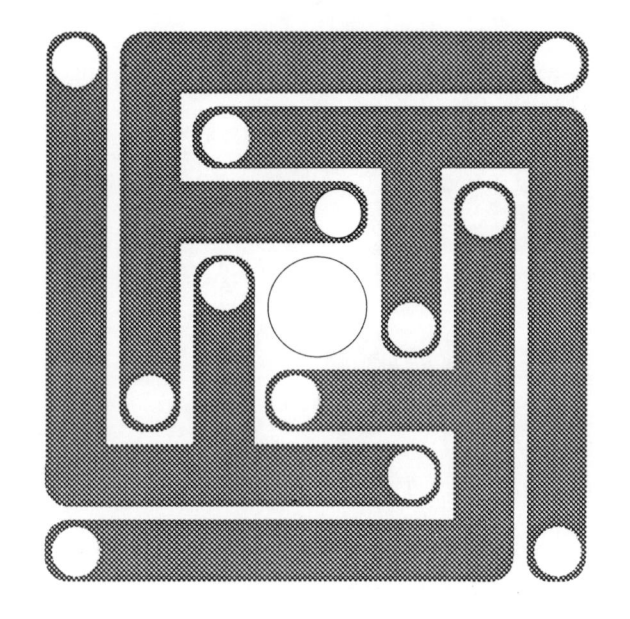

1．機関紙「やどかり」から見た　やどかりの里の6年

　社団法人やどかりの里は法人の会員によって構成されている．現在会員数は約445名である．30年間多くの会員によって，やどかりの里のさまざまな活動が支えられてきた．機関紙「やどかり」（以下機関紙と略）は，会員の方々に，やどかりの里の今を伝えるための手段の1つとして，月1回発行されている．毎月発行されている機関紙から，その時々のやどかりの里の活動内容や方向性などを読み取ることができる．この6年間は，やどかりの里の大きな転換期であった．30年の節目に，やどかりの里の今をつぶさに表し続けている機関紙から，6年間の歩みをまとめたい．

＜1994（平成6年）＞
生活支援活動の取り組みと福祉的就労の場の確保を目指して

　1994（平成6）年は，生活支援活動の取り組みと福祉的就労の場の確保を目指す2つの流れがあった．機関紙にもそのことの記載が多く見られる．

　3月号では，「生活支援の必要性―1年を振り返って―」として1面で1年間の活動を振り返っている．

　「（略）年度当初に課題となっていたのは，生活支援センター本部を設置し，各ブロックごとの生活支援センターとの役割を明確にしていくことであった．

　1年の活動のなかで明確になってきたのは，3か所の生活支援センターそれぞれの特徴がはっきりしてきたことである．（中略）

　生活支援センターの活動がそれぞれ活発になり，その必要性が目に見える形になったのがこの1年の大きな変化だったようだ．ここが明確になるとケアセンターの役割もまたすっきりとしたものになっていくだろう．ケアセンターができて5年，ひとつの節目を迎えた1年であった」

　11月号では，1面で「福祉的就労の場をめざして」として，福祉工場建設に向けての取り組みが始まったことを報告している．また2月号では，福祉工場準備室の取り組みを，態勢図と合わせて報告している．

　「平成9年4月に福祉工場オープンを目標に昨年の10月に福祉工場準備室がスタートした．準備室の仕事は福祉工場設立にともなって具体的な青写真を作っていくことである．（中略）福祉工場へ向けての目標を上げてみたい．

　まず第1番目は，生活保護を返上し，障害年金と福祉工場の賃金とで暮らしていけるような賃金体系にすることである．

　そして2番目には，その人なりのペースで働けるようにすることである．週に何回か，そして1日に何時間か，それはその人が働きやすい方法を選べるようにしたい．

　3番目は，やりがいがもてるような仕事をすることである．（中略）

作業所で皆で一緒に作り上げていくのもよし，一般就労へ向かってチャレンジしていくのもよし，無理に働かなくても自分なりの生活を築いていくのもよし，福祉工場で自分ができる仕事を身につけていくのもよし，自分にあった生き方が見つけられたらと思う．そんな願いをこめて，準備を進めていきたい．（略）」

＜1995（平成7年）＞
福祉工場建設に向けた新たな取り組み

　機関紙の1面は，その月の活動のトピックスを表している．1995（平成7）年の機関紙の1面は，12回のうち6回が福祉工場建設に関する記事である．「新しき挑戦福祉工場」「福祉工場へ託す夢」「利用者の声を福祉工場へ」「福祉工場建設へ力強い味方ー三菱財団社会福祉助成交付ー」「県へ福祉工場事業計画書提出」「福祉工場建設用地が決定」と続いている．やどかりの里にとって福祉工場建設は，新しい挑戦でもあった．そのことを如実に表している1995（平成7）年の機関紙である．1面の記事から内容を簡単に紹介しよう．

　機関紙4月号の1面は，「働く場の確保ー豊かさを求めてー」というテーマで，福祉工場建設を決めるまでの経過が次のように記載されている．

　「働く場は，今までは職親や一般企業を考えてそれぞれ挑戦を試みてまいりました．（略）その人たちは，職親ですら仕事がきついという始末です．そこで，作業所づくりをすすめてきたわけですが，この作業所の働きでは十分な資金が保証されません．このようなことから，月額5〜6万円台の賃金がもらえるような，生産性の上がる仕事が出来ないかという要望が出てきました．（略）かねてより朋友の会より出されている要望に応えるべく，福祉工場建設のための土地購入を実現

したいと思います．（略）仲間同士の支え合い，自己の尊厳の回復に加えて，豊かさを求めて職員とメンバーが一体となって人生の質の向上を目指して，また創意工夫を重ねていく年ではないでしょうか」

　また，福祉工場建設に伴い，就労支援のあり方を検討し始めたことも報告している．3月号では，和歌山市にある福祉工場「麦の郷」を視察したことに触れながら，セルフエスティームを高める就労支援のあり方について宗野政美が報告している．

　「やどかりの里の福祉工場も，病気になったからこそ，その仕事が担えるといった逆転の発想で始めようとしている．出版・研修事業の内容がまさにそれである．印刷事業は，生産と運営を共に担って事業を動かすことによって，セルフエスティームが高められるという事業のあり方をつくっていくのだということがより明確になった．福祉工場を建設することが目標なのではない．地域の中の1つの資源として，そこで働く1人1人のセルフエスティームを高め，共に働くことを目指すのである」

　福祉工場建設への挑戦は，やどかりの里にとって新しい挑戦であった．その取り組みは，やどかりの里が今まで大切にしてきた当事者自身が活動の担い手となっていくことを基盤に置きながら，働くことの価値をもう一度見直し，社会の一般的な価値観をも問いなおす新しい挑戦の始まりであったといえる．

やどかりの里25年の実績が
生活支援活動の制度化へ

　地域生活支援センターが制度化され，予算化されることになったのもこの年である．3月号1面では，「節目の年　25年の主張が制度化ー活動が社会を変えるー」として，そのことを報告している．「（略）昨年12年に打ち出された地域生活支援センター構想はやど

かりの里にとってみれば、やどかりの里が精神障害者と共に形づくってきた生活支援活動が施策に反映され、それに予算化が伴ってきたと捉えられることである．（中略）制度が生まれ、予算化もされ、だからこそこれからなのである．生活の質を高めていくような、1人1人が主人公となりうるような生活支援、そしてその活動が街の中で障害種別を越えて展開されるようになっていけば、これは本物かもしれない．精神障害者という言葉がついて歩いているうちは、まだまだやどかりの里の実践課題は終わりにはならないし、次なるチャレンジをしていかなければならないであろう」

1995（平成7）年度は、当事者の力と可能性を信じ、福祉工場建設は彼らと協働していくことへの新しい取り組みであり、生活支援活動の制度化は、当事者主役の街づくりに向けて地域に根ざした活動づくりへと踏み出した年であったと言えるだろう．

<1996（平成8）年>
生活支援活動と精神保健運動の2つの両輪

1996（平成8）年は、地域生活支援センターの態勢の強化と福祉工場の建設が大きな2本の柱となって活動が進められた．

9月号では、堀の内生活支援センターの移転について、「人と人とのつながりを活動の支えに」として、大澤美紀が「（略）たくさんの人に来ていただき、あのお店はいい雰囲気だよ、おいしいよ、といった声が人から人へ伝わり、ごく自然に地域の中の喫茶店になっていくことが、私達の願いです」と報告している．

やどかりの里は、常に生活支援活動と精神保健運動の2つが両輪となっていることを意識して活動を進めてきた．1996（平成8）年は、この2つの両輪がそれぞれ新しい活動に向けて動き出した年であった．7月号1面では、「（略）生活支援活動の充実、拡大、そして就労の場を確保しつつ、精神保健運動の発展といったやどかりの里の活動の両輪が少しずつ動き始めている」と締め括り、やどかりの里にとって、この2つの両輪の活動が常に連動していくことの大切さを報告している．

インタビュー「仲間」の連載

また、編集部が新しいメンバーへインタビューする記事も連載された．毎月の連載とはならなかったが、メンバーの生の声を届ける内容の記事は、彼らがどんな思いで暮らしているのかがつぶさに伝わる記事になっている．1996（平成8）年から1998（平成10）年まで、年間3人の方々のインタビューの内容が載せられている．1人1人の個性的な暮らしぶりや生き方が伝わる内容になっており、その人らしさが伝わってくる記事である．

1999（平成11）年からは、新しい職員にもインタビューするようになり、7人の職員のインタビュー記事を載せている．

ヴィレッジセミナーツアー・メンバー交歓会

1996（平成8）年から始まったアメリカのロサンゼルスにある『ヴィレッジ』との研修内容は、機関紙でも随時報告されている．

8月号では、ロサンゼルスで行われた第2回ヴィレッジセミナーについて1面で次のように報告している．

「印象的だったのは、PSWのシェリーさんの、ヴィレッジの活動を、革命的なことと評価したことである．メンバー自身の決定を最優先にして活動を行なっており、専門職間の役割という区分や縦割り行政的な線引きはなく、1人の人に対して必要なことに焦点を合わせた支援を行なっていることをもっとも

高く評価していたのである．やどかりの里の実践においても，重要なのは関わる1人1人の主体性であり，自己決定である．やどかりの里の26年の歩みは，そのことに向けてのたゆまない努力の日々であったといえよう．メンバーだけが主体的に生きるのではない，そこで働く職員，さらに，いろいろな形で関わる人々が主体的であることが問われるのである．そして，援助する人と援助される人といった関係性を越えたところにこそ，共に生きる世界の実現があるだろうし，共に生きられる街づくりの実践が広がっていくのではないだろうか」

この後も，ロサンゼルスの自助組織『プロジェクトリターン：ザ　ネクストステップ』とのメンバー交歓会の様子とヴィレッジセミナーツアーについては，随時報告されている．

こうした海外の活動から学び，自分たちの活動を検証していくことは，活動を停滞させず，常に生き生きとした活動を展開していく上ではとても重要なことといえる．

<1997（平成9）年>
街の一員として，ともに支え合う
地域づくりを目指して

1997（平成9）年は，それぞれの活動が自分たちの地域を意識しながら，ともに支え合う街づくりに向けて新しい挑戦が始まった年でもある．機関紙11月号では，そのことについて触れている．

「大宮市中川に活動拠点を得て活動を始めたやどかりの里が，25年という時間の流れの中で，小さな拠点をいくつか持つようになり，それぞれの拠点でささやかながら，地域の人たちとの顔の見える付き合いができるようになってきている．精神障害者への理解を，で始まったやどかりの里の活動も，精神障害者も街に住むひとりです．私もあなたも住みよい街にしませんか，という動きがますます大きくなっている．

偏見や差別は，まだまだなくなりはしない．しかし，声を大きくして，偏見，差別をなくそうと叫ぶよりも，日々の暮らしの中で，人と人との関わりの中で，共感と対話の中でこそ理解が生まれ，深まっていく．『ルポーズ』がほっとくつろぐ空間の提供をし，『エンジュ』や『まごころ』のお弁当が懸け橋になって，共感と対話が広がっていく……そんな会話がそこここで聞こえてくる最近のやどかりの里である」

また，1997（平成9）年から本格的に始まった食事サービスセンター・エンジュの活動経過は定期的に報告され，メンバー，家族，職員，そして地域の人たちとの協働で創り合う事業づくりについて触れている．1998（平成10）年の機関紙7月号では，エンジュの1周年の記念会食会の報告とこれからの展望について，坂本智代枝が次のように報告している．

「去る6月19日（金）に食事サービスセンター『エンジュ』の1周年記念会食会を開催した．これは，埼玉県，大宮市福祉部，高齢福祉課，在宅ケアサービス公社，大宮市社会福祉協議会，片柳地区社会福祉協議会，会食ボランティアグループ，配食ボランティアグループ，精神保健ボランティアグループ等，これまで協力支援していただいた方々に来ていただいて，一周年の感謝をこめて現状報告と今後の協力支援をお願いした．

エンジュでお弁当を配達している峯野さんは，『エンジュで働いてうれしかったことは，お年寄りの方が寝たきりでベッドの側まで持っていったけれど，元気になられて玄関先まで取りにこられるようになったことです．そして，もう元気になったので自分でやってみますと言われることで，休まれるのは淋しいけれどうれしい』と語っていた．（中略）

メンバーや職員それぞれの立場は違うけれど食事サービスと働く場としての充実という

課題に向けて思いを共有化する機会になったし，日々多忙な活動が"地域の役に立っている"という重要な意味を持っていることが意識化される機会となった．これからもこのような機会を増やしていきたい」

障害を持って生きることをプラスに

同じく，1997（平成9）年にオープンしたやどかり情報館（福祉工場）の取り組みについても，継続して報告されている．中でも，研修センターのメンバー職員（この年研修センターはやどかり情報館に属していた）が自分の体験を語る，『体験発表－わたしたちの人生って何？－』の記事には興味深いものがあり，機関紙でその取り組みについて定期的に報告している．平成9年機関紙7月号では，「わたしたちの人生って何？」と題して取り組まれた体験発表会の第1回目の様子について，河原畑優子が次のように報告している．

「やどかり研修センターのメンバー職員の主な仕事の1つとして，『自らの体験を語る』ことが挙げられます．より分かり易く，また聞く方の意向に沿った講演を組み立てて行くことが必要と考え，メンバー1人1人が自らの病気の体験を語る，体験発表会を企画しました．題して，『わたしたちの人生って何？』

研修センターで働くメンバー職員4人それぞれが障害を持った今どう生きているのか，発病前の自分との違いをどう感じているのかについて30分間の発表，30分の質疑応答という形で，4回に渡る発表の日程を組みました．

第1回目は香野英勇さんの発表で，5月23日当日は，やどかりの里のメンバー・職員・研修にいらしていた方を合わせて，26名の参加がありました．報告の内容は，香野さんが発病に至った経過と気持ちの変化，現在の心境などについてでした．（中略）

6日後には香野さんの体験発表が写真入りで埼玉新聞に掲載され，香野さんの体験が広く伝わり，以後の体験発表に地域の方々が来てくださる機会ともなりました．

この日，香野さんが『これも1つのステップだからね』といった言葉はとても印象的でした」

この取り組みは研修センターからやどかり出版文化事業部へと引き継がれ，1999（平成11）年1月には，第1回障害者体験発表会として障害の種別を越えた体験発表会へと発展していった．

実践・研修・研究の三位一体

地域を意識した活動づくりは，日々の実践活動を見直すことから意識されるようになった．その大きなきっかけとなったのが，1997（平成9）年から始まった職員の相互学習会である．

この相互学習会の企画の趣旨について，機関紙8月号1面で「転換点にあるやどかりの里－研修を通して実践活動を見直し，21世紀への展望を探る－」と題して報告されている．

「やどかりの里が精神障害者の社会復帰活動，精神保健運動の活動を開始して27年が経過しました．（中略）活動の広がりと共にやどかりの里の活動も1つの転換点にさしかかっています．

大所帯になればなるほど，活動の理念や思いを関係者で共有したり，活動の方向性を見定めていくことが徐々に困難になります．

そうした現状の中でやどかりの里の活動の見直しを行ないつつ，活動の見通しを得るための研修会を開催しようと，信州大学公衆衛生学教室の丸地信弘教授と教室の方々のご協力のもと，やどかりの里の各活動に配置されている責任者が集まって準備を始めています．

この研修の特徴の1つは，実質はやどかりの里の内部の研修なのですが，外部の方の参

加を要請して，共に活動の充実をはかる試みに加担していただくことにあります．それはやどかりの里の1人よがりを避けるためでもあります．

　地域ケアや地域福祉に関わる人々にとって，研修と実践と研究は三位一体で，それぞれの実践活動を素材にしつつ生涯研修を意識する必要があります．(中略)研修や研究は速効の薬ではなく，じわじわと効果があらわれる漢方薬のようなものです．ともすると，後回しになりがちですが，生き生きとした活動を継続するためには，研修と実践と研究の三位一体は欠かすことができません．

　21世紀を目前とした今，やどかりの里の将来を語り合い，活力ある活動を継続していくことが今回の研修のねらいです」

　こうした相互研修会は，やどかりの里・人づくりセミナーとして定期的に年1回開催され，機関紙でも随時報告している．

作業所の引っ越しラッシュ

　1997（平成9）年〜1998（平成10）年は作業所の引っ越しラッシュであった．まず，1997（平成9）年の10月に「アトリエなす花」が引っ越し，年明けてすぐの平成10年1月には「クローバー社」が引っ越し，3月には「まごころ」が引っ越しをした．

　1997（平成9）年機関紙3月号では，クローバー社とまごころの引っ越しの報告が載せられている．特に，まごころの引っ越しについては地域づくりへの新たな第一歩として，佐々木千夏が報告している．

　「与野生活支援センターが与野市に活動の拠点を設けてから，今年で5年を迎えている．グループホームに入居して一人暮らしをしていく方が，地域の中で継続して暮らしていくために必要な支援，サービスを作ってきた．その中心となっているのが食事サービスである．このサービスは小規模作業所『食事サービスセンターまごころ』が担っている．まごころでは作る喜びだけでなく，サービスを必要としている人を支える活動の一端を担っている．

　このようなやどかりの里のメンバーへの支援のほかに，与野市においては障害者団体協議会に加入したり，昼食仕出し弁当等を通して他の障害を持つ方々とも関わりを持っている．（中略）

　運営や維持など課題を抱えているが，私たちも地域の中の資源の1つになり，障害者やお年寄りでも住みやすいまちづくり，この場所に安心して継続して暮らしていけることを願って活動している」

＜1998（平成10）年＞
仲間同士の絆を深めるグループ活動

　機関紙には，やどかりの里の活動全体を伝える記事と同時に，メンバーの思いや活躍ぶりを伝える記事も多い．1996（平成8）年から新たに期間を決めて始まった，仲間づくりを目的としたグループ活動の様子を伝える記事も随時掲載されている．

　1998（平成10）年4月号では，ＯＢ会主催の作業所対抗ソフトボール大会の様子と，「カッパの会1期生」の卒業式の様子とメンバー1人1人の感想が載せられている．あるメンバーの

　「この1年間で僕は最高の友と出会いました．この経験を活かしこれからの人生のステップとしたいです．僕にとってカッパの会の出来事は貴重な財産となるでしょう」

という声からグループ活動の持つ意味を再認識させられる．こうしたグループ活動の記事から，仲間の連帯の強さと絆の大切さ，そして何よりも生き生きとしたメンバーの様子が伝わってくる．

実践活動を政策化するという視点で研究的に捉え直す
第2回日本健康福祉政策学会へ参加

　前述の相互研修会によって，チーフ職員は実践活動を研究的な視点で見直すことの重要性を強く意識することになった．実践，研修，研究の一体化が重要なことは認識していたものの，研究的な視点の弱さを再認識し，そうした一連の気づきが，第2回日本健康福祉政策学会での研究発表に結びついたのである．

　1998（平成10）年の機関紙12月号1面では，学会に参加するに至った経過と取り組みについて報告している．

　「学会に参加することには3つの意味があった．これまでの実践を政策化という視点で研究的に捉え直してみること，精神保健福祉分野ではない学会でやどかりの里の実践を発表し，参加者との意見交換をすること，その学びを今後の活動に生かしていくことである．（中略）昨年発足したこの学会は，健康福祉分野での政策に関する研究の充実を図り，実際的な健康福祉政策の向上に資することを目的とする小さな学会である．

　やどかりの里からは，実践活動から政策提言へ，という大きなテーマのもと，三石麻友美がやどかりの里の生活支援活動，大澤美紀が共生の街づくり，増田一世がやどかりの里の30年を辿って，という3題を示説（ポスターセッション）で発表した．図やモデル等を利用しながら，ポスター作りを進めた．報告の時間には十分な討論を参加者と行うことはできなかったが，学会開催中に多くの人々から声をかけていただき，やどかりの里についてさまざまな質問を受けたり，関心を寄せていただくことができた．（中略）

　政策提言という言葉は日頃の日常活動からは距離のあるものと思われがちである．しかし，やどかりの里の歴史そのものが一貫して政策提言につながる歩みであり，活動とその政策化を合わせて考える視点がなければ，やどかりの里目指しつつある，共生の街づくりの実現はありえないということも改めて意識することができた」

障害を持った人に住みやすい街づくり

　1998（平成10）年の機関紙1月号1面は，「大宮市に活動モデルを！」と題して，新年の抱負を谷中理事長が記している．

　「（略）私は厚生省の企画分科会にて"身体，知的，精神各障害の統合化""主体性，選択性の尊重""支え合い"といった福祉施策の方向性を決める委員会の委員として，また，県，市の障害者プラン等政策立案の委員として発言してまいりました．国，県，市が一体化して21世紀に向けた新体制を築くためのプランの作成です．

　このような経過の中で，ようやく市と一体化して大宮市の一隅に活動モデルを提示できる基礎ができつつあります．今までは地域を限定して，そこに住む方々へのサービスを提供するとともに，その地域の方々と一緒に街づくりへと歩を進めていくことで，住民参加型の街づくりとやどかりの里の活動を一体化させて取り組むことであります．やどかりの里の活動の目標は，30年を経過してようやく具体的な活動となってまいりました．30周年記念の年には1つの形を提示したいものです」

＜1999（平成11）年＞
21世紀に向けて歩み始めた1999（平成11）年のやどかりの里

生活支援態勢の再編成

　30周年の節目となった1999（平成11）年

は，やどかりの里の大きな変革期でもあった．機関紙の記事にもその動きが報告されている．まず，生活支援の再編成についてである．機関紙11月号1面では，年度当初から始まった生活支援の再編成について，半年間の経過を含めて報告している．

「平成11年度は地域生活支援体制の再編成の作業を進めることとなった．再編成をした理由は生活支援登録者が125名になり，1つの単位としては人数的にも限界であったこと．責任圏域を設定して生活により身近な所の活動にすること．各生活支援センターを独立させて，各チームごとに生活支援にあたること等からであった．

再編成にあたっては将来大宮，浦和，与野市が合併して政令指定都市になることを想定して，大宮東部生活支援センター，大宮中部生活支援センター，浦和生活支援センター，与野生活支援センターと4ブロックに編成し，各チームによって運営，活動，運動を展開できることにした．これらの再編成にあたっては埼玉県，大宮市とも協議し理解と協力をしていただいた．

登録などの体制は各生活支援センターともほぼ整ってきた．しかし，まだ政令指定都市になった時のことを考えると課題は多い」

機関紙7月号1面では，「地域に根ざした活動を目指して」と題して，

「やどかりの里は今年30年目を迎える．大きな節目の年でもある．（略）やどかりの里は，当事者も専門家も住民も共に活動を創り合う関係性を土台にしながら，より多くの精神障害者が地域で豊かに暮らしていける地域づくりを目指してきた．今年4月には，やどかりの里の生活支援態勢が新しく変わった．よりメンバーのニーズや地域に根ざした活動を展開していくために4か所の生活支援センターを大宮，与野，浦和市に設置し，それぞれの地域に合わせた活動展開を行っていく．（中略）

大宮市中川を中心に展開してきたやどかりの里の活動も，ここ10年で大きな変化と広がりを見せている．（中略）やどかりの里が30年を迎え，これから先30年どうなるかは未知数だが，でも確実に精神障害者が胸を張って暮らせる街になることは間違いないだろう．もしかしたら，そんな日はすぐそこまで来ているかもしれない」

と，記している．

障害種別を越えた体験発表会の取り組み

やどかり情報館文化事業部の体験発表会は，障害種別を越えた体験発表会として，1999（平成11）年1月に第1回障害者体験発表会を開いた．その様子は，機関紙2月号で報告されている．

当日司会をした香野英勇さんは，

「（略）平成9年度から始めた『精神障害者からのメッセージ『体験発表会　私たちの人生って何？』は，12回を数えることとなった．回を重ねるごとに，このテーマは私たち精神障害者だけのテーマではない，と感じ始め他の障害を持った人にも，きっと大切なテーマであろうと，確信を持ち始めた．

さらにこのテーマは，なにも障害者だけでなく地域で暮らす住民にとっても，大変大切なテーマであると，疑いなく思えるようになった．そして今回の障害の種別を越えた体験発表会開催につながっていったのである．この体験発表会開催は，財団法人ヤマト福祉財団の支援があって実施したものである．準備段階では，この会の趣旨を理解していただき，協力してくださる方との出会いやふれあいがあり，自分にとっては，そのひとつひとつの出会いが新たな気づきであった．（中略）

また更に今後この様な体験発表会を催し，視野を広げて障害者も地域で暮らす一員として"みんなで生き生きと語り合えるような"集まりにしたいと思った．そしてそこで共に

支え合えるような関係性を育んでいかれたらいいなあと思った」
と報告している．

当事者の視点で，やどかりの里の実践を捉え直す

1999（平成11）年は，当事者の視点で活動を捉え直すといったことが重要な意味合いを持ってきた年でもある．第6回精神保健・福祉研究会と生活状態調査への取り組みにそのことが象徴的に現われている．機関紙8月号1面で次のように報告している．

「第6回地域精神保健・福祉研究会は，昨年1回お休みをしたが，今回はやどかり出版で事務局を引き受けて再出発を図っている．研究会では，「生活支援」を中心的なテーマに据えて回を重ねてきており，今回はその中でも「関わり」に検討課題を絞り，メンバーの視点で検証することにした．事務局員の1人香野英勇さんが，自分の精神病の体験や障害を持ちつつ生きてきたこと，その中での気づきや感じていることなどを研究会での検討の素材として提供してくれることを申し出てくれたことによりそのことが可能になった．（中略）事前の準備がたいへん重要で，また多くの時間を費やすが，それだけの時間と労力を費やしてもよりよい活動を展開するためには欠かせないことなのである．常に動いている活動を思い切って一旦止め，さまざまな切り口で活動を検証していく．多くの人々が，よりよい活動の展開を願って日々の実践を重ねていっている．しかし，活動がひとりよがりのものになっていないか，ずれが生じてきてはいないか，本当に必要なものになっているのか，関わる人々が生き生きと活動を展開できているのか等々，常に活動の点検の作業が必要なのである．

今回の研究会はやどかりの里のメンバーとの共同作業で成り立っている．やどかりの里の実践報告は行ってきたが，研究的な活動はなかなか手つかずであった．今回の研究会でのメンバーと職員との共同作業は，小さな一歩ではあるが，その意味は大きい．これからのやどかりの里の方向性を明らかにするとともに，メンバーの経験に基づく視点でやどかりの里の実践を検証しなおすことにより，全国に広がりつつある生活支援活動の1つの指針を示すことにつながるのであろう」

また，30周年やどかりの里生活状態調査については，機関紙12月号で増田一世が次のように報告している．

「やどかりの里は，30年を機に大きく変革を意識し始めている．やどかりの里の活動に対して，メンバーとともにと言いつつも職員主導の活動ではないか，と言われることがある．実際，目の前にいるメンバーの人たちの思いを精一杯聞きつつ，職員集団がリーダーシップをとってきた．そういった活動の進め方が必要な時期であったのだが，この30周年はまさにその節目となる大事な時期である．現在，これからのやどかりの里のあり方を考えていくための取り組みが進行中である．やどかりの里のメンバー24名にお願いして，職員が2人1組でそれぞれの自宅へ訪れ，やどかりの里の活動の振り返りとこれからの見通しについて，そのメンバーの話したいことを中心にしながら話し合いをすることになっている．南信州地域問題研究所の鈴木文熹所長の協力を得て行われる．メンバーの視点でやどかりの里の活動を見直してみようという取り組みである」

みんなで創り合う活動づくり

また，カナダからゲストを迎えて，オンタリオ州での取り組みついてセミナーを開催した．その取り組みついて，11月号で増田一世が詳しく報告している．

「やどかりの里では，3人の方々をお迎え

するにあたって,『コンシューマーのイニシアティブ』という言葉に注目している．カナダで政策的に決定されている『当事者を地域精神保健政策の中心に据える』ということ，そして"利用者が主体性を発揮する活動モデルの大切さ；職員と利用者が対等に相互作用をもたらすサービスプログラムを再構築することの必要性"には多いに共感するところであった．そして,『メンバーと職員がサービスの提供者と利用者という関係性に加え，パートナーとしての関わりになっていく』『メンバーが主体となって運営するさまざまな活動に補助金が交付され，メンバー自身がサービスの提供者になっている』と木村論文の後半に詳述されている．

（略）やどかりの里のチーフ職員の会議では，メンバーと一緒にこのことに取り組んでいきたいと話し合った．そして，メンバーと職員合同の学習会とセミナー開催に向けての実行委員会を結成することとした．このセミナーに向けての取り組みは，メンバーと職員が一緒に学び合うことが大切だと考えたからだ．（中略）このチャンスを生かして，やどかりの里のこれからをメンバーとともに作っていくためにも,『コンシューマーのイニシアティブ』をやどかりの里の活動の中にしっかり位置付けたいものである」

イラストで表すやどかりの里の30年

また1999（平成11）年は30周年ということもあり，やどかりの里の30年の活動を温故知新と言うテーマでイラストを交えて報告している．この記事はやどかりの里で働き始めて2年目の浦崎文（大宮東部生活支援センター）が担当した．彼女はまずやどかりの里で発行されている機関紙や所報を紐解き，やどかり出版で発行されているやどかりの里の実践記録を読破し，先輩職員やメンバーから直接取材し，この記事を作り上げた．若いこれからのやどかりの里を担う職員がやどかりの里の歴史を学び，まとめるという作業に大きな意味があったのではないだろうか．また，若いフレッシュな職員たちは自分たちの思っていることやその場の雰囲気をこともなげにイラストに表現する．そんな新たな人材が加わったこともあり，写真やイラストが機関紙の紙面を飾るようになっていった．

（三石麻友美）

30周年突入企画 温故知新 やどかりの里

みて・まなび 懐しいあの頃 PART I

1970年8月15日、七里地区にあった丸北発条製作所の2Fを間借りして活動を始め、早30年目を迎えようとしている。これを機に、今号より4ヶ月（予定）で今までのやどかりの里を振り返ることになった。さてさてどんなページになるのでしょうか？乞うご期待!!（う～んこんな事言っちゃって大丈夫かなぁ…）

今回はやどかりの里専従職員第1号！
荒田稔氏（現南加賀保健所勤務：偉い人らしい…）に聞きました。

やどかりの里ではいろいろな経験をしました…。やどかりの里の共同住居に入った1晩目は、「殺されるのでは？」と眠れなかったけど、ある時ひらき直ったんだよなぁ…。「これでいいのか?!」という疑問と熱い思いを持って（勢いに任せて？）やどかりの里に入職（若かったなぁ…）。やどかりの里の法人化をすすめたのは何を隠そう私です。やどかりの里の活動はその名の通り、その時々にで変化していくだろうし、それでいいと思う。ただ「生活」を大切に、「生活者」としてその人を尊重しようとする精神は変わらないだろう…。

やどかりの里 初期のエピソード紹介

荒田さんのお話や過去の機関紙などを参考にしています。

工場の2Fの間取り：WC／倉庫／台所6畳／8畳／8畳／20畳

こぢんまりしてたのねぇ…

S46.10 何をどうしたらいいの？
病院で AM6:30に起きてラジオ体操をしていたよ
1,2,3… 少なくとも病院と同じとすれば悪化はしないだろう
ヨシ！！ AM6:30 あーあ眠い 何でいまさらラジオ体操
S46.12まで続いたが それっきり… 荒 ラジオ体操

ラーメンつくる待ちの列
野菜入れたら？タマゴ入れたら？
食べそうなところから…っと いいです。
…といって皆が作るのは 具ありラーメン
まあ食べてみてよ！
失敗したくないんだもん…
やっぱり 具なしラーメン

こたつ 足さわっちゃった ごめん おいしいですね

みかん狩り 新幹線乗ったことないから乗ってきた～
出発！！ おにぎり
食べ放題っていってもあんまり食べられないね。あとはお土産に。
ビューン！！と思ったらやどかりに下に乗っていた！どおりで味気あるのだ

豆まき 豆拾って食べるんだし その前にそうじだね 鬼は外 福は内

若かりし日の谷中氏

アンテナ組立工場の2Fをかりて宿泊所として活動を開始。それはそれは古いプレハブで、風が吹くと揺れるし、床板から下がのぞける。トイレなんて懐中電灯で照らして用を足し、バキュームカーがなかなか来ない便壺は常に満員御礼の状態。荒田が共同住居で活動できたのは、そんな環境でも苦痛に感じなかったからに違いないと振り返る今日この頃である…

話にお聞きしたことを書き尽くせないのが残念です。来月号からどういう形になるかわかりませんが、ひろげた事をちょっと後悔している私です。次号もお楽しみに（浦）

やどかり辞典① やどかりの里のいろいろな名称の由来に迫る！！

やどかりの里　やどかりのように自分の家を持って歩いていけるように、そして成長と共にその殻を替え家を大きくしていけるように…との願いが込められている（工場の専務の思いつきで、後に意味がついたとの噂も…）。里は地名「七里」より拝借し付したのである。

1999年7月号

30周年突入企画
温故知新
やどかりの里
ふたたび 懐しいあの頃 PART II
今回で2回目のこの企画。前回は楽しんでいただけましたでしょうか？
今回は、やどかりの里で「おばさん」と皆に慕われている志村澄子さんから伺った話を中心に振り返ってみようと思います。
家族として、スタッフとして、やどかりの里の30年の歩みを知るおばさん。メンバーにとって、スタッフにとって、やどかりの里にとってかけがえのないひとのひとりです。
おばさんがやってきたことは、「活動」っていうものではないのよ。自然の成りゆきでやってきたことなだけ。たいそうに言われちゃうと困っちゃうわ。本当にいろいろなことがありましたよ。
今のやどかりの里ですか？…複雑な思いがありますね。
やどかりの里の昭和年表
1970.8.15 やどかりの里の誕生（共同住居の活動か）
1972.5.10 法人設立の為の総会
1972.5.16 爽風会開始（志村宅）
1972.6.17 共同住居が七里より、現在地中川に移転
1972.11.22 爽風会、志村宅より中川へ移転 ↓ 共同住居廃止へ
1973.3 共同住居廃止し、各自アパート生活へ
1973.3 『アパート立退事件』
1973.4 地域精神衛生活動開始
1973.5.1 社団法人認可
……
PART III へ つづく…
おばさんとやどかりの里
息子さんの突然の発病
なんで？
どうして？
もっと知りたい 理解したい
おもむろ…
私にも工場行かせて下さい
週2〜3工場に通うことになる。
工場では作業に必死な看護人よりもメンバーをよく見て声をかけていた志村さん。次第に、メンバーは彼女に「今日はこうだった」とか報告するようになっていくんです。
のち…息子さんが工場に行けなくなって
工場行かなくなっちゃって このまま閉じこもっちゃうのは良くないわよね…
どうしましょ
うちで何かやれればいいんだわ。
そうだ!!
作業をうちでやろう!!
おはよう!!
志村宅
おばさん宅でデイケアのグループが始まってエピソードI
志村宅
ドンドン
物音に起き出てみると
おばさん…来ちゃった
暗い田んぼの中を歩いてやって来たり…
家族と一緒に泊まりに来たり…
内職
バス
工賃より高いバス代を使って作業（内職）を探す日々
内職あっせん所デス
選んだのは値札の糸通し
作業っていってもね… どうしたらいいのかしら…
昼間のおばさんち
夜のおばさんち
おじさん
おじさんも一緒に夜なべして内職
志村宅で爽風会スタート
しばらくして
どうしようかな？ 場所がないなぁ 続けたいけど
「どうぞうちを使って下さい」
おばさんが名乗り出た。
おばさんのグループとデイケアのメンバーでいつも志村宅はにぎやか!!
おばさん宅
1F
8
応接室
WC
風呂
台所
玄関
6
庭
2F
6
4.5

やどかり辞典②
爽風会(そうふうかい) —— やどかりの里の活動の中心、「仲間づくり」はこの爽風会で主に行われてきた。1972年5月より活動を開始。爽風会という名前は名前を考えている時、ちょうど爽やかな風が吹いていたことからつけられたとのことです。いくつかの名前の候補があったそうですが、とても響きのよい名前ですよね。

やどかり辞典③
朋友の会(とものかい) —— 爽風会のOB・OG会のような会が朋友の会です。1974年3月17日、友の会の名称が「朋友の会」となり、その時の総会で、規約などが作られました。この会は「会員相互の親睦を深め、連帯感を養いながら、社会生活を持続する力をつけると共に、より豊かな生活の実現を計る」という目的を掲げ、現在もセルフヘルプグループとして存続しています。平成8年7月までに第16号まで発行した雑誌『爽風』は朋友の会有志の方々で編集しています。

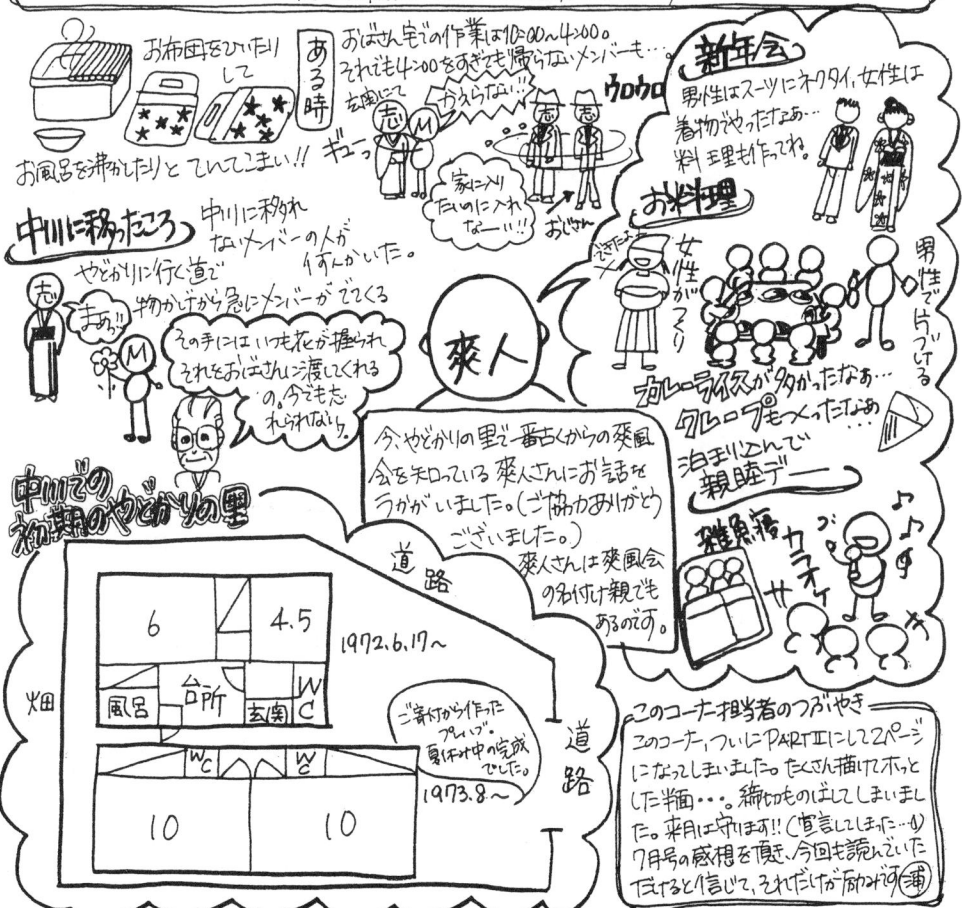

『谷中理事長の好きな字だったんだよね…』(爽人 談)
『同朋の朋の字なんだ!!』(谷中氏 談)

ある時 — お布団をひいたりしてお風呂を沸かしたりとしてこまい!!
おばさん宅での作業は10:00〜4:00。それでも4:00をすぎても帰らないメンバーも。玄関にて "志M" 「かえらない…!!」 "ウロウロ"

新年会 — 男性はスーツにネクタイ、女性は着物でやったなあ… 料理も作ってね。

中川に移ったころ — 中川に移れないメンバーの人が何人かいた。
やどかりに行く道で、物かげから急にメンバーが出てくる。その手にはいつも花が握られ、それをおばさんに渡してくれるの、今でも忘れられない。

お料理 — 女性がつくり、男性で片づけている。カレーライスが多かったなあ…。グループでつくったなあ。泊まりこんで親睦デー。雑魚寝、カラオケ。

爽人 — 今、やどかりの里で一番古くからの爽風会を知っている爽人さんにお話をうかがいました。(ご協力ありがとうございました。) 爽人さんは爽風会の名付け親でもあるのです。

中川での初期のやどかりの里

```
          道路
  ┌──────────┐
  │  6    │ 4.5 │  1972.6.17〜
畑│風呂│台所│WC│
  │   │玄関│   │
  ├───┴───┴───┤
  │WC │  WC    │
  │ 10 │  10   │  1973.8〜
  └──────────┘
          道路
```
ご寄付から作ったプレハブ、夏休み中に完成でした。

このコーナー担当者のつぶやき — このコーナー、ついにPART Ⅱにして2ページになってしまいました。たくさん描いてホッとした反面…、締切りものばしてしまいました。来月は守ります!!(宣言してしまった…!)7月号の感想を頂き、今回も読んでいただけると信じて、それだけが励みの河浦

1999年8月号

30周年突入企画
温故知新
やどかりの里
ふたたび
懐しいあの頃 PART Ⅲ
この企画も残すところあと1回…早いねぇ…
第3回のこのコーナー，今回はやどかりの里の中心になっていた爽風会の活動に焦点をあてて振り返ってみようと思います。今回はたくさんのゲストの方々が登場します。やどかりの里が多くの人の力に支えられてきたように，このコーナーも多くの人の力をお借りしているわけです。ご協力下さっている皆さんに心より感謝申し上げます。
爽風会を振り返ってみるとやどかりの里が存続の危機にゆさぶられるたび，1歩ずつ飛躍してきたんだなあって思うの。だって病院のデイケアの廃止によって爽風会は誕生し，財政の危機の中で1歩1歩爽風会の活動を皆で作りあってきたんだもの。幾多の危機があってこその爽風会なのね，きっと…
やどかりの里に創立時から関わりS45～53グループを担当していた柳(旧姓:田口)義子さん
爽風会での思い出か…。1番印象に残ってるのは，初めてやどかりの里に来た時のことだ。俺さ，たった1人で来たんだよなぁ…。
鼓朗さん
ある日のミーティング
田口さんには，口でうまく丸めこまれちゃう…
ドキッ
柳
あなたにそう思われてるのはつらいわ。きちんと話しましょ!!
谷中先生にもよく言われてるけど。あらー，言われちゃった。
性格っていうのかしら？相手の間違いを間違いとして理論的に攻めあげて相手の逃げ道をふさいじゃうようなところがあったのね。
はじめての爽風会
ワイワイガヤガヤ
鼓
なんだ，ここは?! まっ暗に見えるぞ。やっぱり帰ろうっと。
まっ暗に見えたんだね。
谷中
柳
もう1度中へどうぞ。
鼓
じゃ試しにもう1回入ってみるか…
爽風会に入って，仲間ができて，孤独じゃなくなったんだ
鼓
明るくみえてきた…
でも爽風会の活動を通して改めて考えさせられたわ。グループって，メンバーだけじゃなくて，関わる人すべてがメンバーの一員なのよね。相手を受け入れる余裕なしに，相手を理論で屈服させても，お互いに共感することができなかったら，グループに参加する1メンバーとして自由になんか振るまえないんだってこと…。えっ，私にとっての爽風会での活動？私にとっては自己鍛練の時だったわね。もちろん，今も十分生かされてるわ!!!
私
相手
はじめて参加した名栗でのキャンプ!! 楽しかったなぁ…
菅原和子さん
爽風会で仲間ができた。でも悲しい別れもあったの…
はじめてのキャンプ
名栗の某学校のグラウンドにて
浴衣なのに
靴
和
死を考えたこともあったわ。でも生きてて本当によかった！ファイヤーみて涙でちゃった。
想ひ出
お姉さんのように慕っていた花咲桃子さん。
と鍋なべたべたり
カチン
ワイン飲んだりしてたのに
ある日桃子さんは雲の上に行ってしまったの。
悲しくて悲しくて友だちと泣いたわ。

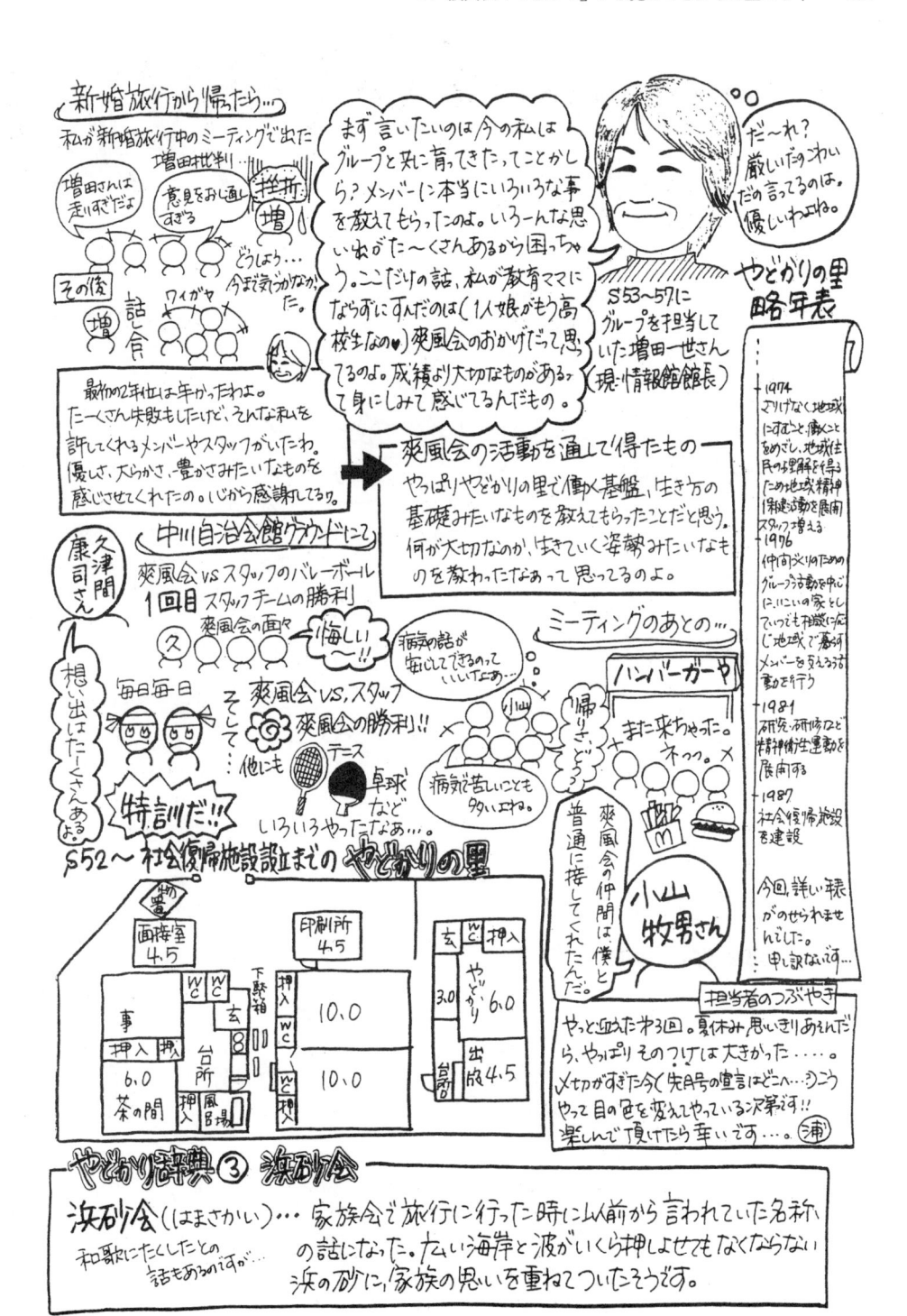

1．機関紙「やどかり」から見たやどかりの里の6年　225

新婚旅行から帰ったら…

私が新婚旅行中のミーティングで出た増田批判！

- 増田さんは走りすぎだよ
- 意見をおし通しすぎる
- 挫折
- その夜　どうしよう…今まで気づかなかった。
- 話し合い　ワイガヤ　増

まず言いたいのは今の私はグループと共に育ってきたってことかしら？メンバーに本当にいろいろな事を教えてもらったのよ。いろーんな思い出がた〜くさんあるから困っちゃう。ここだけの話、私が教育ママにならずにすんだのは（1人娘がもう高校生なの♡）爽風会のおかげだって思ってるのよ。成績より大切なものがあるって身にしみて感じてるんだもの。

だ〜れ？厳しいだのこわいだの言ってるのは。優しいわよね。

S53〜57にグループを担当していた増田一世さん（現・情報館館長）

最初の2年位は年かったわね。たーくさん失敗もしたけど、そんな私を許してくれるメンバーやスタッフがいたわ。優しさ、大らかさ、豊かさみたいなものを感じさせてくれたの。心から感謝してるの。

→ 爽風会の活動を通して得たもの
やっぱりやどかりの里で働く基盤、生き方の基礎みたいなものを教えてもらったことだと思う。何が大切なのか、生きていく姿勢みたいなものを教わったなぁって思ってるのよ。

中川自治会館グラウンドにて

爽風会VSスタッフのバレーボール
1回目　スタッフチームの勝利！
爽風会の面々　悔しい〜！！

久津間康司さん　想い出はたくさんあるよ。

毎日毎日　特訓だ！！

そして…爽風会VSスタッフ　爽風会の勝利！！

他にも…テニス、卓球など　いろいろやったなぁ…

病気で苦しいことも多いよね。

ミーティングのあとの…

ハンバーガーや
また来ちゃった！ネッ♡
帰りに　どどど

病気の話が安心してできるっていいなあ。

小山牧男さん
爽風会の仲間は僕と普通に接してくれたんだ。

S52〜社会復帰施設設立までの やどかりの里

（間取り図）
物置　面接室4.5　印刷所4.5　玄　WC　押入
下駄箱　玄　押入WC　WC　やどかり3.0　6.0
事　押入　押入　台所　10.0　10.0　WC　出窓4.5　台所
6.0　茶の間　押入　風呂場

やどかりの里略年表

- 1974 さりげなく地域にはたらきかけをなすことで、地域住民の理解を得るための地域精神保健運動を展開　スタッフ増える
- 1976 仲間づくりのためのグループ活動を中心に、いこいの家として、いつでも相談に応じ、地域で暮らすメンバーを支えるような活動を行う
- 1981 研究・研修など精神保健活動を展開する
- 1987 社会復帰施設を建設

今回、詳しい様子がのせられませんでした。申し訳ないです…

担当者のつぶやき

やっと迎えた第3回。夏休み、思いきりあれたら、やっぱりそのつけは大きかった……。メ切がすぎた今、先月号の宣言はどこへ…；）こうやって目の色を変えてやっている次第です！！楽しんで頂けたら幸いです…。㊙

やどかり辞典③　浜砂会

浜砂会（はまさかい）…家族会で旅行に行った時に人前から言われていた名称の話になった。和歌にたくしたとの話もあるのですが、広い海岸と波がいくら押しよせてもなくならない浜の砂に、家族の思いを重ねてついたそうです。

1999年9月号

226　資料篇

1999年10月号

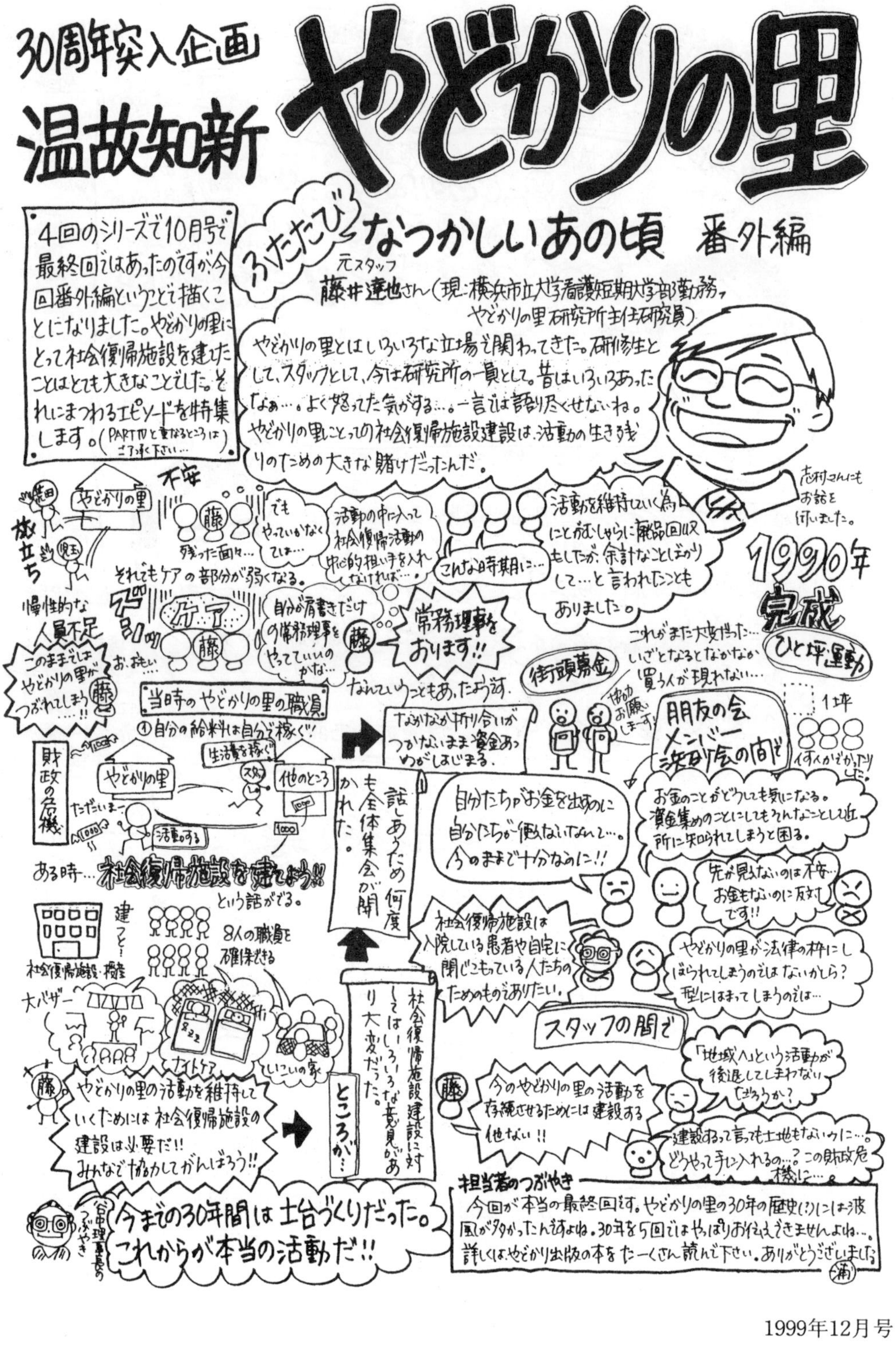

2．やどかりの里年表 ＜1994（平成6）年～1999（平成11）年＞

	平成6年度	平成7年度	平成8年度
社会の動き	6月 松本サリン事件 7月 女性宇宙飛行士向井千明さんがコロンビア号で宇宙へ行く 　　 西日本で水不足 9月 関西国際空港開港 1月 阪神淡路大震災 3月 地下鉄サリン事件 いじめで自殺者相次ぐ 大江健三郎氏のノーベル文学賞受賞	4月 東京都大阪で無党派知事誕生 9月 沖縄県で米兵3人による少女暴行事件 　　 沖縄米軍基地問題で紛糾 1月 スペースシャトルエンデバー号に若田さん搭乗 景気低迷で就職難 ウインドウズ95日本語版発売 世界初の衛星データ放送開始	イギリスで狂牛病騒動 アトランタで夏季オリンピック開催 O-157 各地で大流行 薬害エイズ事件で阿部前帝京大学副学長逮捕 12月 ペルーの日本大使館公邸占拠事件
精神保健福祉施策の動き	◎厚生省障害保健福祉施策推進本部設置 ◎保健所法改正,地域保健法制定 　（地域保健施策における市町村の役割を明記） ◎精神障害者福祉工場制度化 ◎精神障害者社会復帰促進センターとして全家連を指定 ◎公衆衛生審議会「当面の精神保健対策について」意見書 ◎精神科訪問看護が訪問看護ステーションによる訪問看護の対象となる	◎精神保健法改正,精神保健及び精神障害者福祉に関する法律制定 　精神障害者の自立と社会参加の促進のための援助を位置付ける 　（精神障害者福祉手帳の創設,通院患者リハビリテーション事業の法定化,精神障害者福祉工場法定化等） ◎障害者プラン（ノーマライゼーション7カ年戦略）の策定	◎厚生省大臣官房障害保健福祉部の創設 ◎精神障害者地域生活支援事業創設（地域生活支援センター事業） ◎精神保健課から精神保健福祉課に名称変更
社会福祉施策の動き	◎21世紀福祉ビジョン ・新ゴールドプラン策定 ・エンゼルプラン策定 ・母子保健法改正 ・老人福祉法改正 ・国民年金法改正 ◎社会保障制度将来像委員会「第二次報告」発表	◎社会保障審議会「社会保障体系の再構築―安心して暮らせる21世紀の社会を目指して」報告	◎心身障害児（者）地域療育等支援事業創設 ◎市町村障害者生活支援事業創設 ◎精神薄弱者通勤寮運営事業生活支援事業統合 ◎東京都障害者施策推進協議会「地域における障害者の自立生活支援システムの構築とその基盤整備のあり方について」提言
やどかりの里の動き	4月 第23回定期総会 5月 朋友の会ハイキング 鎌倉へ 　　 浜砂会 新潟へ研修旅行「夕映えの郷」 　　 里striker「ソフトボール大会」 6月 第135回やどかり精神保健実践セミナー 　　 「グループホームでの関わり」 7月 あゆみ舎集団アルバイト実施 　　 第20回やどかりコンサート実施 　　 朋友の会 ビアパーティ 8月 サマーキャンプ開催 　　 全職員による話し合い 　　 「21世紀に向けてのやどかりの里の課題」 　　 第2回地域精神保健福祉研究会 9月 理事会 　　 第136回やどかり精神保健実践セミナー 　　 「セルフヘルプグループと社会福祉実践」 　　 「茶の間のおばさん」出版記念会 10月 理事会「福祉工場建設について」 　　 バザー開催 　　 志村澄子氏埼玉県精神保健協会賞受賞 　　 「クローバー社」事務所移転 　　 福祉工場準備室設置 11月 サロンコンサート 　　 グループホーム1泊旅行 　　 「Seeds」盛岡市民福祉バンク視察 　　 サロンコンサート 1月 福祉工場準備室,福祉工場建設準備委員会本格的始動	4月 第24回定期総会 5月 25周年記念セミナー開催 6月 理事会,職員会議での話し合い 　　 「福祉工場建設について」 　　 やどかり出版,やどかり研修センター事務所移転 　　 第1回ビレッジセミナーツアー 　　 隣家購入 　　 全体集会にて福祉工場について話し合い 8月 福祉工場建設のための事業計画書提出 　　 サマーキャンプ開催 10月 バザー開催 　　 施設監査 11月 福祉工場建設予定地の仮契約	4月 第25回定期総会 　　 与野生活支援センター移転 5月 第1回日米メンバー交流会開催 　　 「あゆみ舎」移転 6月 第21回やどかりコンサート 7月 浦和生活支援センター開設 　　 喫茶「ルポーズ」お披露目会 8月 サマーキャンプ開催 　　 第4回地域精神保健福祉研究会開催 　　 「やどかり情報館」名称決定,地鎮祭 　　 喫茶「ルポーズ」オープン 9月 「やどかり情報館」建築工事着工 10月 第2回日米メンバー交歓会開催
やどかりの里の経済状況	◎決算額（A+B+C+D）　185,935,925円 A 法人会計　7,415,566円 B 事業収入（B1+B2）　141,442,462円 B1 補助金収入　76,309,000円 B2 補助金外収入　65,133,462円 C 特別会計（バザー,コンサート,後援会等）14,877,327円 D 特別事業（印刷事業,出版事業）22,200,570円 ◎負債額（短期借入金,長期借入金）30,752,940円	◎決算額（A+B+C+D）　356,437,147円 A 法人会計　7,137,289円 B 事業収入（B1+B2）　158,071,367円 B1 補助金収入　84,578,000円 B2 補助金外収入　73,493,367円 C 特別会計（バザー,コンサート,後援会等）174,808.350円 D 特別事業（印刷事業,出版事業）16,420,141円 ◎負債額（短期借入金,長期借入金）166,312,046円	◎決算額（A+B+C+D）　498,742,930円 A 法人会計　6,170,407円 B 事業収入（B1+B2）　197,720,702円 B1 補助金収入　114,827,000円 B2 補助金外収入　82,893,702円 C 特別会計（バザー,コンサート,後援会等）269,991,501円 D 特別事業（印刷事業,出版事業）24,860,320円 ◎負債額（短期借入金,長期借入金）192,215,798円
会員状況	◎常勤職員　15名 ◎非常勤職員　6名 ◎卒後研修生　4名 ◎メンバー　91名 ◎その他の正会員　174名 ◎会員総数　290名	◎常勤職員　13名 ◎非常勤職員　8名 ◎卒後研修生　4名 ◎メンバー　100名 ◎その他の正会員　177名 ◎会員総数　302名	◎常勤職員　16名 ◎非常勤職員　8名 ◎卒後研修生　7名 ◎メンバー　125名 ◎その他の正会員　198名 ◎会員総数　345名
後援会 支える会	◎後援会　191名 ◎支える会　87名	◎後援会　163名 ◎支える会　83名	◎後援会　212名 ◎支える会　81名

平成9年度	平成10年度	平成11年度	
4月 消費税5%スタート 7月 香港返還 　　 神戸児童連続殺傷事件 　　 山一証券経営破綻・自主廃業へ 1月 成牛体細胞からクローン 　　 中学一年生女性教師を刺殺 2月 長野で冬季オリンピック開催 3月 大手銀行に公的資金投入	4月 明石海峡大橋が開通 5月 インド・パキスタンが核実験 　　 失業率戦後初めての4%突破 7月 和歌山毒入りカレー事件 　　 全国で毒物混入事件相次ぐ 8月 中国で大洪水 9月 北朝鮮ミサイル三陸沖に着弾 11月 獅子座流星群 12月 米英軍イラク空爆 1月 ユーロ騒動 　　 長銀、日債銀国有化 2月 脳死判定、生体臓器摘出 3月 NATOユーゴ空爆	4月 改正男女雇用機会均等法が施行 　　 サミットの開催地沖縄県名護市に決定 5月 NATO中国大使館誤爆 7月 自殺者が32,863人　過去最悪 　　 全日空機がハイジャック機長が刺されて死亡 8月 国旗国歌法が成立 　　 通信傍受法が成立 9月 神奈川県警一連の不祥事 　　 全国で不祥事発覚 　　 トルコ、台湾で大地震 10月 介護保険制度申請開始 11月 国産大型ロケットH2打ち上げ失敗 12月 マカオ返還、パナマ運河返却	社会の動き
◎今後の精神保健福祉施策の在り方について中間報告（障害三審議会合同企画分科会） ◎精神保健福祉士法の成立	◎精神保健福祉士法の施行 ◎第1回ケアマネージメント指導者養成研修事業実施	◎第1回精神保健福祉士試験実施 ◎今後の精神保健福祉施策について（意見書・公衆衛生審議会） ◎精神保健及び精神障害者福祉に関する法律等の一部を改正する法律の成立 ◎精神障害者訪問看護（ホームヘルプサービス）施行事業の実施について	施策の動き 精神保健福祉
◎社会福祉事業等の在り方に関する検討会「社会福祉基礎構造改革について（主要な論点）」 ◎身体障害者援護施設通所型の創設 ◎障害者の雇用に関する法律、一部改正により知的障害者の義務雇用制度 ◎精神薄弱者介護等サービス調整指針試行事業創設	◎中央社会福祉審議会社会福祉基礎構造改革分科会「社会福祉基礎構造改革について（中間まとめ）」 ◎精神薄弱の用語の整理のための関係法令の一部を改正する法律（知的障害者）	◎身体障害者福祉審議会「今後の身体障害者施策の在り方について」 ◎中央児童福祉審議会「今後の知的障害者・障害児施策の在り方について」	社会福祉施策の動き
4月 第26回定期総会 　　 福祉工場（やどかり情報館）開設 　　 「あゆみ舎」移転 　　 南中野第2グループホーム認可 　　 南中野第3グループホーム設置 6月 通所授産施設「エンジュ」開所 8月 サマーキャンプ開催 　　 職員相互研修会開催 　　 第5回地域精神保健福祉研究会開催 10月 「なす花」移転 　　 バザー開催 1月 「クローバー社」移転 2月 「まごころ」移転 ・谷中理事長が仙台白百合女子大学の教授就任（過労による緊急入院） ・給与が口座振込となる	4月 第27回定期総会 　　 浦和生活支援センター認可 　　 夕食宅配サービスを各生活支援センターに分散 6月 「ドリームカンパニー」移転 8月 サマーキャンプ開催 　　 人づくりセミナー開催 10月 バザー開催 ・卒後研修生制度廃止 ・ソーシャルワーカー以外の専門職員の採用 ・経理事務をコンピューター化	4月 第28回定期総会 　　 生活支援センターの責任圏域を明確化 　　 大宮東部生活支援センター開設 　　 大宮西部生活支援センター開設 8月 人づくりセミナー開催 　　 第6回地域精神保健福祉研究会開催 　　 サマーキャンプを大宮東部生活支援センターが開催 10月 大宮中部生活支援センター認可 　　 設立30周年記念行事の開始 　　 バザー開催 11月 30周年記念生活状態調査実施 3月 生活状態調査報告集会	やどかりの里の動き
◎決算額（A＋B＋C＋D）　335,070,233円 　A法人会計　9,020,704円 　B事業収入（B1＋B2）　288,446,370円 　　B1補助金収入　161,521,000円 　　B2補助金外収入　126,925,370円 　C特別会計（バザー、コンサート、後援会等）　37,603,1597円 　D特別事業 　負債額（短期借入金，長期借入金）　159,052,314円	◎決算額（A＋B＋C＋D）　362,210,905円 　A法人会計　13,222,699円 　B事業収入（B1＋B2）　316,985,520円 　　B1補助金収入　192,297,000円 　　B2補助金外収入　124,688,520円 　C特別会計（バザー、コンサート、後援会等）　32,002,686円 　D特別事業 　負債額（短期借入金，長期借入金）　133,328,963円	◎予算額（A＋B＋C＋D）　358,671,000円 　A法人会計　10,950,000円 　B事業収入（B1＋B2）　326,771,000円 　　B1補助金収入　76,309,000円 　　B2補助金外収入　65,133,462円 　C特別会計（バザー、コンサート、後援会等）　20,950,000円 　D特別事業 　負債額（短期借入金，長期借入金）　131,828,963円	やどかりの里の経済状況
◎常勤職員　27名 ◎非常勤職員　12名 ◎卒後研修生　―― ◎メンバー　134名 ◎その他の正会員　200名 ◎会員総数　373名	◎常勤職員　31名 ◎非常勤職員　16名 ◎卒後研修生　―― ◎メンバー　150名 ◎その他の正会員　157名 ◎会員総数　354名	◎常勤職員　32名 ◎非常勤職員　20名 ◎卒後研修生　―― ◎メンバー　176名 ◎その他の正会員　217名 ◎会員総数　445名	会員状況
◎後援会　255名 ◎支える会　86名	◎後援会　264名 ◎支える会　82名	◎後援会　280名 ◎支える会　74名	後援会 支える会

	平成6年度	平成7年度	平成8年度
福祉工場	◎特別委員会に福祉工場建設準備委員会設置 ◎通所授産施設内に福祉工場準備室設置 ◎福祉工場の建設にむけて資金の獲得，機械整備の準備が始まる	◎福祉工場のあり方を考える会発足 ◎資金調達（会員，社会福祉医療事業団） ◎事業計画書の作成，市街化調整区域の開発許可申請 ◎県知事のヒヤリング，県議会で検討される ◎染谷に土地287坪を購入，地鎮祭 ◎麦の郷の福祉工場「ソーシャルファームピネル」を視察	◎福祉工場の名称が公募され，投票によって「やどかり情報館」と決定する ◎県より建設費と設備費の交付決定が通知される ◎自己資金の獲得のためコンサート（鬼太鼓座）を開催　収益金 2,811,202円 ◎労働条件の検討が始まる ◎3月やどかり情報館完成，建設会社から引き渡し
出版事業	◎単行本発行 ・「みんな一緒に生きている 　－分裂病理解のために－」 ・「茶の間のおばさん 　－精神障害者の母の記録 志村澄子伝－」 ・「保健婦のめ 　－見た　とび込んだ　大阪のくらし－」 ・「セルフヘルプ運動とソーシャルワーク実践 　－患者会・家族会の運営と支援の方法－」 ・「障害と共に生きる 　－失われた言葉を取り戻して－」 ・「心のハーモニーを町に奏でる 　－JHC板橋の歩み－」 ・「公衆衛生を住民の手に 　－公衆衛生と地域保健法－」 ◎雑誌発行「精神障害と社会復帰」 ・34号　第1回地域精神保健・福祉研究会	◎単行本発行 ・「共に担った危険な賭け 　－泣いて笑った5年間－」 ・「あたりまえの生活　PSWの哲学的基礎 　－早川進の世界－」 ・「インターフェースの地域ケア 　－語り合い，響き合い，共に生き，創り合う－」 ・「生活支援 　－精神障害者生活支援の理念と方法－」 ・「町役場に築いた保健婦活動 　－おらの選んだ道－」 ◎雑誌発行「精神障害と社会復帰」 ・第35号　地域で生活を支える2 ・第36号　地域で生活を支える3 ◎発送部門を福祉工場準備室に設置	◎単行本発行 ・「地方分権と公衆衛生」 ◎「精神障害者と社会復帰」を改題「響き合う街で」 ◎雑誌発行「響き合う街で」 ・第1号　地域で生活を支える・4 ・第2号　地域で生活を支える・5 　生活支援の理念と方法を深める・1 ◎インターネットに加入，情報のコンピューターネットワーク化が始まる
研修事業	◎連続講座「かかわり」全4回 　第1回　増野肇：分裂病を理解する 　第2回　柳義子：私のかかわりの変化 　第3回　坪上宏：かかわりについての私の見方・考え方の足跡 　第4回　越智浩二郎：自己実現 ◎やどかり精神保健実践セミナー 　第134回セミナー　於長岡 　第135回セミナー　於大宮 　第136回セミナー　於大宮 　第137回セミナー　於北見 　第138回セミナー　於広島 ◎卒後研修 　4名の研修生受け入れ	◎連続講座「地域で生活を支える 　－生活支援の方法について－」 　第1回　食をめぐって 　第2回　住むをめぐって 　第3回　働くをめぐって 　第4回　地域で生活を支える ◎やどかり精神保健実践セミナー 　第139回セミナー　於北海道稚内 　第140回セミナー　於沖縄 　第141回セミナー　於広島 　第142回セミナー　於大宮 ◎国際セミナー 　第1回ヴィレッジセミナー　於米国 ◎新事務所へ移転 ◎卒後研修 　4名の研修生受け入れ 　次年度より卒後研修制度廃止を決定 　（現場の裁量権による職員採用に） ◎人材派遣部門を福祉工場準備室に設置	◎連続講座「生活支援」全4回 　第1回～第4回　谷中輝雄 ◎やどかり精神保健実践セミナー 　第143回セミナー　於大宮 　第144回セミナー　於島根 　第145回セミナー　於沖縄 　第146回セミナー　於広島 　第147回セミナー　於山形 　第148回セミナー　於北海道 ◎国際交流会，国際セミナー 　第1回日米メンバー交歓会　於米国 　第2回日米メンバー交歓会　於日本 　第2回ヴィレッジセミナー　於米国 　第3回ヴィレッジセミナー　於米国 ◎自己啓発セミナー 　第1回～第3回自己啓発セミナー　孤嶋圭子
印刷事業	◎念願の専従技術職員配置 ◎NSP印刷解散 ◎10月より印刷事業は新たに設置された福祉工場準備委員会に運営を，福祉工場準備室に実務を移譲	◎やどかり印刷に名称変更 ◎印刷事業を福祉工場準備室に設置 ◎組版部門の設置	◎事業本体を授産施設から特別事業に移行 ◎印刷の機械の整備が始まる ◎年間売上げ1千万円を突破
研究所	◎研究論文 ・「働くことの価値を求めて 　－やどかりの里における就労支援を考える－」 　（松下財団） ・「やどかりの里25年目における利用者調査」 　（社会福祉法人事業開発基金） ◎地域精神保健・福祉研究会 ・第2回「地域で生活を支える」	◎研究論文 ・「働くことの価値を求めて 　－精神障害者の声から学ぶ－」（ひまわり基金） ・「精神障害の「福祉工場」への基盤づくり，企画・編集・出版・印刷・研修の統合的活用を目指しての準備研究」（三菱財団） ◎地域精神保健・福祉研究会 ・第3回「地域で生活を支える」 ◎研究所所長に坪上宏氏 ◎新事務所へ移転	◎地域精神保健・福祉研究会 ・第4回「地域で暮らすために：2 　生活支援のあり方を考える」 ◎研究所サロンを開催（月1度の定期化） ◎厚生科学研究班に主任研究員参加
相談所	◎非会員の相談機能せず	◎相談所の機能の検討が始まる	◎相談機能の整備と態勢づくりを行う ◎生活支援センターのインテーク機能を総括する ◎就労支援部門を設置 ◎精神保健全般に関する相談
塾			

平成9年度	平成10年度	平成11年度	
◎福祉工場「やどかり情報館」開設 ◎落成披露宴がなされる ◎開設記念講演会を開催 ◎メンバーの雇用契約開始 ◎就業規則（内規）の施行 ◎最低賃金の保証実施される ◎労働関係法規の適用がなされる ◎福祉工場建設準備委員会，福祉工場準備室解散	◎出版・印刷の2部門として新たにスタート ◎短期借入の借金全額返済	◎30周年記念祝賀会の企画を担当する	福祉工場
◎特別事業の出版事業が福祉工場の種目に ◎単行本発行 ・「地域で生きる」 ・「いのちの地域ケア」 ◎雑誌発行「響き合う街で」 ・第3号　地域で暮らす ・第4号　地域で暮らすために・2 ・第5号　日米メンバー座談会 ・第6号　病を受け止め，今を生きる 　　　　　地域ケアの展開と今後の実践課題 ◎雑誌創刊「公衆衛生ジャーナル　さるす」 　創刊準備号	◎文化事業部の新設 ◎単行本発行 ・「心病む人々の生活支援」 ・「精神障害者社会復帰施設」 ・「援助関係論を目指して　坪上宏の世界」 ・「やどかりブックレット　障害者からのメッセージ」 　1号　精神障害者にとって働くとは ◎雑誌発行「響き合う街で」 ・第7号　地域で生活を支える・8 ・第8号　生活支援アラカルト ・第9号　東京都豊島区（福）豊芯会 　　　　　・ハートランドを訪ねて ◎雑誌発行「公衆衛生ジャーナル　さるす」 　創刊号〜第4号 ◎体験発表会「私たちの人生って何？」 ・第8回ー私たちにとって働くとは ・第9回ーカメラマン内藤勝好氏を迎えて ・第10回ー夫婦の輪，仲間同士の輪，スタッフとの輪 ・第11回ー国を越えて，言葉の違いを越えて ・第12回ー結婚できてよかった ◎障害者体験発表会「自然体の自分を見つめて」 ・第1回ーありのままの私たちの生き方を語り合おう	◎単行本発行 ・「生活支援・2」 ・「地域で生活することを支えて」 ・「やどかりブックレット　障害者からのメッセージ」 　2号　過去があるから今がある今があるから未来がある 　3号　自然体の自分を見つめて 　4号　マイベストフレンド ◎雑誌発行「響き合う街で」 ・第10号　海外における精神保健の実際 ・第11号　就労支援への新たな挑戦 ◎雑誌発行「公衆衛生ジャーナル　さるす」 ・第5号〜第8号 ◎体験発表会「私たちの人生って何？」 ・第13回ー私の半生　一人の女性として生きる ・第14回ー今日までの道程 ◎講師派遣の窓口を文化事業部に設置 ◎研究所会議・研究サロンの事務局となる ◎地域精神保健研究会の企画，運営を行う ◎日米メンバー交流会の一部企画，運営 ◎日本・カナダ国際セミナーの事務局となる ◎30周年記念出版準備	出版事業
◎精神保健福祉活動の研修事業が福祉工場の種目に ◎やどかり精神保健実践セミナー休止 ◎連続講座「生活の豊かさを考える 　　　　　ー生活支援の取り組みから」 　　第1回　長谷川智度「熊本県あかね荘の実践から」 　　第2回　門屋　充郎「帯広・十勝の実践から」 　　第3回　山岡　聡「新潟県越路ハイムの実践から」 　　第4回　矢田　朱美「地域生活支援センターふあっと」 ◎やどかり精神保健実践セミナー休止 ◎自己啓発セミナー ・第4回・第6回自己啓発セミナー　孤嶋圭子 ・癒しと再生のワークショップ中止 ◎国際交流会，国際セミナー 　　第3回日米メンバー交歓会　於米国 　　第4回日米メンバー交歓会　於日本 　　第4回ヴィレッジセミナー　於米国 ◎体験発表会 ・講師派遣登録者が中心となって体験発表会が 　企画・運営なされる　計7回開催される	◎福祉工場の作業種目から精神保健福祉活動の 　研修事業へ ◎連続講座「生活支援の具体的方法」 　　第1回　「生活支援と援助計画」 　　第2回　「生活支援とセルフヘルプ」 　　第3回　「生活支援と家族援助」 ◎やどかり精神保健実践セミナー 　　第149回セミナー　北海道 　　第150回セミナー　沖縄 　　第151回セミナー　広島 ◎国際交流会，国際セミナー 　　第6回日米メンバー交歓会　於米国 　　第4回日米メンバー交歓会　於米国 　　第5回日米メンバー交歓会　於日本 　　第5回ヴィレッジセミナー　於米国	◎連続講座「生活支援」 　　第1回　「やどかりの里生活支援センター本部の機能と活動」 　　第2回　「当事者参加で形成された南中野生活支援センター」 　　第3回　「1人1人のニーズに応えて創っきっぱの内生活支援センター」 　　第4回　「食サポートを中心に展開しらす野生活支援センター」 ◎やどかり精神保健実践セミナー 　　第152回セミナー　北海道 　　第153回セミナー　広島 ◎国際交流会，国際セミナー 　　第5回日米メンバー交歓会　於米国 　　第6回日米メンバー交歓会　於日本 　　第6回ヴィレッジセミナー　於米国 ◎メンバーの講師派遣の窓口をやどかり出版に移動	研修事業
◎特別事業の印刷事業が福祉工場の種目に ◎印刷機械が一新される ◎製本部門を新規に設置 ◎小ロット印刷システムの確立	◎売上げ実績4年で4倍へ ◎定量化，定型化の仕組みから 　付加価値を目指す取り組みへ ◎一般外部が46％の売上げ比率となる 　（やどかり出版36％，その他法人内部合計18％）	◎30周年サービス事業 ・カレンダー ・メモ帳 ・年賀状割引	印刷事業
◎地域精神保健・福祉研究会 ・第5回「地域で暮らすために：3 　　　　　生活支援のあり方を考える」 ◎カナダのバンクーバー視察 　「グレーターバンクーバー精神保健サービス」 ◎イギリスの精神保健国際会議に出席 ◎研究所の環境・体制整備が重要課題として提起	◎地域精神保健・福祉研究会 ・休会 ◎事務局体制が緊急の課題となる	◎地域精神保健・福祉研究会 ・第6回「生活を支えるということ 　　　ーメンバーの視点に立った援助関係を考える」	研究所
◎相談機能の縮小 ◎生活支援センターのインテーク機能を相談所に ◎就労支援部門を生活支援センター本部へ	◎相談機能の再縮小 ◎生活支援センターのインテーク機能を 　生活支援センター本部へ	◎非会員向けの相談所として再スタート	相談所
	◎新規の活動として下半期より体制の整備が始まる ◎講師3名，塾生5名（外部者1名，内部者4名）	◎事務局の整備が始まる	塾

	平成6年度	平成7年度	平成8年度
生活支援センター	◎大宮生活支援センターを南中野地区, 堀の内地区に分化 ◎生活支援センターを地域の拠点とし, その周辺に作業所とグループホームを点在させた ◎点在する地域の資源をコーディネートする機能として生活支援センター本部を新たに設置 ◎それぞれの地域性をいかした生活支援の充実をはかる ◎グループホームリーダー研修会を本部が担い, 当事者同士の相互援助の活性化をはかる ◎生活支援センタ本部　1カ所 ◎生活支援センター　3カ所 ・与野生活支援センター ・南中野生活支援センター ・堀の内生活支援センター ◎いずれも制度施行前の活動で自前で事業展開をはかる	◎各生活支援センターでは, 仲間同士の支え合いが生まれるよう, より生活に密着した憩いの場や交流の場としての生活支援センターづくりが中心となった ◎グループ活動を授産施設から生活支援活動の独自活動として位置づけた (仲間同士のつながりを強めていくことを目的に, 担当者を決めて1年間のグループ活動を行うようになった) ◎生活支援センター本部　1カ所 ◎生活支援センター　3カ所 ・与野生活支援センター ・南中野生活支援センター ・堀の内生活支援センター ◎いずれも制度施行前の活動で自前で事業展開をはかった	◎生活支援センター本部が, 精神障害者地域生活支援事業として補助金対象事業となる ◎家族支援を本部の事業として位置づけた ◎グループホームに入居している人から近くに生活支援センターがほしいという要望を受け, 上木崎地区に新しく浦和生活支援センターを設置 ◎グループ活動を浦和生活支援センターの事業として位置づけた ◎堀の内生活支援センターが堀の内地区から天沼地区へ移転し, 新たに堀の内・天沼生活支援センターと名称変更した ◎生活支援センタ本部　1カ所 (補助金対象事業) ◎生活支援センター　4カ所 (補助金対象外) ・与野生活支援センター ・南中野生活支援センター ・堀の内・天沼生活支援センター ・浦和生活支援センター
通所授産施設 援護寮	◎生活支援センター本部の設置に伴い, ケアセンターの役割が後方支援的なものとなった ◎爽風会の解散に伴いグループ活動を, メンバーの目標で自由に選択できるものにした ◎下期より通所授産施設の作業活動に福祉工場準備室を設置した ◎援護寮の機能が試験宿泊, 一時的な休息利用が中心となる	◎ケアセンターのケースマネージメント部門を廃止, 生活支援センター本部に機能を移譲 ◎授産施設のサークル活動をデイプログラムとした ◎危機的状況に対応するナイトケアの場所を援護寮に位置づけた ◎3度のナイトケアを援護寮を利用し生活支援センター本部の職員が対応した	◎ケアセンターの名称を廃止し, 会館とした ◎会館は会館活動, 通所授産, 援護寮からなるものとした ◎授産施設のデイプログラムをサークル活動とした ◎印刷事業本体を特別事業に移動した
作業所 グループホーム	◎浦和地区に北与野グループホーム, 木崎グループホームを設置, 4名が入居 ◎北与野グループホーム, 木崎グループホームが補助金対象 ◎グループホーム補助金対象　6カ所 ・天沼グループホーム ・東新井グループホーム ・南中野グループホーム ・与野グループホーム ・北与野グループホーム ・木崎グループホーム ◎組織図上でクローバー社を朋友の会の下位組織として位置づけた ◎作業所補助金対象　3カ所 ・クローバー社 ・ドリームカンパニー ・あゆみ舎 ◎作業所補助金対象外　2カ所 ・まごころ ・アトリエなす花	◎浦和地区に上木崎グループホームを設置 ◎上木崎グループホームが補助金対象 ◎堀の内地区に天沼第2グループホームを設置 ◎南中野地区に南中野第2グループホームを設置 ◎グループホームが3カ所増え, 13名の人が入居 ◎グループホーム補助金対象　7カ所 ◎グループホーム補助金対象外　2カ所 ・天沼第2グループホーム ・南中野第2グループホーム ◎作業所では「まごころ」が補助金対象となる ◎作業所補助金対象　4カ所 ◎作業所補助金対象外　1カ所 ・アトリエなす花	◎天沼第2グループホームが補助金対象となる ◎グループホーム補助金対象　8カ所 ◎グループホーム補助金対象外　1カ所 ・南中野第2グループホーム ◎作業所では「アトリエなす花」が補助金対象となる ◎「あゆみ舎」が堀の内地区から天沼地区へ移転し新たに喫茶店「ルポーズ」をオープンした ◎作業所補助金対象　5カ所 ◎補助金対象外の作業所がなくなった
当事者活動	◎朋友の会 ・会費1500円/月から250円/月へ ◎クローバー社 ・南中野へ事務 (民間アパート) 移転 ◎浜砂会 ・家族研修会「障害者年金」 ・志村澄子さんの出版記念祝賀会 ・家族教室　参加者7名 ・浜砂会ニュース発行 (毎月)	◎朋友の会 ・毎月第1土曜日の親睦デイの食事づくりがなくなる.「まごころ」の夕食を利用する ◎浜砂会 ・「親なき後の問題」が会の中心議題になる ・「後見人制度」の公開講座に参加	◎朋友の会 ・会員数25名となる ◎浜砂会 ・家族研修会「またたびの家」見学 ・木曜日の給食サービスの実施回数縮小が検討される ・浜砂会ニュース発行 (毎月) される
特別委員会	◎やどかりコンサート ・第19回「ラグタイムの世界」 　収益　346,000円 (まごころへ300,000円) ・第20回「日本の心をうたう」 　収益　737,000円 (なす花へ600,000円) ◎やどかりの里大バザー ・実行委員会方式・部会設定による役割分担と組織化が行われる ・目的「働く場の新規開拓・創造・確保」 ・収益　1,789,454円 ・福祉バンク"Seeds"へ1,000,000円 ◎福祉工場建設準備委員会を設置	◎やどかりコンサート　一時休止 ・チャリティコンサートのチケット販売に協力 　寄付　5000,000円 (福祉工場建設準備委員会へ) ◎やどかりの里大バザー ・目的「福祉工場建設用地獲得のための資金づくり」 ・収益　1,522,020円 ・福祉工場建設準備委員会へ1,050,200円 ◎食事サービスセンター準備委員会を設置	◎やどかりコンサートの再開 ・第21回「スパニッシュギター&フラメンコ PART Ⅲ」 　収益　451,728円 ・浦和生活支援センターへ400,000円 ◎やどかりの里大バザー ・目的「福祉工場建設に向けての資金づくり」 ・収益　1,385,787円 ・福祉工場建設準備委員会へ1,053,326円 ・バザー終了後, 開催場所と開催方法の検討が課題として出される
その他	◎年度末をもって福祉バンク"Seeds"解散 ・事業所"Seeds"から 　民間団体"おおみや福祉バンク"へ		

平成9年度	平成10年度	平成11年度	
◎生活支援センターのインテーク機能を相談所に付置する ◎やどかり情報館の開設にともない，就労支援部門を本部に設置 ◎七里地区に七里生活支援センターを設置 ◎本部職員が大宮市障害者計画策定委員となる ◎本部職員が与野市障害者計画策定委員となる ◎集団アルバイトの就労援助事業が堀の内・天沼生活支援センターから浦和生活支援センターの事業になる ◎生活支援センタ本部　1ヵ所（補助金対象事業） ◎生活支援センター　5ヵ所（補助金対象外） ・与野生活支援センター ・南中野生活支援センター ・堀の内・天沼生活支援センター ・浦和生活支援センター ・七里生活支援センター	◎インテーク機能が相談所から本部に移動 ◎浦和生活支援センターが補助金対象事業となる ◎上木崎地区から北浦和地区に浦和生活支援センター移動 ◎浦和生活支援センター跡地に，上木崎生活支援センターを設置 ◎堀の内・天沼生活支援センターが天沼地区内で移動する ◎与野生活支援センターの夕食宅配サービスが各生活支援センター単位の拠点宅配となる ◎グループ活動が浦和生活支援センターから本部に移動する ◎生活支援センタ本部　2ヵ所（補助金対象事業） ◎生活支援センター　5ヵ所（補助金対象外） ・与野生活支援センター ・南中野生活支援センター ・堀の内・天沼生活支援センター ・七里生活支援センター ・上木崎生活支援センター	◎本部が担ってきた資源の開発，利用者の受理等の機能を各生活支援センターに移行する ◎堀の内・天沼生活支援センターが大宮中部生活支援センターに名称変更される ◎大宮生活支援センターが南中野地区内で移動。大宮東部生活支援センターに名称変更される ◎生活支援センターが浦和，与野，大宮中部，大宮東部各生活支援センターに統廃合される ◎各生活支援センターに憩いの家，憩いの場を設置する ◎下期，大宮中部生活支援センターが補助金対象事業になる ◎補助金対象内　3 ・大宮東部生活支援センター ・大宮中部生活支援センター ・浦和生活支援センター ◎補助金対象外　1 ・与野生活支援センター	生活支援センター
◎福祉工場準備室解散後，作業活動に食事サービスセンターを設置 ◎授産施設を改築 ◎食事サービスセンター「エンジュ」開設 ◎喫茶「槻」オープン ◎大宮市より片柳地区の食事サービスが委託される	◎通所授産施設 ・中部南地区・大宮市からの委託を受けるようになり，エリアの拡大と食数の増加 ・サークル活動でパソコン教室開催	◎グループ活動を生活支援センター本部から通所授産施設内に移動 ◎「エンジュ」がやどかり情報館と共同で30周年記念祝賀会の企画を担当	通所授産施設
◎南中野第2グループホームが補助金対象となる ◎南中野地区に南中野第3グループホーム設置 ◎グループホーム補助金対象　9ヵ所 ◎グループホーム補助金対象外　1ヵ所 ・南中野第3グループホーム ◎「あゆみ舎」の作業部門が天沼地区内に独立移転する ◎「まごころ」が上峰地区から与野本町地区に移転する ◎「なす花」が南中野地区から七里地区に移転する ◎国庫補助金が各作業所についた	◎南中野第3グループホームが補助金対象となる ◎グループホーム補助金対象　10ヵ所 ◎補助金対象外のグループホームがなくなった ◎ドリームカンパニーが南中野地区内で移転する ◎「あゆみ舎」の喫茶部門が独立する ◎作業所「ルボーズ」として補助金対象となる	◎南中野地区に新たにグループホームを設置する ・補助金対象内　10ヵ所 ・補助金対象外　2ヵ所	作業所・グループホーム
◎朋友の会 ・朋友の会主催の行事を単独開催から分担化 ◎クローバー社 ・事務所移転（南中野から中川に） ・事業内容をこれまでの人材派遣業務に新規の作業部門を加えることを運営委員会にて決定 ・世話人（職員）の交代 ・作業部門に常勤職員，非常勤職員を配置 ◎浜砂会 ・毎週木曜日の給食サービスが一時休止，その後第2，第4木曜日に再開 ・家族教室　A.Bグループの2グループ制で開催 家族教室OB会発足	◎朋友の会 ・活動の低迷が話し合われる ◎クローバー社 ・作業部門の職員長期欠勤が問題となる ◎浜砂会 ・家族研修会「佐野市の家族会との交流会」 ・新しい運営の方法についての模索が始まる	◎クローバー社 ・事務所移転が計画される ・作業部門の運営について検討が始まる ・拡大運営委員会が設置される ◎浜砂会 家族研修会「介護保険について」 ◎精神障害者の訪問介護を考える会発足	当事者活動
◎やどかりコンサート ・第22回「マンドリンは歌う―カンツォーネと共に」 ・収益　876,167円 ・食事サービスセンターエンジュへ650,000円 ◎やどかりの里大バザー ・目的「食事サービスセンターエンジュの厨房，喫茶の改装費用の資金づくり」 ・収益　1,749,575円 ・食事サービスセンターエンジュへ1,507,840円 ◎福祉工場開設に伴い福祉工場建設準備委員会解散 ◎食事サービスセンター開設に伴い食事サービスセンター準備委員会解散	◎やどかりコンサート ・第23回「ガーシュインとラグタイム」 ・収益　1,583,547円 ・まごころへ300,000円 ◎やどかりの里大バザー ・目的「まごころの店舗付き厨房の改装費用の資金づくり」 ・収益　1,600,701円 ・まごころへ1,371,092円	◎やどかりコンサート ・第24回「黒人霊歌・ゴスペル＆ラグタイムの世界」 ・収益　1,678,000円 ・研修センターへ400,000円 ・30周年事業へ150,000円 ◎やどかりの里大バザー ・目的「ドリームカンパニーの改装資金のための資金づくり」 ・収益　1,546,373円 ・ドリームカンパニーへ729,513円 ・30周年事業へ350,000円	特別委員会
◎第1回人づくりセミナー開催 「実践活動の見直しから見通しへ」	◎第2回人づくりセミナー開催 「活動の拡大と危機を質的転換で乗り切ろう」	◎第3回人づくりセミナー開催 「やどかりの里30周年を活動の転機として共生のづくりを目指した地域づくり」	その他

◇エピローグ

　本ができてよかった，というのが率直な感想である．やどかりの里30周年に合わせて出版されたこの本は，準備期間の短い慌ただしい中での本づくりだった．
　出版予定は，30周年記念祝賀会に合わせて5月末．企画の検討に入り編集会議を開始したのが12月．結局予定通りにはことは運ばず，数か月遅れの発行となってしまった．

　この本づくりは，本書の中にもたびたび登場する丸地信弘教授（信州大学医学部公衆衛生学教室）の協力を得て行った相互研修会，やどかりの里・人づくりセミナーでの学びを1冊にまとめたらという提案が丸地教授や谷中輝雄理事長からあったことに端を発している．その本を30周年記念出版にしたらどうかとやどかりの里のチーフ職員の合宿で話し合われ，編集委員が選出された．
　編集委員会が開かれ，30周年を記念するこの本をどんな内容にするかを話し合うことから始まっていった．発行の時期は迫っていたが，その内容についてはじっくり時間をかけて検討した．まず年表づくりを手分けして行い，その内容を検討しつつ，おおよその目次を決めた．この本の中に，この6年間の活動にはどんな意味があったのか，やどかりの里の6年間の歩みとそこに携わった人たちの思いを盛り込んでいこうと決まった．
　編集会議では，1つ1つのことに時間をかけて検討していった．それぞれが執筆に入る前に，それぞれの思いを確認し合うための話し合いで，この6年間のやどかりの里の活動を振り返った．そこで明らかになっていったのが，この6年間でやどかりの里の組織としての成長があったことと，職員それぞれが主体的に活動を担うようになっていったということだった．こういった話し合いで明らかになっていったことをもとにしながら，それぞれの原稿の下地ができていった．原稿執筆は1人で担うのだが，その後盾となったのが編集会議であり，そこで話し合われた内容だったのである．まさに編集委員同士の対話に基づいて本ができあがっていった．このプロセスは，やどかりの里の6年間の歩みから生まれた気づきであり，現在のやどかりの里の活動づくりのプロセスを象徴的に表している．

　また，生活支援活動の6年間を振り返る座談会も設けた．生活支援活動はこの10年間で，地域で精神障害者が暮らす上での支援の態勢を整えた．特

にここ3年の歩みは，職員に多くの気づきをもたらした．対話と共感に基づいた活動づくりへの転換は，1人の気づきが多くの人の気づきへと連鎖し，職員1人1人の主体性を育てていった．そして今，組織としての転換点にあることが明確になった．

ここでの大きな気づきは，職員主導の活動づくりへの反省であった．これは，やどかり情報館でメンバーが労働者として働き始め，食事サービスセンター「エンジュ」でも，活動の担い手としてメンバーが頭角を表してきたことが大きかった．

さらに，本書のテーマにもなっている「職員主導からともに創り合う活動への転換」を意識化することになったいくつかの機会があった．1つは，昨年（1999年）8月に開催された第6回地域精神保健・福祉研究会の企画，運営をメンバーと職員によるチームで行い，メンバーの視点で援助関係を見直すという新しい試みが行われたこと．もう1つは，カナダからのゲストを迎える際に，メンバーと職員からなる実行委員会を組織し，企画，運営を担った．その実行委員会がやどかりの里全体に声をかけた学習会を何回か企画し，セミナー当日を迎えた．そういうプロセスの中で，カナダで実践されている「コンシューマーのイニシアティブ」が，メンバー，職員に大切なこととして見えてきたのである．こうした体験は，職員が自分たちの活動のあり方をもう一度見直す機会になっていった．そして，次なる活動展開の大きな目標を見つけていったのである．職員が主体的に活動を担うと同時に，メンバー自身も主体的に活動に参画することで，職員とメンバーが連帯し，新しいやどかりの里を創っていくことになるのではないかという見通しを持っている．

この本には，こうした転換点に立ち，新たな活動へと発展させていこうとするやどかりの里の今がたくさん詰まっている．

短い準備期間の中で執筆にあたった職員は，日常業務の傍ら原稿を完成させなければならなかった．原稿内容の検討に討論を重ね，4時間以上にも及ぶ編集会議が何度も設けられた．途中，原稿を何度も書き直したり，大幅に変更したり，思うように筆が進まず涙を流しながら原稿に向かった職員もいた．

また，座談会のテープ起こしの急な依頼にも快く引き受けてくれた浦崎文さん，編集会議では常に厳しくも暖かい意見で本の方向性を示唆してくださったやどかり出版の顧問西村恭彦さんに感謝したい．この本は多くの職員の協力と，やどかりの里のメンバーとともに活動する中で気づかされたことに支えられて，作り上げることができた．

30年の節目に立ち，これからは活動に携わるそれぞれが主体的に，より多くの人と私たちが目指す夢や思いを共有し，職員とメンバー，そして地域の人たちと連帯して活動を創っていくことになるだろう．この5年間の活動

は，まさにメンバー，職員がともに主体的に活動を創り合うことを可能にする素地を創ってきたといえる．これからもやどかりの里の活動を生き生きと展開していきたい．今の活動は次の時代への種蒔きなのかもしれない．

2000年8月

　　　　　　　　　　　　　　　やどかりの里30周年記念出版編集委員会
　　　　　　　　　　　　　　　　大澤　美紀　香野恵美子　佐々木千夏
　　　　　　　　　　　　　　　　白石　直己　宗野　政美　三石麻友美
　　　　　　　　　　　　　　　　増田　一世

職員主導からともに創り合うやどかりの里への転換

生活支援活動と福祉工場の胎動

2000年9月9日　発　行
2005年3月1日　第2刷

編者　やどかりの里30周年記念出版
　　　編集委員会
発行所　やどかり出版　代表　増田　一世
　　　〒337-0026　さいたま市見沼区染谷1177-4
　　　TEL 048-680-1891　FAX 048-680-1894
　　　E-Mail book@yadokarinosato.org
　　　http://www.yadokarinosato.org/book/
印　刷　やどかり印刷